A ESCOLARIZAÇÃO DA LEITURA LITERÁRIA

O JOGO DO LIVRO INFANTIL E JUVENIL

Aracy Alves Martins Evangelista
Heliana Maria Brina Brandão
Maria Zélia Versiani Machado
(Orgs.)

A ESCOLARIZAÇÃO DA LEITURA LITERÁRIA

O JOGO DO LIVRO INFANTIL E JUVENIL

3ª edição

Ceale* Centro de alfabetização, leitura e escrita
FaE / UFMG

autêntica

Copyright © 1999 Ceale-FaE/UFMG

CAPA
Marco Severo
(sobre *La Lectrice, 1770-1772.* Jean-Honoré Fragonard)

COORDENAÇÃO
Ceale-FaE/UFMG

EDITORAÇÃO ELETRÔNICA
Luiz Gustavo Maia

REVISÃO
Heliana Maria Brina Brandão
Maria Zélia Versiani Machado
Erick Ramalho

Revisado conforme o Novo Acordo Ortográfico.

Todos os direitos reservados pela Autêntica Editora. Nenhuma parte desta publicação poderá ser reproduzida, seja por meios mecânicos, eletrônicos, seja via cópia xerográfica, sem a autorização prévia da Editora.

AUTÊNTICA EDITORA LTDA.
Rua Aimorés, 981, 8º andar. Funcionários
30140-071. Belo Horizonte. MG
Tel.: (55 31) 3222 6819
Televendas: 0800 283 13 22
www.autenticaeditora.com.br

E74	Escolarização da leitura literária / Aracy Alves Martins Evangelista, Heliana Maria Brina Brandão, Maria Zélia Versiani Machado (organizadoras), – 3 ed. – Belo Horizonte : Autêntica Editora; Ceale: 2011. 272p. – (Linguagem e educação)
	ISBN 978-85-86583-40-7
	1. Literatura infantojuvenil. 2. Leitura. 3. Alfabetização. I. Evangelista, Aracy Alves Martins. II. Brandão, Heliana Maria Brina. III. Machado, Maria Zélia Versiani. IV. Série.
	CDU: 82.0

Sumário

Apresentação 09

Introdução 11

Perspectivas de escolarização da leitura literária
Aracy Alves Martins Evangelista
Heliana Maria Brina Brandão
Maria Zélia Versiani Machado

Primeira Parte:
A Escolarização da Leitura Literária

A escolarização da literatura infantil e juvenil 17
Magda Soares

Literatura e escola: antilições 49
Ivete Lara Camargos Walty

Leitura e saber ou a literatura juvenil entre ciência e ficção 59
Anne-Marie Chartier

Sobre *Lecture et savoir*, de Anne-Marie Chartier 71
Graça Paulino

SEGUNDA PARTE:
LEITURA, POLÍTICA E CULTURA

Leitura e política   77
Luiz Percival Leme Britto

Olho de água, olho de boi   93
Nilma Gonçalves Lacerda

Leitura e cidadania   105
Vera Casa Nova

**Abre-te, sésamo! ou por uma
poética da oralidade**   111
Josse Fares e Paulo Nunes

**A leitura na educação de
jovens e adultos**   117
Celia Abicalil Belmiro

**Leitura e sedição: literatura e ação
política no Brasil colonial**   129
Andréa Lisly Gonçalves

Leitura, saber e poder   145
Leopoldo Comitti

TERCEIRA PARTE:
VÁRIAS LEITURAS DA TRILOGIA
DE BARTOLOMEU C. QUEIRÓS

**Opinião sobre a obra -
o que significou para mim**   153
Alexsandre Gustavo da Silva Carvalho

**A inocência e a sabedoria na obra
de Bartolomeu Campos Queirós**   155
Ercimar de Souza Reis

Infância e devaneios: uma leitura de
Indez, Por parte de pai **e** *Ler, escrever*
e *fazer conta de cabeça*   159
Maria Nazareth Soares Fonseca

Rotas de voo na memória:
Leitura de uma trilogia de
Bartolomeu Campos Queirós   171
Heliana Maria Brina Brandão

Palavras e silêncios   185
Maria Zélia Versiani Machado

QUARTA PARTE:
UMA LEITURA PSICOLINGUÍSTICA
DAS ESTRATÉGIAS DE LEITURA

Sobre algumas condições da leitura:
da naturalidade do significante
ao conhecimento de intenções   191
Hugo Mari

Perguntas de "compreensão" e
"interpretação" e o aprendizado da leitura   223
Yara Goulart Liberato

QUINTA PARTE:
FORMAÇÃO DE LEITORES-PROFESSORES

Leitura literária e escola   235
Vera Teixeira de Aguiar

Estatuto literário e escola   257
Aparecida Paiva

Leitura e formação de professores   263
Leiva de Figueiredo Viana Leal

APRESENTAÇÃO

Neste livro, encontram-se os textos produzidos, ora como texto principal, ora como debatedor, para as mesas redondas do encontro "O jogo do livro infantil II: a leitura", uma realização Ceale-FaE-UFMG/ICHS-UFOP, através das atividades do Grupo de Pesquisa Literatura Infantil e Juvenil.

Desde o primeiro encontro – O Jogo do Livro Infantil: encontro de trabalho e algazarra – o Grupo tem procurado contemplar, nos eventos, aspectos que interessam aos professores na sua formação. Nesse sentido, o primeiro encontro tratou da Literatura Infantil pelo ponto de vista da interação dos processos de produção, de circulação e de recepção.

Desta feita, tendo como tema a Leitura, várias de suas facetas – cultural, política, pedagógica, estética, psicolinguística – foram abordadas, no intuito de discutir e vir a subsidiar especialmente, mais uma vez, a prática de professores de Português, que lidam com a leitura literária para crianças e jovens leitores em formação, uma modalidade de leitura entre outras que circulam na escola.

GRUPO DE PESQUISA DE LITERATURA INFANTIL E JUVENIL – CEALE-FAE/UFMG

Aline Marciana Malverde: FaE/UFMG, bolsista de Iniciação Científica CNPq.

Aracy Alves Martins Evangelista: Professora, FaE/UFMG, coordenadora deste Grupo de Pesquisa.

Jefferson Flávio do Nascimento: FaE/UFMG, bolsista de Iniciação Científica CNPq.

Heliana Maria Brina Brandão: Diretora do ICHS/UFOP, coordenadora deste Grupo de Pesquisa.

Ivete Lara Camargos Walty: Professora PUC/MG.

Laís Mundim Russo Bernardo: Professora Contagem/MG.

Lucimar de Souza Costa: FaE/UFMG, bolsista de Iniciação Científica CNPq.

Aparecida Paiva: Coordenadorado Programa de Pós-graduação da FaE/UFMG.

Maria das Graças Rodrigues Paulino: Professora FaE/MG.

Maria Luisa Brina: SMED Belo Horizonte/MG.

Maria Zélia Versiani Machado: Professora SEE/MG.

Vera Lúcia de Carvalho Casa Nova: Professora FALE/UFMG.

INTRODUÇÃO

PERSPECTIVAS DE ESCOLARIZAÇÃO DA LEITURA LITERÁRIA

Aracy Alves Martins Evangelista
Heliana Maria Brina Brandão
Maria Zélia Versiani Machado

– E aí, a aula foi boa?
– E existe aula boa?[1]

Escolarização

Professores de todas as áreas do conhecimento certamente gostariam de responder positivamente à questão levantada pela epígrafe deste texto. Nem sempre, porém, temos conseguido fazer isso concretamente.

O que nós, professores que trabalhamos com literatura, temos de concreto são muitas questões que põem em evidência a propalada tensão entre o discurso pedagógico e o discurso estético – especificamente o literário – no processo de escolarização.

Em outras palavras, professores de Português temos nos debatido com esse pressuposto da dificuldade de trabalhar textos literários na escola, de promover a leitura de livros, de contribuir para que os alunos se tornem leitores voluntários e autônomos, acrescendo-se o fato de que a necessidade escolar de avaliação de leitura tem se transformado em cobrança, com todas as ameaças que esta traz e, por isso mesmo, em vez de aproximação e identificação, tais práticas têm causado repulsa ao objeto, desgosto no ato de ler e afastamento das práticas sociais de leitura próprias do contexto dos leitores.

Neste livro, nós buscamos ampliar o enfoque sobre a leitura. A abertura do diálogo com outros educadores conduz à possibilidade de discutir a formação de leitores literários no bojo de outras práticas de leituras escolares e, assim, focalizar a experiência estética da leitura do texto literário em sua relação com outros "modos de ler" praticados no ambiente escolar.

Tratando-se, porém, da literatura no espaço escolar, é inevitável que nos perguntemos sobre o processo de escolarização: até que ponto a organização do trabalho escolar, o horário, a divisão de conteúdos interferem, em primeiro lugar, nas práticas cotidianas e, em segundo lugar, nas práticas de leitura literária dos professores?

Nesse sentido, segundo Bernstein, em *A estruturação do discurso pedagógico: classe, códigos e controle*, ocorre um processo de recontextualização do discurso pedagógico que se dá primeiramente através de um processo de descontextualização de qualquer discurso científico da sua fonte original, a fim de que possa passar por processos de seleção, simplificação, condensação e elaboração, para configurar em materiais didáticos.

Posteriormente, o discurso científico é refocalizado e reposicionado pelas diversas áreas do conhecimento, a fim de que receba o formato de um discurso *instrucional*. Este, por sua vez, se submete ao discurso *regulativo*.

Ainda segundo esse autor, "pedagogizado", o discurso científico, longe de sua fonte, ganha, em primeiro lugar, nova *classificação* (o "quê"), que são as categorias, os conteúdos e as relações a serem transmitidos. Em segundo lugar, ganha um novo *enquadramento* (o "como"), ou seja, um modo de transmissão dessas categorias, conteúdos e relações.

Se isso acontece com o discurso científico, como se dá a relação entre o discurso pedagógico e o discurso literário enquanto objeto de estudo escolar? Como dialogariam esses dois discursos, se é da própria natureza do discurso pedagógico a simplificação e a condensação, além da classificação e do enquadramento, de caráter instrucional e regulativo e se é da própria natureza do discurso estético/literário o contato direto com a obra em sua essência, nos processos de recepção e de produção da leitura? Como enquadrar, classificar e controlar as possibilidades de abertura da experiência estética e, dentro dela, da experiência literária?

Distorções de todo tipo têm sido operadas em função não somente do processo de recontextualização, mas também da representação que se tem de crianças e jovens em relação aos seus respectivos processos cognitivos e estéticos. No campo das produções sobre literatura, estudos de obras clássicas e de estilos de época, centradas em classificações, abordagens estruturais, provas e fichas "de livro", atividades com objetivos estritamente informativos e formativos; no campo de produções de literatura, adaptações redutoras, simplificações de obras, coleções com narrativas segundo fórmulas que mercadologicamente funcionam, com banalizações de linguagem e de temática, em detrimento da experiência estética ou ética do leitor com o próprio bem simbólico, em sua origem ou em sua essência literária.

Não seria em função do processo de recontextualização do discurso pedagógico que, tanto nas atividades do livro didático, nas atividades da biblioteca, como nas atividades de interação com textos/livros literários e de avaliação em sala de aula, os alunos são submetidos a objetivos instrucionais e regulativos?

Afinal, não temos esperança, já que estamos os professores fadados a atuar no ambiente escolar, sob a égide do discurso pedagógico recontextualizador?

Perspectivas

Este livro busca apresentar perspectivas que pressupõem alguma possibilidade de atuação dos sujeitos mediante o discurso pedagógico, nas práticas de leitura de crianças e jovens.

A **primeira parte** deste conjunto de textos reúne aqueles que levantam questões e possibilidades, não somente dos processos de escolarização de literatura infantil e juvenil, mas também da relação entre leitura, conhecimento e envolvimento dos leitores, na infância e na adolescência.

Magda Soares abre esta obra considerando o processo de escolarização inevitável, por ser da essência da escola a instituição dos saberes escolares, mas defendendo a possibilidade de descoberta de uma escolarização adequada da literatura: aquela que não desvirtuasse, que propiciasse ao leitor a *vivência do literário, e não uma distorção ou uma caricatura dele* e que, finalmente, *conduzisse eficazmente às práticas de leitura literária que ocorrem no contexto social e às atitudes e valores próprios do ideal de leitor que se quer formar.* Em resposta e em acréscimo, Ivete Walty nos propõe pensar o papel da escola na formação de leitores literários e a viabilidade de uma escolarização adequada da literatura, que *antes pode ser fecunda e estimulante,* desde que considerada como outro tipo de leitura. Uma leitura que *subverte,* que *desafia* e *não pode ser domesticada.*

Anne-Marie Chartier faz uma retomada histórica da relação entre leitura e saber, ciência e ficção, leituras recreativas e leituras escolares, ressaltando o caráter complexo dessas relações a partir da segunda metade do século XIX, marco inicial da ampliação da publicação de obras para crianças e jovens na França. Graça Paulino dialoga com o texto de Anne-Marie Chartier ao reforçar a necessidade de trazer para o debate sobre a leitura suas relações com o conhecimento. Nesse sentido aponta a leitura literária como um tipo de leitura que requer estratégias próprias, mas que também é produção de conhecimento.

Com essas provocações, as autoras da primeira parte engendram possibilidades de uma escolarização desafiadora da leitura literária produzida para crianças e jovens, em interação com outras modalidades de leitura, em processos de formação de leitores. Cada uma das partes subsequentes tangencia de alguma forma, pela sua perspectiva, esses desafios.

A **segunda parte** congrega textos que apresentam reflexões, em diferentes dicções, sobre leitura e política, leitura e cidadania, ressaltando-se, mais uma vez, a leitura como ato produtor de conhecimento. Em alguns desses textos, enfatiza-se a ideia de que a leitura, além de sua dimensão cognitiva e afetiva, deve ter reconhecido o seu caráter histórico e socialmente construído. Acompanham essas reflexões iniciais outras pela perspectiva das riquezas de produções orais e de uma leitura da cultura amazônica, pela perspectiva da educação de jovens e adultos e, fechando esta segunda parte, dois textos de viés histórico nos quais se discutem as relações entre leitura e poder.

A **terceira parte** apresenta práticas de leitura distintas para reflexão dos professores. São diferentes recepções de um mesmo conjunto de textos literários: a produção de leitura literária da trilogia autobiográfica em prosa poética de Bartolomeu Campos Queirós,[2] realizada por leitores de diversas instâncias – aluno e professora de ensino fundamental, professores de ensino médio e professores universitários, especialistas em literatura.

A **quarta parte** procura partilhar com os professores uma fundamentação teórica, em dois textos, pelo ponto de vista da área da Psicolinguística, a respeito do processo de leitura, da estruturação de parâmetros para sua compreensão, da legibilidade dos textos e suas articulações com os conhecimentos prévios, da aquisição de habilidades de leitura, entre outras questões que ampliam as possibilidades escolares de um trabalho voltado para a formação de leitores.

Os textos da **quinta parte** aprofundam a reflexão em torno das implicações decorrentes da leitura literária no ambiente escolar. Eles apontam a importância do papel do professor como mediador na formação de leitores, não só ao levantar questões sobre a circulação e leitura de livros no âmbito da escola, mas também ao proporações que permitam uma aproximação efetiva do aluno com o texto escrito, mediadas pelo professor.

Essas são algumas perspectivas produzidas por leitores em suas práticas e por especialistas do campo da leitura, na busca de alternativas para uma escolarização possível da leitura e da literatura, no sentido de se estabelecer um diálogo entre discurso estético/literário e discurso pedagógico. Seria possível uma *escolarização adequada* da literatura na microestrutura escolar, que levasse em conta as macroestruturas de organização social dos discursos?

Experiências efetivas de sujeitos comuns, desenvolvendo projetos de leitura e de leitura literária no cotidiano escolar, poderão constituir respostas para essa pergunta. Não somente as experiências daqueles pesquisadores e estudiosos que tiveram a oportunidade de expor as suas práticas e reflexões neste livro trazem respostas, mas também, e sobretudo, as práticas desses outros profissionais que estejam ou que estarão ousando realizar nesses campos de estudo uma *aula boa* com seus alunos, em seu contexto.

NOTAS

[1] Diálogo significativo entre um professor, *saindo da sala de aula, depois de um dia de trabalho,* que aborda um aluno e recebe como resposta a sua impressão sobre "*aula boa*". In: COSTA, Rosa Maria Drummond. *Fora da escola e dentro dela: a literatura na vida de seus leitores.* Dissertação (Mestrado). Belo Horizonte: FAE/UFMG. 1998:69.

[2] QUEIRÓS, Bartolomeu Campos. *Indez.* 6ª ed. Belo Horizonte: Miguilim, 1995.

[3] QUEIRÓS, Bartolomeu Campos. *Por parte de pai.* Belo Horizonte: RHJ, 1995.

[4] QUEIRÓS, Bartolomeu Campos. *Ler, escrever e fazer conta de cabeça.* Belo Horizonte: Miguilim, 1996.

A ESCOLARIZAÇÃO DA LITERATURA INFANTIL E JUVENIL

Magda Soares

Comecemos por analisar o tema desta exposição: que relações existem entre o processo de escolarização e a literatura infantil? Sob que perspectivas podem essas relações ser analisadas?

Numa primeira perspectiva, podem-se interpretar as relações entre escolarização, de um lado, e literatura infantil, de outro, como sendo a *apropriação*, pela escola, da literatura infantil: nesta perspectiva, analisa-se o processo pelo qual a escola toma para si a literatura infantil, escolariza-a, didatiza-a, pedagogiza-a, para atender a seus próprios fins – faz dela uma *literatura escolarizada*.

Uma segunda perspectiva sob a qual podem ser consideradas as relações entre escolarização, de um lado, e literatura infantil, de outro, é interpretá-las como sendo a *produção*, para a escola, de uma literatura destinada a crianças: nesta perspectiva, analisa-se o processo pelo qual uma literatura é produzida para a escola, para os objetivos da escola, para ser consumida na escola, pela clientela escolar – busca-se *literatizar a escolarização infantil*.

Uma e outra dessas duas perspectivas suscitam a questão, tão debatida e nunca resolvida, do conceito de literatura infantil: quer se pense em uma literatura infantil escolarizada, quer se pense em uma literatização da escolarização infantil, ou seja, quer se considere a literatura infantil como produzida independentemente da escola, que dela se apropria, quer se considere a literatura infantil como literatura produzida para a escola, o que caracteriza uma determinada literatura como infantil?

À primeira perspectiva está subjacente o conceito de que há uma literatura que é *destinada a*, ou que *interessa a* crianças, da qual a escola lança mão para incorporá-la às suas atividades de ensino e aprendizagem, às suas intenções educativas. Não cabe aqui discutir se literatura infantil é uma literatura *destinada a* crianças ou uma literatura que *interessa a* crianças, mas vale a pena recordar a questão que Carlos Drummond de Andrade tão bem formulou já no início dos anos 40, e que ainda hoje permanece irrespondida:

> O gênero "literatura infantil" tem, a meu ver, existência duvidosa. Haverá música infantil? Pintura infantil? A partir de que ponto uma obra literária deixa de constituir alimento para o espírito da criança ou do jovem e se dirige ao espírito do adulto? Qual o bom livro para crianças, que não seja lido com interesse pelo homem feito? Qual o livro de viagens ou aventuras, destinado a adultos, que não possa ser dado à criança, desde que vazado em linguagem simples e isento de matéria de escândalo? Observados alguns cuidados de linguagem e decência, a distinção preconceituosa se desfaz. Será a criança um ser à parte, estranho ao homem, e reclamando uma literatura também à parte? Ou será a literatura infantil algo de mutilado, de reduzido, de desvitalizado – porque coisa primária, fabricada na persuasão de que a imitação da infância é a própria infância?
>
> (Carlos Drummond de Andrade, Literatura Infantil, em *Confissões de Minas*)

A pergunta de Carlos Drummond de Andrade – "Será a criança um ser à parte, reclamando uma literatura também à parte?" – conduz à mencionada segunda perspectiva sob a qual podem ser analisadas as relações entre *escolarização* e *literatura infantil*: quando se pensa em uma literatura infantil como uma literatura *produzida para* crianças e jovens, o que significa produzida para a clientela escolar, portanto, produzida para consumo *na* escola ou *através da* escola, a expressão *escolarização da literatura infantil* toma o sentido de literatização do escolar, isto é, de tornar literário o escolar.

Este conceito de literatura infantil pode parecer, aos mais radicais, uma heresia – talvez seja, mas deve-se também reconhecer que sempre se atribuiu à literatura infantil (como também à juvenil) um caráter educativo, formador, por isso ela quase sempre se vincula à escola, a instituição, por excelência, educativa e formadora de crianças e jovens; lembre-se, por exemplo, que Monteiro Lobato, quando publicou *A menina do nariz arrebitado*, em 1921, caracterizou-o, na capa, como "livro de leitura para as segundas séries", o livro foi anunciado como "um novo livro escolar aprovado pelo governo de São Paulo", e a edição foi realmente vendida para o governo de São Paulo para que o livro fosse adotado nas escolas.

Nessa mesma linha de raciocínio, é interessante observar como o desenvolvimento da literatura infantil e juvenil no Brasil acompanha o ritmo do desenvolvimento da educação escolar; basta citar o chamado *boom* da literatura infantil e juvenil, que coincide, não por acaso, com o momento da multiplicação de vagas na escola brasileira. Parece mesmo que, ao longo do tempo, a literatura infantil e juvenil foi-se aproximando cada vez mais da escola. Há autores que vêm apontando (ou denunciando?) a clara vinculação, atualmente, da literatura infantil e juvenil à escola: Marisa Lajolo fala do "pacto da literatura infantil com a escola", um pacto que se traduz em "pacto entre produtores e distribuidores"[1], isto é, entre os autores que produzem e a escola que distribui, e Nelly Novaes Coelho afirma que, a partir de meados dos anos 70, o livro infantil se tornou "uma leitura que, mais do que simples divertimento, é um fecundo instrumento de formação humana, ética, estética, política, etc.", e ainda diz que a literatura infantil "oferece matéria extremamente fecunda para formar ou transformar as mentes", pois é "um dos mais eficazes instrumentos de formação dos imaturos"[2]. Fica claro esse "pacto" da literatura infanto-juvenil com a escola quando se lembram: as fichas de leitura que atualmente acompanham quase todo livro infantil e juvenil; a presença frequente e maciça de escritores de literatura infantil e juvenil na escola; o grande número de escritores de literatura infantil e juvenil que são professores.

Esta exposição, que tem por tema *a escolarização da literatura infantil*, poderia, pois, desenvolver-se a partir da interpretação das relações entre literatura infantil e escolarização como sendo a produção de literatura para a escola, para a clientela escolar, poderia discutir a literatização do escolar.[3]

Mas a opção aqui é analisar o tema *escolarização da literatura infantil* sob a outra perspectiva apontada, isto é, tomando as relações entre literatura infantil e escolarização como sendo a apropriação, pela escola, para atender a seus fins específicos, de uma literatura destinada à criança, ou que interessa à criança.

No quadro dessa opção, comecemos por discutir o termo *escolarização*.

Escolarização

O termo *escolarização* é, em geral, tomado em sentido pejorativo, depreciativo, quando utilizado em relação a conhecimentos, saberes, produções culturais; não há conotação pejorativa em "escolarização da criança", em "criança escolarizada", ao contrário, há uma conotação positiva; mas há conotação pejorativa em "escolarização do conhecimento", ou "da arte", ou "da literatura", como há conotação pejorativa nas expressões adjetivadas "conhecimento escolarizado", "arte escolarizada", "literatura escolarizada". No entanto, *em tese*, não é correta ou justa a atribuição dessa conotação pejorativa aos termos "escolarização" e "escolarizado", nessas expressões.

Não há como ter escola sem ter escolarização de conhecimentos, saberes, artes: o surgimento da escola está indissociavelmente ligado à constituição de "saberes escolares", que se corporificam e se formalizam em currículos, matérias e disciplinas, programas, metodologias, tudo isso exigido pela invenção, responsável pela criação da escola, de um *espaço* de ensino e de um *tempo* de aprendizagem.

A diferença fundamental entre o aprendizado corporativo medieval e o aprendizado escolar que se difundiu no mundo ocidental, a partir sobretudo do século XVI, foi uma revolução do *espaço* de ensino: locais dispersos mantidos por professores isolados e independentes foram substituídos por um prédio único abrigando várias salas de aula; como consequência e exigência dessa invenção de um *espaço de ensino*, uma outra "invenção" surge, um *tempo* de ensino: reunidos os alunos num mesmo espaço, a ideia de sistematizar o seu *tempo* se impunha, ideia que se materializou numa organização e planejamento das atividades, numa divisão e gradação do conhecimento, numa definição de modos de ensinar coletivamente. É assim que surgem os *graus* escolares, as *séries*, as *classes*, os *currículos*, as *matérias* e *disciplinas*, os *programas*, as *metodologias*, os *manuais* e os *textos* – enfim, aquilo que constitui até hoje a essência da escola.

Assim, a escola é uma instituição em que o fluxo das tarefas e das ações é ordenado através de procedimentos formalizados de ensino e de organização dos alunos em categorias (idade, grau, série, tipo de problema, etc.), categorias que determinam um tratamento escolar específico (horários, natureza e volume de trabalho, lugares de trabalho, saberes a aprender, competências a adquirir, modos de ensinar e de aprender, processos de avaliação e de seleção, etc.). É a esse *inevitável* processo – ordenação de tarefas e ações, procedimentos formalizados de ensino, tratamento peculiar dos saberes pela seleção, e consequente exclusão, de conteúdos, pela ordenação e sequenciação desses conteúdos, pelo modo de ensinar e de fazer aprender esses conteúdos – é a esse processo que se chama *escolarização*, processo *inevitável*, porque é da essência mesma da escola, é o processo que a institui e que a constitui.

Portanto, não há como evitar que a literatura, qualquer literatura, não só a literatura infantil e juvenil, ao se tornar "saber escolar", se escolarize, e não se pode atribuir, *em tese*, como dito anteriormente, conotação pejorativa a essa escolarização, inevitável e necessária; não se pode criticá-la, ou negá-la, porque isso significaria negar a própria escola.

Disse *em tese* porque, na prática, na realidade escolar essa escolarização acaba por adquirir, sim, sentido negativo, pela maneira como ela se tem realizado, no quotidiano da escola. Ou seja: o que se pode criticar, o que se deve negar *não é* a escolarização da literatura, mas a inadequada, a errônea, a imprópria escolarização da literatura, que se traduz em sua deturpação, falsificação, distorção, como resultado de uma pedagogização ou uma didatização mal compreendidas que, ao transformar o literário em escolar, desfigura-o, desvirtua-o, falseia-o. (É preciso lembrar que essa escolarização inadequada pode ocorrer não só com a literatura, mas também com outros conhecimentos, quando transformados em saberes escolares.)

Esta exposição poderia, assim, discutir a inevitável e necessária escolarização da literatura infantil e juvenil, e como fazê-la de forma adequada; na verdade, toda a bibliografia *prescritiva* sobre a literatura na escola é uma bibliografia sobre como promover uma escolarização adequada da literatura: como se deve ensinar literatura, como se deve trabalhar o texto literário, como se deve incentivar e orientar a leitura de livros.

Mas não é essa a discussão que se pretende desenvolver aqui; o que se pretende é discutir como a literatura infantil tem sido inadequadamente escolarizada, erroneamente escolarizada; discutindo isso, implicitamente se estará apontando como ela poderia ser adequadamente escolarizada. Sendo assim, o tema desta exposição deveria, talvez, ganhar um adjetivo, e tornar-se: A *inadequada* escolarização da literatura infantil.

Antes, porém, de desenvolver assim o tema, é necessário lembrar as principais instâncias de escolarização da literatura infantil e, assim, contextualizar aquela que será aqui privilegiada.

Instâncias de escolarização da literatura infantil

São três as principais instâncias de escolarização da literatura em geral, e particularmente da literatura infantil: a biblioteca escolar; a leitura e estudo de livros de literatura, em geral determinada e orientada por professores de Português; a leitura e o estudo de textos, em geral componente básico de aulas de Português. Esta última instância é que será aqui privilegiada, mas, para contextualizá-la, é importante desenvolver algumas considerações sobre as outras duas.

A biblioteca como instância de escolarização da literatura

Na biblioteca, *escolariza-se* a literatura infantil (aliás, a literatura em geral) através de diferentes estratégias.

A primeira estratégia é o próprio estabelecimento de um local *escolar* de guarda da e de acesso à literatura, um local escolar a que se atribui um estatuto simbólico que constrói uma certa relação escolar com o livro, fundadora da relação posterior do aluno com a instituição social não escolar "biblioteca" (biblioteca pública, ou biblioteca de instituição não escolar, ou mesmo biblioteca particular).

Uma segunda estratégia é a organização do espaço e do tempo de acesso aos livros e de leitura – *onde* se pode ou se deve ler (na própria biblioteca escolar? em que lugar da biblioteca?), *quando* e *durante quanto tempo* se pode ler (durante a "aula de biblioteca"? quando se pode ir à biblioteca buscar um livro? quanto tempo se pode ficar com o livro?).

Uma outra estratégia é a seleção dos livros – quais livros a biblioteca oferece à leitura, que livros exclui ou "esconde", que livros expõe mais abertamente.

Há ainda as estratégias de socialização da leitura: quem indica ou orienta a escolha do livro a ler – a professora? a bibliotecária? que critérios definem a orientação seletiva de leitura para uma série ou outra, para meninos ou para meninas? a orientação seletiva de tipos e gêneros de leitura, de autores?

Também a determinação de rituais de leitura constitui estratégia de escolarização da literatura no âmbito da biblioteca – desde as fichas que é preciso preencher e respeitar, até como se deve ler (em silêncio, sem escrever no livro, passando as páginas de certa maneira, não dobrando o livro, etc.) e em que posição se deve ler (sentado adequadamente, segurando o livro de certa maneira, etc.)

A leitura de livros como instância de escolarização da literatura

A leitura e estudo de livros de literatura – a segunda instância mencionada – escolariza a literatura também por diferentes estratégias.

Em primeiro lugar, a leitura é determinada e orientada, como já foi dito, por professores, em geral os de Português, portanto, configura-se como tarefa ou dever escolar, sejam quais forem as estratégias para mascarar esse caráter de tarefa ou dever – jamais a leitura de livros no contexto escolar, seja ela imposta ou solicitada ou sugerida pelo professor, seja o livro a ser lido indicado pelo professor ou escolhido pelo aluno, jamais ela será aquele "ler para ler" que caracteriza essencialmente a leitura por lazer, por prazer, que se faz fora das paredes da escola, *se* se quer fazer e *quando* se quer fazer.

Além disso, a leitura é sempre avaliada, por mais que se mascarem também as formas de avaliação – que se dê uma prova, que se peça preenchimento de ficha, que se promova trabalho de grupo, seminário, júri simulado, enfim, que se use seja qual for a estratégia, das muitas que a bibliografia de uma pedagogia renovadora vem sugerindo, sempre a leitura feita terá que ser demonstrada, comprovada, porque a situação é escolar, e é da essência da escola avaliar (o simples fato de se estar sempre discutindo que é preciso não avaliar *explicitamente*, de se criarem estratégias as mais engenhosas para verificar se a leitura foi feita, e bem feita, evidencia como a leitura é escolarizada). Lembre-se de que, fora da escola, nunca temos de demonstrar, comprovar que lemos, e que lemos bem, um livro.

Com esses breves comentários sobre essas duas instâncias de escolarização da literatura – a biblioteca escolar e a leitura de livros – o que se quer deixar claro é que a literatura é *sempre* e *inevitavelmente* escolarizada, quando dela se apropria a escola; o que se pode é distinguir entre uma escolarização *adequada* da literatura – aquela que conduza mais eficazmente às práticas de leitura que ocorrem no contexto social e às atitudes e valores que correspondem ao ideal de leitor que se quer formar – e uma escolarização inadequada, errônea, prejudicial da literatura – aquela que antes afasta que aproxima de práticas sociais de leitura, aquela que desenvolve resistência ou aversão á leitura.

Assim, é contraditória e até absurda a afirmação de que "é preciso desescolarizar a literatura na escola" (como tornar *não escolar* algo que ocorre *na escola*, que se desenvolve *na escola*?), ou a "acusação" de que a leitura e o leitor são escolarizados na e pela escola (como não escolarizar na escola? Como pode a escola não escolarizar?). O que, sim, se pode afirmar é que é preciso escolarizar *adequadamente* a literatura (como, aliás, qualquer outro conhecimento).

O mesmo se pode dizer com relação à terceira instância de escolarização da literatura: a leitura e o estudo de textos, em geral componente básico de aulas de Português, instância privilegiada na discussão que se faz neste texto.

A leitura e estudo de textos como instância de escolarização da literatura

Ao lado do acesso ao livro na biblioteca escolar, ao lado da leitura de livros promovida em aulas de Português, a literatura se apresenta na escola sob a forma de fragmentos que devem ser lidos, compreendidos, interpretados. Certamente é nesta instância que a escolarização da literatura é mais intensa; e é também nesta instância que ela tem sido mais inadequada.

Consideraremos quatro aspectos principais da leitura de textos na escola: a questão da seleção de textos: gêneros, autores e obras; a questão da seleção do fragmento que constituirá o texto a ser lido e estudado; a questão da transferência do texto de seu suporte literário para um suporte didático, a página do livro didático; e, finalmente, e talvez o mais importante, a questão das intenções e dos objetivos da leitura e estudo do texto.

Para discutir cada um desses aspectos, vão ser tomados exemplos de livros didáticos de 1ª a 4ª séries do primeiro grau, com o objetivo de ilustrar e caracterizar a escolarização inadequada da literatura infantil na instância da leitura e estudo de textos; não serão mencionados títulos e autores dos livros de que são extraídos os exemplos, já que estes são apenas modelares – indicar título e autoria significaria não só individualizar o que é genérico, mas também penalizar uma determinada obra e um determinado autor por falhas que são frequentes nos livros didáticos em geral.[5]

A seleção de gêneros, autores e obras

Os gêneros literários nos livros didáticos

No quadro da grande diversidade de gêneros literários, há, na grande maioria dos livros didáticos destinados às quatro primeiras séries do primeiro grau, nítida predominância dos textos narrativos e poemas, embora estes tenham quase sempre papel secundário e subsidiário; o teatro infantil está quase totalmente ausente; o gênero epistolar, a biografia, o diário, as memórias, gêneros que têm presença significativa na literatura infantil, estão também quase totalmente ausentes.

Dos textos narrativos se tratará adiante, ao discutir a desestruturação a que é submetida a narrativa nos livros didáticos; cabe aqui apontar o tratamento que neles é dado à poesia, quase sempre descaracterizada: ou se insiste apenas em seus aspectos formais – conceito de estrofe, verso, rima, ou, o que é mais frequente, se usa o poema para fins ortográficos ou gramaticais. Vejam-se dois exemplos (os grifos são meus):

> LEIA O TEXTO E SUBLINHE TODOS OS SUBSTANTIVOS COMUNS:
>
> **QUE BORBOLETA!**
> Que borboleta é aquela
> Que não gosta de flor
> E que vive perseguindo mosquitos,
> Dando piruetas no ar?
> - É uma lagartixa maluca
> Que se vestiu com uma gravata-borboleta
> E conseguiu voar.
>
> NANI. *Cachorro quente uivando pra lua*, Belo Horizonte: Formato Editorial, 1987.

> **ORTOGRAFIA**
> Sílabas terminadas em s
>
> LEIA OS VERSOS E SUBLINHE TODAS AS PALAVRAS COM SÍLABAS TERMINADAS EM **S**:
>
> **O PASTELEIRO**
> Nem todo japonês é pasteleiro
> mas todo pasteleiro é japonês
> fazendo garapa e pastel
> à espera do freguês.
>
> O pastel aparece na hora
> estufa, surge do nada
> surpresa quente e boa
> junto à garapa gelada.
>
> *(seguem-se duas outras estrofes)*
>
> FLORA, Ana. *Em volta do quarteirão.* Rio de Janeiro: Salamandra, 1986.

É desnecessário apontar a inadequação do uso de poemas para identificar substantivos comuns ou para encontrar palavras com determinado tipo de sílaba; a poesia é aqui pretexto para exercícios de gramática e ortografia, perde-se inteiramente a interação lúdica, rítmica com os poemas, que poderia levar as crianças à percepção do poético e ao gosto pela poesia.

Seleção de autores e obras

Também aqui se verifica a inadequada escolarização da literatura infantil. Em primeiro lugar – aspecto que é, certamente, o menos grave – há uma grande recorrência dos mesmos autores e das mesmas obras nas coleções didáticas para as quatro primeiras séries do primeiro grau. Poemas são repetidamente buscados, ao longo das quatro séries, em obras de larga divulgação, como *Ou isto ou aquilo*, de Cecília Meireles, *A Arca de Noé,* de Vinicius de Moraes, ou em autores mais amp█████████hecidos, como Elias José, Sérgio Capa-r████████████ A mesma recorrência de autores e obras ocorre na seleção de textos narrativos: Ruth Rocha, Ana Maria Machado, Pedro Bandeira, Ziraldo são autores que aparecem repetidamente; os livros *Marcelo, marmelo, martelo, O menino maluquinho, A fada que tinha idéias* têm lugar cativo nos livros didáticos. São, inegavelmente, bons poemas, boas narrativas, excelentes poetas e excelentes escritores; entretanto, oferece-se à criança uma gama restrita de autores e obras, quando a literatura infantil brasileira, em prosa e em verso, é bastante rica e diversificada. O resultado será ou tem sido aquele mesmo que ocorreu com gerações anteriores, já que parece ser antiga esta característica da escolarização da literatura: quem, entre aqueles que frequentaram a escola nos anos 50 e 60, não se lembra de *Visita à casa paterna*, de Luís Guimarães Jr., de *As pombas*, de Raimundo Correia, de *Ouvir estrelas*, de Olavo Bilac, de *Um apólogo*, de Machado de Assis?

Uma seleção limitada de autores e obras resulta em uma escolarização inadequada, sobretudo porque se forma o conceito de que literatura são certos autores e certos textos, a tal ponto que se pode vir a considerar como uma deficiência da escolarização o desconhecimento, pela criança, daqueles autores e obras que a escola privilegia... quando talvez o que se devesse pretender seria não o conhecimento de certos autores e obras, mas a compreensão do literário e o gosto pela leitura literária (voltando às gerações que frequentaram a escola nos anos 50 e 60: é considerado "falta de cultura" o desconhecimento, por aqueles pertencentes a essas gerações, de "Ora direis, ouvir estrelas... certo perdeste o senso..." ou de "Vai-se a primeira pomba despertada...", mas não se considera "falta de cultura" a insensibilidade para o literário e o "desgosto" pela leitura literária).

Um outro aspecto que revela a inadequada escolarização da literatura infantil é que, excetuados os autores e obras recorrentemente utilizados, porque amplamente conhecidos, como dito acima, verifica-se a ausência de critérios apropriados para a seleção de autores e textos; na verdade, ou se lança mão de obras e autores muito conhecidos, ou de autores pouco representativos e obras de pouca qualidade. É muito comum, por exemplo, a inclusão de textos do próprio autor do livro didático; veja-se, por exemplo, a escolarização – inadequada – da poesia, pela apresentação à criança do seguinte poema:

> **Pare! Atenção!**
>
> O Joãozinho é distraído.
> Em nada presta atenção.
> Mas Totó, o seu amigo,
> é um excelente cão.
>
> Lá vêm os dois na calçada.
> E agora, olhem só!
> Na hora de atravessar,
> vejam o que faz Totó:
>
> Morde a calça do menino!
> "Ficou louco este meu cão?"
> Não, Joãozinho! O amarelo
> mostra: **Pare! Atenção!**

A finalidade "instrutiva" do poema, a estrutura elementar e a precariedade dos aspectos rítmicos e das rimas certamente distorcem o conceito de poesia e a caracterização de poema – é sem dúvida uma inadequada escolarização da literatura (?) infantil.

Ainda um último aspecto que convém mencionar, no que se refere à seleção de autores e obras, é a muito frequente ausência, nos livros didáticos, de referência bibliográfica e de informações sobre o autor do texto: o texto torna-se independente da obra a que pertence, desapropria-se o autor de seu texto – mais uma forma de escolarização inadequada da literatura; uma escolarização adequada desenvolveria no aluno o conceito de autoria, de obra, de fragmento de obra.

A seleção do fragmento que constituirá o texto

Em livros didáticos encontram-se, em geral, como textos para leitura, fragmentos de textos maiores, já que é preciso que as atividades de desenvolvimento de habilidades de leitura tenham por objeto textos curtos, para que possam ser analisados e estudados em profundidade no tempo limitado imposto pelos currículos e horários escolares – esta é mais uma das características (exigências?) da inevitável escolarização da literatura. Entretanto, ao selecionar o fragmento de um texto, este tem de constituir-se, ele também, como *texto*, isto é: uma unidade de linguagem, tanto do ponto de vista semântico – uma unidade percebida pelo leitor como um todo significativo e coerente – quanto do ponto de vista formal – uma unidade em que haja integração dos elementos, que seja percebida como um todo coeso.

Para escapar à dificuldade desta tarefa, muitas vezes são forjados "textos", na verdade, *pseudotextos*: o próprio autor do livro didático produz o "texto", e em geral o faz não propriamente com o objetivo de desenvolver atividades de leitura, mas de ensinar *sobre* a língua – ensino de gramática, de ortografia; eis um exemplo:

A jiboia e a girafa

Uma jiboia gigante estava de boca aberta, pronta para engolir a girafa, quando esta, sabendo que a cobra tinha medo de injeção, disse:
— Se me comer, vai ficar com indigestão. Vem o guarda da floresta e lhe enfia na boca uma tigela de jiló. E, ainda, lhe aplica uma injeção.
A jiboia se encolheu toda. Daí, começou a cantar trovas:

Pajé jeitoso sentado na sarjeta comendo jerimum. Megera rabugenta com cara de gengibre e com gosto de jejum. Tem pintas de ferrugem e apanha tangerina na laranjeira da Oscarlina. Vi anjinho guiar jipe e um outro imitar gorjeio do sabiá do rodeio. Girafa que não corre, fica, e comê-la será canjica.
A girafa fugiu.

je ji • ge gi

Desnecessário comentar a falta de coerência deste pretenso "texto": uma jiboia, por gigante que seja, jamais poderia engolir uma girafa... jiboia com medo de injeção?! e por que a tigela de jiló? e onde estão as "trovas" que a jiboia se pôs a cantar? e a absoluta falta de sentido das trovas que não são trovas...

Nem se trata de exploração de *nonsense*, ou de jogo lúdico com as palavras; na verdade, o objetivo foi apenas juntar palavras em que aparecem as letras *j* e *g* representando o mesmo fonema – para não restar dúvida, as sílabas que o "texto" perseguiu são destacadas ao fim dele. Apresenta-se esse "ajuntamento"de palavras ao aluno como se fosse um texto narrativo, levando-o a formar um conceito falso de texto, de leitura – um claro exemplo de escolarização inadequada da literatura.

Por outro lado, quando se lança mão de um fragmento de texto da literatura infantil, muito frequentemente não se cuida de que o fragmento apresente, também ele, textualidade, isto é, que apresente as características que fazem com que uma sequência de frases constitua, realmente, um *texto*. A frequência com que isso ocorre nos livros didáticos tem relações com a predominância, neles, da narrativa. Esta tem uma estrutura textual (uma macroestrutura) que se organiza em ciclos sequenciais: começa com uma *exposição*, em que o acontecimento que será narrado é "emoldurado", com a apresentação da situação inicial (tempo e lugar, personagens, etc.); prossegue trazendo um desequilíbrio que vem perturbar a situação inicial, isto é, uma *complicação*; evolui para um *clímax*, em que o desequilíbrio chega a seu ponto máximo; finalmente caminha para o restabelecimento do equilíbrio, pela *resolução* da complicação. Torna-se, assim, difícil retirar, de uma narrativa, um fragmento que conserve, em si, todos os ciclos de uma narrativa; a consequência dessa dificuldade é que os fragmentos de narrativas apresentados nos livros didáticos são quase sempre pseudotextos, em que um ou alguns ciclos da sequência narrativa são apresentados, faltando aqueles que os precedem ou os seguem. Alguns exemplos comprovarão essa afirmação.

Há "textos" que apresentam apenas o ciclo inicial da sequência narrativa, a *exposição*, e interrompem aí a narrativa, que, portanto, não se realiza, deixando o leitor na expectativa: o que acontecerá neste lugar? com estes personagens?

Assim, em um livro didático, propõe-se à criança, como texto de leitura, fragmento do livro *Menina bonita do laço de fita*, de Ana Maria Machado; eis o fragmento:

> **Menina bonita do laço de fita**
>
> Era uma vez uma menina linda, linda, linda.
> Os olhos dela pareciam duas azeitonas pretas, daquelas bem brilhantes. Os cabelos eram enroladinhos e bem negros, feito fiapos de noite. A pele era escura e lustrosa, que nem o pêlo da pantera negra quando pula na chuva.
> Ainda por cima, a mãe gostava de fazer trancinhas no cabelo dela e enfeitar com laço de fita colorida. Ela ficava parecendo uma princesa das Terras da África, ou uma fada do reino do luar.
>
> MACHADO, Ana Maria. *Menina bonita do laço de fita*. São Paulo: Melhoramentos, 1986, p.4-5.

Em um outro livro didático, o "texto" apresentado à criança é o seguinte fragmento da história "Rosa Maria no castelo encantado", do livro *Gente e bichos*, de Érico Veríssimo:

> **O castelo encantado**
>
> Eu sou um mágico. Moro num castelo encantado. Os homens grandes não sabem de nada. Só as crianças é que conhecem o segredo...
> Quando um homem passa pela minha casa, o que vê é uma casa como as outras: com portas, janelas, telhado vermelho, sacada de ferro...
> Só as crianças é que enxergam o meu castelo encantado. Com torres de açucar e chocolate. Pontes que sobem e descem, puxadas ou empurradas por anõezinhos barrigudos vestidos de verde. Os trincos das portas, vocês pensam que são de metal? Nada disso. São de marmelada, de goiabada, de cocada.
> Quando um homem grande entra na minha casa, tem de subir toda a escada, degrau por degrau. Quando uma criança entra no meu castelo, é a escada que sobe com ela.
>
> VERÍSSIMO, Érico. "Rosa Maria no castelo Encantado." Em: *Gente e bichos*.

Como se vê, os "textos" são apenas o início das histórias, a *exposição* – no primeiro exemplo, a apresentação da personagem central, a menina bonita de laço de fita; no segundo exemplo, a apresentação de um dos personagens, o mágico, e, sobretudo, do cenário em que se passará a história. Uma primeira consequência dessa fragmentação inadequada, que apresenta apenas a *exposição* que precede os acontecimentos, é que a criança, que tem internalizada em si a "linguagem universal da narrativa", cuja estrutura conhece bem, das histórias que conta e que ouve, há de se perguntar: e depois? o que aconteceu? e, não obtendo respostas a essas perguntas, irá construindo um conceito inadequado de texto, de narrativa, de leitura literária. Uma segunda consequência, estreitamente ligada à primeira, é que se desfigura o sentido da obra dos autores: no caso do livro de Ana Maria Machado, os parágrafos iniciais só ganham significado em função da história que se desenvolve entre a menina negra e o coelho branco, e que tem por tema as diferenças de cor; no caso do conto de Érico Veríssimo, a cumplicidade que os parágrafos iniciais buscam criar entre o autor-mágico e o leitor-criança só se explica no desenvolvimento da narrativa. Acrescente-se que os livros didáticos nem mesmo lançam mão de estratégias para compensar a fragmentação que impõem à história, como por exemplo: levar a criança a imaginar o que acontecerá em seguida, anunciar e apresentar a continuidade da história nos textos seguintes...

Ainda mais frustrante e inadequada é a fragmentação que, indo um pouco além da *exposição*, apenas anuncia a *complicação*, como o seguinte "texto" de um livro didático, que apresenta os parágrafos iniciais de uma das histórias do livro de Ruth Rocha *Pedrinho pintor e outras histórias*:

O coelho que não era de Páscoa

Vivinho era um coelhinho. Branco, redondo, fofinho.
Todos os dias Vivinho ia à escola com seus irmãos.
Aprendia a pular, aprendia a correr...
Aprendia qual a melhor couve para se comer.
Os coelhinhos foram crescendo, chegou a hora de escolherem uma profissão.
Os irmãos de Vivinho já tinham resolvido:
— Eu vou ser coelho de Páscoa, como meu pai.
— Eu vou ser coelho de Páscoa, como meu avô.
— Eu vou ser coelho de Páscoa,

como meu bisavô.
E todos queriam ser coelhos de Páscoa, como o trisavô, o tataravô, como todos os avôs.
Só Vivinho não dizia nada.
Os pais perguntavam, os irmãos indagavam:
— E você, Vivinho? E você?
— Bom – dizia Vivinho – eu não sei o que quero. Mas sei o que não quero: ser coelhinho de Páscoa.
O pai de Vivinho se espantou, a mãe se escandalizou:
— OOOOOHHHHH!!!

ROCHA, Ruth. *Pedrinho pintor e outras histórias.*

Como se vê, apresenta-se à criança o início da história, a *exposição* – personagens, situação – e anuncia-se a *complicação* – um problema é criado pelo personagem. E depois? Como se resolverá o problema? O fragmento não é um texto, pois não é um todo significativo e coerente, nem é uma narrativa, pois apenas apresenta a situação e o fato que desencadeará os acontecimentos.

Mas há, nos livros didáticos, formas mais desastrosas de fragmentação de narrativas. Nos exemplos anteriores, porque se tomam os parágrafos iniciais de uma história, pelo menos contextualiza-se a ação e apresentam-se os personagens; nos exemplos apresentados a seguir, toma-se um fragmento do meio da história: falta a *exposição*, e apenas se anuncia a *complicação*. A mesma Ruth Rocha é de novo penalizada em outro livro didático, em que se propõe à criança, como um "texto", o seguinte fragmento do livro *Procurando firme*:

Procurando firme

Mas a princesa estava desapontada! Aquele não era o príncipe que ela estava esperando! Até que ele não era feio, tinha umas roupas bem bonitas, sinal que devia ser meio riquinho, mas era meio grosso, tinha um jeitão de quem achava que estava abafando, muito convencido!
A princesa torceu o nariz.
O pai e a mãe da princesa ficaram muito espantados, ainda quiseram consertar as coisas, disfarçar o nariz torto da princesa, é que eles estavam achando o príncipe bem jeitoso... Afinal ele era o príncipe da Petrolândia, um lugar que tinha um óleo fedorento e que todo mundo achava que um dia ia valer muito dinheiro...

ROCHA, Ruth. *Procurando firme*, RJ: Nova Fronteira, 1984, p.17.

Observe-se que o "texto" se inicia com um *mas*! Esta conjunção introduz uma sentença que contraria algo que terá sido dito em sentença anterior: o quê? E menciona-se **a** princesa, não **uma** princesa; portanto, um personagem que já foi antes apresentado: de que princesa se fala? E mais: *Aquele não era o príncipe que ela estava esperando!* Qual é o referente para o anafórico *aquele*? E por que, desde quando, para quê, a princesa *estava esperando* um príncipe? E depois, o que aconteceu? A princesa terá aceitado o príncipe ou não? E por que o texto se chama *Procurando firme*? Perguntas que a criança se fará, fará à professora, ou terá de se conformar com a falta de sentido das coisas que na escola são dadas a ler... E pode sentir-se autorizada a escrever assim, ela também.

Veja-se este outro exemplo, de um outro livro didático:

O sapo Batista

No dia seguinte, de manhã, os bichos acordaram escutando uma música que vinha de longe. Curiosos, os sapos foram devagarzinho para ver o que estava acontecendo. Eles queriam saber de quem era aquela voz tão bonita.

Quando chegaram ao pé da rocha, uma surpresa. Olha só quem estava lá! O sapo vozeirão.
Quando Batista viu que estava sendo observado ficou todo vermelho e encabulado.

KALIL, Vanessa. *O sapo Batista*.

No dia seguinte... seguinte a qual dia? *os bichos...* que bichos? quem estava lá era *o sapo vozeirão...* que sapo é este? e por que era chamado *vozeirão*? E depois, o que aconteceu? O que fizeram os bichos? o que fez o vermelho e encabulado sapo Batista?

Mais um exemplo. O fragmento abaixo, apresentado à criança como um "texto" de leitura, começa por mencionar o personagem *O Júnior*, que não se sabe quem é. Será um menino? Só por inferência, ao longo da leitura, poderá o aluno descobrir quem é o Júnior:

Por que não?

O Júnior passava cada vez menos tempo em casa.
Até que um dia ele apareceu com a cara mais marota do mundo:
— Minha gente, estão todos convidados para a minha formatura!
— Formatura? – perguntaram todos em coro.
— Formatura! – confirmou o Júnior. – Estou me graduando na Escola dos Pombos-correio.
— Pombos-correio? – tornaram a perguntar em coro os Bicudos, que não só gostavam de cantar em coro, mas também gostavam de falar em coro.
— Pois é – respondeu o Júnior. – Por que é que um pombo pode trabalhar no correio e um passarinho não pode?
— Ah, porque os pombos-correio nascem sabendo...
— Por isso é que eu tive de aprender. Mas uma pessoa esperta aprende qualquer coisa que ela queira muito.

Esta história foi retirada do livro *Por que não?* de Ruth Rocha.

De novo, fragmento retirado de livro de Ruth Rocha, o que confirma o que foi dito anteriormente: a recorrência, nos livros didáticos para as quatro primeiras séries, dos mesmos autores (esclareça-se que os fragmentos de obras de Ruth Rocha citados até aqui foram retirados de diferentes livros didáticos). O "texto" apresenta a história já em curso; sem conhecer seu início, o aluno há de pensar, até certa altura dele, que o Júnior é um menino; ao longo da leitura é que poderá inferir que o Júnior é um passarinho, um bicudo, que resolveu aprender a ser pombo-correio... e que comunica isso a outros bicudos (seus irmãos? seus amigos? seu bando?) Se as questões sobre o texto propostas aos alunos procurassem levá-los a fazer essas inferências e recuperar o não dito, talvez se justificasse a narrativa sem início (e também sem fim), mas não é isso que acontece, como se verá mais adiante. Cabe ainda uma observação sobre o título do "texto", que apenas repete o título do livro de onde foi retirado (o mesmo recurso é utilizado nos exemplos apresentados anteriormente– é a forma usual, nos livros didáticos, de dar títulos aos fragmentos retirados de livros de literatura infantil): nem sempre o título do livro é um título adequado para o fragmento escolhido (como já se observou anteriormente, com referência ao fragmento retirado do livro *Procurando firme*), e é também só por meio de inferências que se pode encontrar justificativa para que este "texto" se denomine *Por que não?* (por que um bicudo não pode ser um pombo-correio?)

Em síntese, e concluindo este item sobre a fragmentação da narrativa em "textos" propostos à leitura em livros didáticos, pode-se afirmar que a escolarização – *inevitável*, repita-se o adjetivo – da literatura infantil faz-se frequentemente de forma inadequada e, mais que isso, prejudicial mesmo, pois abala o conceito que a criança tem, intuitivamente, da estrutura da narrativa, dá-lhe uma ideia errônea do que é um texto e pode induzi-la a produzir ela mesma pseudotextos, já que estes é que lhe são apresentados como modelo.

Um outro aspecto que evidencia a escolarização inadequada da literatura infantil nas atividades de leitura e estudo de textos, propostas nos livros didáticos, é a distorção que o texto sofre, ao ser transferido de seu suporte literário para a página do livro didático.

Transferência do texto de seu suporte literário para a página do livro didático

Ao ser transportado do livro de literatura infantil para o livro didático, o texto tem de sofrer, inevitavelmente, transformações, já que passa de um suporte para outro: ler diretamente no livro de literatura infantil é relacionar-se com um objeto-livro-de-literatura completamente diferente do objeto-livro-didático: são livros com finalidades diferentes, aspecto material diferente, diagramação e ilustrações diferentes, protocolos de leitura diferentes. Se a necessidade de escolarizar torna essas transformações inevitáveis, é, porém, necessário que sejam respeitadas as características essenciais da obra literária, que não sejam alterados aqueles aspectos que constituem a literariedade do texto.

Frequentemente, não é isso que acontece. Um caso exemplar é o de uma coleção didática que apresenta o mesmo texto no Livro 1 e no Livro 4 (o que já é surpreendente), impondo-lhe, no Livro 1, alterações de paragrafação, de estruturas linguísticas, de vocabulário, até mesmo de título; embora no Livro 1 se indique que se trata de uma "adaptação", as alterações feitas são inteiramente dispensáveis, não se justificam pela necessidade de *adaptação* do texto (que, às vezes, é realmente necessária – mais uma das estratégias que a escolarização impõe, mas que pode ser feita sem ferir a literariedade do texto). É um texto de Érico Veríssimo, também este retirado de *Gente e bichos* (de novo a recorrência de autores – o outro texto retirado deste mesmo livro, anteriormente citado, "O castelo encantado", está incluído em outro livro didático, não neste que agora se menciona). Compare-se:

LIVRO 1

Que Dor de Dente!

Anoiteceu. Apareceu no céu uma lua de cara inchada.
O galo saiu para o meio do quintal e cantou:
— Có-ró-có-có, boa noite, dona lua!
A lua fez careta e respondeu:
— Não me amole! Estou com dor de dente.
O cachorro xereta latiu:
— Au! Au! Au! Se a senhora está com dor de dente, por que não vai ao dentista?
— É mesmo! Eu não me lembrei disso! – disse a lua admirada.
Ela colocou o chapéu na cabeça e foi para o dentista.
O céu e a terra ficaram muito escuros.
Sozinhas, as estrelas não tinham força para alumiar. E mesmo começaram a tremer de medo e acabaram entrando para dentro de suas casas.

VERÍSSIMO, Érico (adaptação)
Gente e bichos. P. Alegre: Editora Globo

LIVRO 4

O Céu e a Terra na Escuridão

Érico Veríssimo

Anoiteceu. Apareceu no céu uma Lua de cara inchada. O galo saiu para o meio do quintal e cantou:
— Có-ró-có-có, boa noite, Dona Lua!
A Lua fez uma careta e respondeu:
— Não me amole, galo bobo. Estou com dor de dente.
Então o cachorro, que era muito intrometido, ladrou:
— Au! Au! Au! Se a senhora está com dor de dente por que não vai ao dentista?
— É mesmo – gritou a Lua, admirada. – Eu não me lembrei disso! Botou o chapéu na cbeça e foi para o dentista. O Céu e a Terra ficaram muito escuros. Sozinhas, as estrelas não tinham força para lumiar. E mesmo começaram a tremer de medo e acabaram entrando para dentro de suas casas.

Há diferenças de paragrafação: os três últimos parágrafos do texto tal como apresentado no Livro 1 constituem um só parágrafo no texto tal como apresentado no Livro 4: qual a razão? A hipótese será que textos para crianças de primeira série devem ter parágrafos curtos? Por quê?

No Livro 4, a personificação da lua, do céu, da terra é enfatizada pelo uso de maiúsculas: *apareceu uma Lua de cara inchada; boa-noite, Dona Lua!; O Céu e a Terra ficaram muito escuros;* no Livro 1, as maiúsculas desaparecem, empobrecendo desnecessariamente o texto.

Palavras e expressões são eliminadas no texto do Livro 1: *a lua fez careta,* e não *a Lua fez **uma** careta; Não me amole!* e não *Não me amole, **galo bobo**.* Por que, para que as eliminações?

Também o elemento coesivo *então*, que aparece no texto do Livro 4 – *Então o cachorro...* desaparece, desnecessariamente, no texto do Livro 1.

Mais numerosas e menos justificáveis são as alterações de vocabulário: por que *o cachorro xereta* substitui *o cachorro, que era muito intrometido*? é a falsa suposição de que a criança na primeira série não saberá ler orações adjetivas? E por que *ladrou* é substituído por *latiu*? não seria uma boa oportunidade para enriquecer o vocabulário das crianças, se fosse o caso, com o verbo *ladrar*? e mais: *gritou a Lua* foi substituído por *disse a lua, botou o chapéu na cabeça* transformou-se em *colocou o chapéu na cabeça* – qual a razão para essas "adaptações"?

Finalmente, também o título do texto é alterado: *O Céu e a Terra na escuridão* é alterado para *Que dor de dente!*, que pouco tem a ver com a ideia central do texto.

O que acontece é que o texto do autor é desnecessariamente alterado, perde algumas de suas qualidades, é mesmo, de certa forma, distorcido – uma escolarização inadequada, fundamentada em pressupostos errôneos.

Uma segunda forma de distorção do texto, no processo de sua transferência de seu suporte – o livro de literatura infantil – para o suporte escolar – o livro didático – é a alteração do contexto textual, isto é, da configuração gráfica do texto na página, de suas relações com a ilustração. Exemplos que ilustram bem essa forma de escolarização inadequada da literatura são aqueles casos em que o livro didático apresenta *apenas o texto* de um livro infantil em que texto e ilustração são indissociáveis, porque mutuamente dependentes; o texto, separado da ilustração, perde seu sentido e seu impacto. É o que tem ocorrido, por exemplo, com a escolarização, em livros didáticos para as séries iniciais, de textos da muito conhecida Coleção Gato e Rato, de Mary e Eliardo França. Nessa coleção, voltada para a criança em fase de alfabetização, há uma ou duas frases em cada página, esta tomada quase inteiramente por ilustração que completa o significado da frase, acrescenta-lhe informação e, muitas vezes, humor.

A despeito disso, um livro didático toma frases do livro *A bota do bode*, que nele estão apresentadas em cinco páginas, cada uma com ilustração indispensável à construção da textualidade, e faz delas o seguinte texto:

> **A bota do bode**
>
> O bode viu uma bota.
> O bode colocou a bota numa pata.
> E ficou muito gozado!
> Uma bota numa pata e três patas sem botas!
> O bode deu a bota para o rato.
> E o rato sumiu na bota.
>
> Mary França e Eliardo França.
> *A bota do bode.*

Observe-se que, também aqui, verifica-se aquela característica de escolarização inadequada já apontada: apresenta-se apenas o início da história, interrompida quando mal se anuncia o ciclo da *complicação*. Mas o que se deseja aqui destacar é a incoerência e inconsistência do texto, se lido assim desligado das ilustrações. Só a representação visual das situações, tal como feita no livro *A bota do bode*, dá sentido às frases e acrescenta ao texto o tom humorístico que ele tem. Tanto assim que, na indicação da dupla autoria do livro (e de toda a Coleção Gato e Rato), não há distinção entre autor do texto e autor da ilustração; aliás, em livros de literatura infantil, frequentemente o ilustrador é tão autor quanto o escritor, dada a complementaridade entre texto e ilustração. É bem verdade que, no livro didático, o texto vem também acompanhado por ilustração, mas a relação entre texto e ilustração, tão absoluta no livro, aqui antes distorce que complementa o texto: é o desenho de um bode com uma bota numa pata, tendo ao lado uma outra bota com um rato dentro: mas o texto não se refere a uma bota só? e o bode não deu essa bota ao rato? por que, então, duas botas, uma para cada um? e o gato não sumiu na bota? como, então, lá está ele, bem visível dentro da bota?[7]

Ainda uma outra forma, esta talvez mais grave, de distorção do texto, no processo de sua transferência do livro de literatura infantil para o livro didático, é a alteração do gênero do texto: poemas se transformam em textos em prosa, textos literários são interpretados como textos informativos, textos jornalísticos como textos literários... Talvez o exemplo mais desconcertante disso seja a transfiguração do poema "A chácara do Chico Bolacha", de Cecília Meireles, no livro *Ou isto ou aquilo,* em uma história em quadrinhos! Recorde-se o poema:

A Chácara do Chico Bolacha

Cecília Meireles

Na chácara do Chico Bolacha
o que se procura
nunca se acha!

Quando chove muito,
o Chico brinca de barco,
porque a chácara vira charco.

Quando não chove nada,
Chico trabalha com a enxada
e logo se machuca
e fica de mão inchada.

Por isso, com o Chico Bolacha,
o que se procura
nunca se acha.

Dizem que a chácara do Chico
só tem mesmo chuchu
e um cachorrinho coxo
que se chama Caxambu.

Outras coisas, ninguém procure,
porque não acha.
Coitado do Chico Bolacha!

A sonoridade, o ritmo, a musicalidade, a disposição gráfica próprios do texto poético são inteiramente perdidos quando o poema se transforma, num livro didático, no seguinte texto dialogado e quadrinizado:

> NA CHÁCARA DO CHICO BOLACHA, O QUE SE PROCURA NUNCA SE ACHA!
>
> QUANDO CHOVE MUITO, O CHICO BRINCA DE BARCO,
> PORQUE A CHÁCARA VIRA CHARCO.
>
> QUANDO NÃO CHOVE NADA, CHICO TRABALHA COM A ENXADA
> E LOGO SE MACHUCA E FICA DE MÃO INCHADA.
>
> POR ISSO, COM O CHICO BOLACHA, O QUE SE PROCURA NUNCA SE ACHA.
>
> DIZEM QUE A CHÁCARA DO CHICO SÓ TEM MESMO CHUCHU
> E UM CACHORRINHO COXO QUE SE CHAMA CAXAMBU
>
> OUTRAS COISAS, NINGUÉM PROCURE, PORQUE NÃO ACHA. COITADO DO CHICO BOLACHA!

É preciso reconhecer e reafirmar o que se disse anteriormente: não há como não alterar o texto, ao transportá-lo de seu suporte próprio – neste caso, o livro de literatura infantil – para o suporte escolar – o livro didático; no entanto, é preciso fazê-lo respeitando o que é a essência caracterizadora do texto, é preciso fazê-lo sem distorcer, desvirtuar, desfigurar; em síntese: se é inevitável escolarizar a literatura infantil, que essa escolarização obedeça a critérios que preservem o literário, que propiciem à criança a vivência do literário, e não de uma distorção ou uma caricatura dele.

Mas há ainda, em livros didáticos, uma outra forma de distorção do literário, que se revela na maneira como textos retirados da literatura infantil são estudados, interpretados – é o que se discute no item seguinte.

Objetivos da leitura de textos da literatura infantil nos livros didáticos

Aos textos (ou pseudotextos) propostos à leitura dos alunos, nos livros didáticos, seguem-se sempre exercícios de "estudo do texto" – mais uma exigência do processo de escolarização da leitura: a escola deve conduzir o aluno à análise do texto e à explicitação de sua compreensão e interpretação.

Entretanto, os exercícios que, em geral, são propostos aos alunos sobre textos da literatura infantil não conduzem à análise do que é essencial neles, isto é, à percepção de sua literariedade, dos recursos de expressão, do uso estético da linguagem; centram-se nos conteúdos, e não na recriação que deles faz a literatura; voltam-se para as informações que os textos veiculam, não para o modo literário como as veiculam.

Assim, ao ser transferido do livro de literatura infantil para o livro escolar, o texto literário deixa de ser um texto para emocionar, para divertir, para dar prazer, torna-se um texto *para ser estudado*. O "estudo" que se desenvolve sobre o texto literário, na escola, é uma atividade intrínseca ao processo de escolarização, como já foi dito, mas uma escolarização adequada da literatura será aquela que se fundamente em respostas também adequadas às perguntas: por que e para que "estudar" um texto literário? o que é que se deve "estudar" num texto literário? Os objetivos de leitura e estudo de um texto literário são específicos a este tipo de texto, devem privilegiar aqueles conhecimentos, habilidades e atitudes necessários à formação de um bom leitor de literatura: a análise do gênero do texto, dos recursos de expressão e de recriação da realidade, das figuras autor-narrador, personagem, ponto de vista (no caso da narrativa), a interpretação de analogias, comparações, metáforas, identificação de recursos estilísticos, poéticos, enfim, o "estudo" daquilo que é *textual* e daquilo que é *literário*.

Não é o que fazem, em geral, os livros didáticos. Quase sempre, os exercícios propostos aos alunos ou são exercícios de compreensão, entendida como mera localização de informações no texto, ou são exercícios de metalinguagem (gramática, ortografia), ou são exercícios moralizantes. Relembre-se o texto já citado anteriormente, *Por que não?* e vejam-se as perguntas propostas sobre ele:

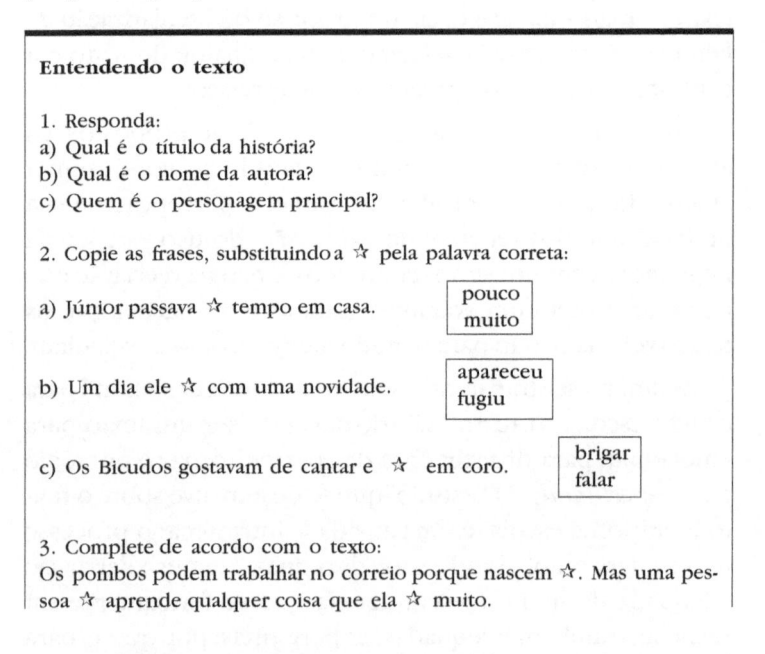

Entendendo o texto

1. Responda:
a) Qual é o título da história?
b) Qual é o nome da autora?
c) Quem é o personagem principal?

2. Copie as frases, substituindo a ☆ pela palavra correta:

a) Júnior passava ☆ tempo em casa.　　| pouco / muito |

b) Um dia ele ☆ com uma novidade.　　| apareceu / fugiu |

c) Os Bicudos gostavam de cantar e ☆ em coro.　　| brigar / falar |

3. Complete de acordo com o texto:
Os pombos podem trabalhar no correio porque nascem ☆. Mas uma pessoa ☆ aprende qualquer coisa que ela ☆ muito.

Não se pede ao aluno mais que localizar informações no texto e copiá-las: o título do texto, o nome da autora, frases com lacunas que deve preencher com palavras do texto (observe-se, ainda, que a alternativa à palavra do texto para preenchimento da lacuna é inteiramente destoante do sentido do texto, o que torna ainda mais maquinal a resposta do aluno). No entanto, haveria outras possibilidades: a inadequada fragmentação do texto, já comentada, poderia, por exemplo, ser de certa forma superada se as perguntas levassem o aluno a fazer inferências, como por exemplo: Em que parte do texto se descobre com quem Júnior está conversando? Como é que se descobre que Júnior é um pombo? ou a estabelecer relações entre ideias, como: Por que Júnior teve de aprender a ser pombo-correio? etc.

Um outro exemplo, lançando mão de novo de texto já anteriormente citado, são os exercícios propostos para o texto "A bota do bode"; comece-se por observar como se anunciam os exercícios: "Vamos entender melhor a poesia?" Além da inadequação do uso de *poesia* por *poema*, verifica-se que a *prosa* de Mary e Eliardo França foi aqui transformada em *poesia*. Na reprodução abaixo, os desenhos que aparecem no livro estão representados simbolicamente.

Vamos entender melhor a poesia?

1. Copie as frases, trocando os desenhos por palavras:

a) O ☐☆☐ viu uma ☐☆☆☐.

b) O ☐☆☐ deu a ☐☆☆☐ para o ☐☆☆☆☐.

2. Escreva os fatos na ordem em que aparecem no texto:
E o rato sumiu na bota.
O bode viu uma bota.
O bode colocou a bota numa pata.

3. Copie apenas as frases que estão de acordo com o texto:
O rato colocou a bota numa pata.
O bode colocou a bota numa pata.
Uma bota numa pata e três patas sem botas!
Uma bota em três patas e uma pata sem bota?

4. Procure o livro *A bota do bode* de Mary e Eliardo França e leia a história toda.

☐☆☐ Desenho da cabeça de um bode, no original.

☐☆☆☐ Desenho de uma bota, no original.

☐☆☆☆☐ Desenho da cabeça de um rato, no original.

Também aqui, exercícios de cópia de frases do texto: no exercício 1, apenas a tradução em palavras de desenhos; no exercício 2, ordenação de "fatos", que, ordenados, não se organizam com coerência nem coesão; no exercício 3, mera identificação de frases no texto. Cabe uma observação sobre o "exercício" 4 que, parece, tenta solucionar a já comentada fragmentação do "texto" (na verdade, pseudotexto): exercício inócuo, se a escola ou a professora ou algum aluno não tiverem o livro – aguça-se a curiosidade do aluno e, consequentemente, aumenta-se sua frustração.

Uma análise, ainda que superficial, dos exercícios propostos para textos da literatura infantil, em livros didáticos das séries iniciais, revela que são recorrentes os seguintes tipos de exercícios: copiar o título do texto, o nome do autor, o nome do livro de onde foi tirado o texto; copiar a fala de determinado personagem do texto; escrever quem falou determinada frase; escrever o nome dos personagens; copiar as frases que estão de acordo com o texto; copiar frases na ordem dos acontecimentos apresentados no texto; completar frases do texto. Exercícios, como se disse, de mera localização de informações no texto, adequados, por exemplo, para a leitura de verbete de enciclopédia, ou de determinados tipos de texto informativo, não para a leitura de texto literário.

Há ainda, com frequência, exercícios de opinião sobre o texto, vagos – O que achou? Gostou do texto? – e exercícios que pretendem buscar no texto um ensinamento moral – o que o texto nos ensina? Nestes casos, é sempre interessante observar a resposta que, no Livro do Professor, sugere-se como resposta "correta": frequentemente, informa-se ao professor o que o aluno deve achar... deve aprender do texto... Por exemplo, após um texto de Malba Tahan, em que um príncipe condena um criado à morte, por ter quebrado um vaso precioso, pergunta-se: *O que você acha sobre condenar um ser humano à morte por causa de um bem material?* No Livro do Professor, a resposta indicada como correta é: *Acho um absurdo.* Ou seja: o que o aluno deve "achar" já está preestabelecido...

Tudo que se disse pretende comprovar a afirmação feita inicialmente de que, das três instâncias de escolarização da literatura infantil na escola, a mais frequente, a mais regular, e também a mais inadequada, é a leitura e estudo de fragmentos de textos da literatura infantil. Inadequada porque há uma seleção limitada de tipos e gêneros, porque há uma escolha pouco criteriosa de autores e obras, e, sobretudo, porque os textos são quase sempre pseudotextos, isto é, fragmentos sem textualidade, sem coerência; e ainda porque as atividades que se desenvolvem sobre os textos não se voltam nem para a textualidade nem para a literariedade do texto. Não será excessivo afirmar que a obra literária é desvirtuada, quando transposta para o manual didático, que o texto literário é transformado, na escola, em texto informativo, em texto formativo, em pretexto para exercícios de metalinguagem.

Conclusão

Retomemos os pressupostos e conceitos que orientaram essa exposição.

Consideramos como *escolarização da literatura infantil* a apropriação dessa literatura pela escola, para atender a seus fins formadores e educativos.

Defendemos que essa escolarização é inevitável, porque é da essência da escola a instituição de saberes escolares, que se constituem pela didatização ou pedagogização de conhecimentos e práticas culturais.

Distinguimos entre uma escolarização adequada e uma escolarização inadequada da literatura: adequada seria aquela escolarização que conduzisse eficazmente às práticas de leitura literária que ocorrem no contexto social e às atitudes e valores próprios do ideal de leitor que se quer formar; inadequada é aquela escolarização que deturpa, falsifica, distorce a literatura, afastando, e não aproximando, o aluno das práticas de leitura literária, desenvolvendo nele resistência ou aversão ao livro e ao ler.

De tudo isso conclui-se que a questão fundamental das relações entre literatura infantil e escola é que é necessário saber (ou descobrir?) como realizar, de maneira adequada, a inevitável escolarização da literatura.

NOTAS

[1] Jornal *O Tempo*, Belo Horizonte, 24 de agosto de 1997, Suplemento Engenho e Arte.

[2] Idem.

[3] Um aspecto interessante que poderia ser desenvolvido sob esta perspectiva é a produção de uma literatura, destinada a crianças e jovens, assumidamente com conteúdos escolares – como fez Lobato em *Emília no país da gramática, Emília no país da aritmética, Viagem ao céu,* etc. – produção que se vem intensificando atualmente, sobretudo através dos chamados "paradidáticos" – um tema que está merecendo estudo.

[4] Mesmo quando a biblioteca é "de classe", há sempre um lugar na sala de aula, ainda que, às vezes, apenas uma caixa, de guarda do livro e de acesso ao livro.

[5] Há, é óbvio, livros que escapam às inadequações apontadas nesta exposição, mas constituem a minoria dos manuais destinados às quatro primeiras séries do primeiro grau.

[6] É bastante complexa a questão, aqui apenas mencionada, da *macroestrutura* da narrativa, e é muito rica a bibliografia a respeito; usamos apenas, de forma bastante simplificada, os conceitos necessários à argumentação desenvolvida para os fins desta exposição.

[7] Este exemplo remete à importante questão, não discutida neste texto, por fugir a seus objetivos, das ilustrações nos livros didáticos em suas relações com os textos e a leitura.

LITERATURA E ESCOLA: ANTILIÇÕES

Ivete Lara Camargos Walty

Primeira lição
Os gêneros de poesia são: lírico, satírico,
didático, épico, ligeiro.
O gênero lírico compreende o lirismo.
Lirismo é a tradução de um sentimento subjetivo,
sincero e pessoal.
É a linguagem do coração, do amor.
O lirismo é assim denominado porque em outros
tempos os versos sentimentais eram declamados
ao som da lira.
O lirismo pode ser:
a) Elegíaco, quando trata de assuntos tristes,
quase sempre a morte.
b) Bucólico, quando versa sobre assuntos
campestres.
c) Erótico, quando versa sobre o amor.
O lirismo elegíaco compreende a elegia, a nênia,
a endecha, o epitáfio e o epicédio.
Elegia é uma poesia que trata de assuntos tristes.
Nênia é uma poesia em homenagem a uma
pessoa morta.
Era declamada junto à fogueira onde o cadáver
era incinerado.
Endecha é uma poesia que revela as dores do
coração.
Epitáfio é um pequeno verso gravado em pedras
tumulares.
Epicédio é uma poesia onde o poeta relata a vida
de uma pessoa morta.[1]

Se perguntarmos qual seria a fonte desse texto, ele poderia ser identificado com textos didáticos para o ensino da literatura no segundo grau. Trata-se de um discurso sobre a literatura, a ser usado no ensino dos gêneros literários, como aqueles encontrados nos livros didáticos e manuais de literatura. Um discurso conceitual, classificatório, a ser reproduzido pelos alunos em provas e questionários.

No entanto, esse texto foi retirado de um livro de poemas de Ana Cristina César, *A teus pés*. Tal fato determina um outro tipo de leitura que lança um outro olhar não apenas sobre o próprio poema como sobre o contexto de onde foi retirado pela autora. Ao transformar um texto didático em poema, deslocando-o de seu contexto usual, a poeta promoveu uma inversão do procedimento escolar convencional, ironizando-o. Não é, pois, por acaso que se privilegiaram nas referências ao gênero lírico as espécies que falam da morte. As palavras mais presentes no poema pertencem ao campo semântico da morte: triste, morte, morta, cadáver, dores, pedras tumulares. Ao dar relevo a esse contexto, o poema identifica-o à lição de literatura, que, não por acaso, seria o lugar da morte da literatura, de seu aprisionamento.

Não é também por acaso que o texto que se segue a esse no livro, de forma a parecer parte dele, revela, por oposição, o corpo vivo do poema:

> olho muito tempo o corpo de um poema
> até perder de vista o que não seja corpo
> e sentir separado dentre os dentes
> um filete de sangue
> nas gengivas.[2]

O texto estático, engessado, é substituído por um corpo vivo, pulsante, que poderia ser tomado como sinônimo de literatura, arte da palavra. Arte é sinônimo de ficção, criação, espaço de dinamização da palavra, sempre renovada, como sugere o poema de José Paulo Paes, que se segue:

Poesia
é brincar com palavras
como se brinca
com bola, papagaio, pião

só que
bola, papagaio, pião
de tanto brincar
se gastam.

As palavras não:
quanto mais se brinca
com elas
mais novas ficam.

Como a água do rio
que é água sempre nova.

Como cada dia
que é sempre um novo dia.
Vamos brincar de poesia?[3]

    Pode-se perguntar, pois, por que o discurso didático esvazia o texto literário de seu potencial, congelando-o em definições e classificações, ou usando-o com outros objetivos tais como transmitir conhecimentos, ensinar regras morais, refletir sobre drogas ou aborto na adolescência e, principalmente, ensinar regras gramaticais. Em nome da literatura, tais procedimentos, muito usados nos livros didáticos, como já analisado por Magda Soares, quando fala daquilo que chama de "escolarização inadequada", acabam por deformar o leitor ou afastá-lo do texto definitivamente.

    Não se trata, como bem mostrou Magda, de condenar a escola ou a relação desta com a literatura. Literatura e escola são duas instituições e é como tal que também estão em constante interação. Interação que discutimos aqui em nome da relação literatura e escola. Logo tal relação não é apenas inevitável, antes pode ser fecunda e estimulante. Não é a escola que mata a literatura, mas o excesso de didatismo, a burocracia do ensino acoplado a regras preestabelecidas, a normas rígidas e castradoras. Em suma, o uso inadequado do texto literário, fragmentado, deslocado, manipulado, levaria à sua subordinação ao jugo escolar.

Importa perguntar qual o papel da escola na formação do leitor. Não o leitor obediente que preenche devidamente fichas de livros ou reproduz com propriedade enunciados textuais. Mas o leitor que, instigado pelo texto, produz sentidos, dialoga com o texto que lê, seus intertextos e seu contexto, ativando sua biblioteca interna, jamais em repouso. Um leitor que, paradoxalmente, é capaz de se safar até mesmo das camisas de força impostas pela escola e pela sociedade, na medida em que produz sentidos que fogem ao controle inerente à leitura e à sua metodologia.

Estudiosos da leitura têm mostrado como o ato de ler e seus rituais são marcados por uma necessidade de controle na busca de se evitar uma leitura não prevista, subversiva. É o fenômeno da legitimação da leitura, que, por sinal, não ocorre apenas na escola. Prova disso é o controle da leitura da bíblia e de outros textos, sobretudo pela Igreja Católica[4]. Afinal foi por uma divergência de leitura que ocorreu a Reforma. Não é, pois, por acaso que há interferências no ato da leitura, que pode ser manipulada, usada a serviço de uma causa ou de um sistema. Diz Manguel:

> Assim, nem todos os poderes do leitor são iluminadores. O mesmo ato que pode dar vida ao texto, extrair suas revelações, multiplicar seus significados, espelhar nele o passado, o presente e as possibilidades do futuro pode também destruir ou tentar destruir a página viva. Todo leitor inventa leituras, o que não é a mesma coisa que mentir; mas todo leitor também pode mentir, declarando obstinadamente que o texto serve a uma doutrina, a uma lei arbitrária, a uma vantagem particular, aos direitos dos donos de escravos ou à autoridade de tiranos.[5]

Mas, felizmente, se o que caracteriza o texto dado como literário é justamente sua polissemia, suas lacunas a serem preenchidas pelo leitor, mesmo quando se tenta guiar esse leitor em seu ato de leitura, sentidos se formam que escapam ao controle do mediador de leitura. A literatura é uma das produções sociais onde o imaginário tem espaço de circulação garantido. E é lá que, ao lado das regras, encontra-se a possibilidade de transgressão rumo à utopia. Por isso mesmo, o texto domesticado pode recuperar sua "selvageria" como ocorre no poema de Ana Cristina César. Nesse sentido, a literatura mantém o estatuto da oralidade, quando preserva o possibilidade de interação, de dinamicidade.

Manguel fala-nos de um tipo de texto que tem as características do hipertexto, como *O jogo da amarelinha*, de Cortázar, já que, ao lê-lo, o leitor pode determinar seu caminho. Assim, citando Robert Coover, ele define hipertexto:

> Não há hierarquias nessas redes sem parte de cima (e sem parte de baixo), na medida em que parágrafos, capítulos e outras divisões convencionais do texto são substituídas por blocos de texto e elementos gráficos do tamanho da janela, de valor semelhante e igualmente efêmeros.[6]

Vou mais além ao dizer que mesmo a narrativa tradicional pode ser lida como um hipertexto, pois o leitor pode abrir janelas no texto, entrando por onde quiser, e pular de uma para outra como bem lhe aprouver, formando suas próprias trilhas. Dessa forma, mesmo antes do advento da informática, o leitor do texto literário podia operar um *mouse* e navegar pelo texto. Não estou com isso dizendo que se pode desprezar, numa primeira leitura, a proposta linear do texto, mas que se pode driblar tal proposta, percorrendo outros caminhos. Assim, o que diz Manguel a respeito do leitor de um hipertexto pode ser expandido para o leitor de literatura, que também pode "entrar no texto praticamente em qualquer ponto, pode mudar o curso da narrativa, exigir inserções, corrigir ou apagar".

Estaria a escola contribuindo para a formação desse tipo de leitor? Ou ele se formaria a despeito da escola, ou mesmo contra ela? Se nos consideramos leitores, formadores de leitores, podemos pensar em como a escola contribui para nos formar. Sou leitora porque a escola me formou ou à revelia da escola? Garanto que meu fascínio pelo texto é anterior à escola, mas posso afirmar que, na escola, conheci outros textos, descobri outros caminhos e alimentei meu gosto pela leitura. Ouvi estórias lidas pelos professores, declamei poemas, representei pequenas peças e li textos e textos, sem nunca ter feito uma prova de verificação de leitura no 1° grau. Havia regras, métodos, rituais, mas circulavam textos e se partilhava a paixão pelo ato de ler.

Observe-se, pois, que não há por que temer as regras ou os rituais, condenando-os *a priori*. Antes importa conhecê-los, lidar com eles, para, se necessário, subvertê-los. Não há por que temer a escola e o uso que faz da literatura, mesmo porque a própria literatura não é inocente. Por outro lado, muitas vezes a escola é o único lugar em que a criança tem acesso ao livro e ao texto literário. Numa sociedade empobrecida, a escola não pode prescindir de seu papel de divulgação dos bens simbólicos que circulam fora dela, mas para poucos. A literatura deve circular na escola, pois urge formar um leitor sensível e crítico, que perceba o sentido do ritual, faça parte dele sem se submeter cegamente.

A esse respeito lembraria dois livros que têm o leitor como personagem: *Se numa noite de inverno um viajante*, de Italo Calvino, e *Paisagem*, de Lígia Bojunga Nunes. No primeiro, ao delinear faces diversas do leitor, Calvino chama atenção para o lugar da leitura na escola, mais especificamente na Universidade, com suas críticas acadêmicas em seu jogo de poder:

> Nessa altura desencadeia-se a discussão. Circunstâncias, personagens, ambientes, sensações são postos de lado para dar lugar aos conceitos gerais.
> Desejo polimorfo-perverso...
> - As leis da economia de mercado...
> - As homologias das estruturas significantes...
> - Os desvios e as instituições...
> - A castração...7

No mundo escrito da universidade, aparece mesmo uma personagem que se recusa a ler, o que não deixa de ser uma forma de resistência:

- Não criticas os livros que lês?
- Eu? Eu não leio livros! - diz Inério.
- Então que é que lês?
- Nada. Habituei-me tão bem a não ler que não leio nem mesmo aquilo que me cai debaixo dos olhos por acaso. Não é fácil, ensinam-nos a ler desde miúdos e durante toda a vida permanecemos escravos de toda a escrita que nos põem debaixo dos olhos. É claro que tive de fazer um esforço, nos primeiros tempos, para aprender a não ler, mas agora já é uma atitude natural. O segredo está em não nos recusarmos a olhar as palavras escritas, pelo contrário, é preciso olhá-las intensamente até desaparecerem.[8]

Poderíamos tomar tal atitude como metonímia do poder do leitor, poder de resistir, de transigir, de optar. Outra faceta desse poder é vista no segundo livro citado, onde Lourenço, o personagem/leitor, interfere na estória que a escritora está escrevendo, quando, no Brasil, sonha com uma paisagem que é a mesma sobre a qual a autora está escrevendo em Londres. Lourenço seria o aficcionado leitor de um determinado escritor que passa a prever seus escritos:

> (...) eu sou um leitor para escritor nenhum botar defeito, tá entendendo? (...) mas quando eu falo de Leitor eu tô querendo falar é de Li-te-ra-tu-ra, tá sabendo Renata? Essa coisa de escritor criar um personagem e fazer a gente acreditar nele feito coisa que toda a vida a gente conheceu o cara, ou a cara, (...) Literatura é o jeito que um escritor descobre pra passar isso pra gente dum jeito que é só dele, e quando um dia a gente afina com o jeito dum escritor inventar, com o jeito que é o jeito dele escrever, nesse dia a gente vira Leitor dele e quer ler tudinho que o cara ou a cara escreveu, mas quando digo a gente eu tou falando de Leitor feito eu, Leitor de letra maiúscula, e aí então, sabe Renata, a gente fica tão ligado nesse escritor que é capaz até de intuir o que ele vai escrever...[9]

O leitor parece tornar-se assim um todo poderoso, lado a lado com o autor e sua autoridade. Por outro lado, é curioso notar que tanto Calvino quanto Bojunga tentam manipular o leitor, quando parecem lhe dar tanto espaço e poder. O primeiro cria os leitor/leitores e, seguindo suas trilhas na leitura do próprio livro, antes as determina. No caso dela, cria um leitor ideal, quase seu duplo, seu espelho.

Esses exemplos ilustram a complexidade da leitura literária de onde em sua riqueza, sua infinitude, seu potencial a desafiar o leitor, a escola, a sociedade e seus rituais. Graciliano Ramos nos mostra em *Infância* como os caminhos são imprevisíveis quando, ao falar de seu processo de letramento, mistura as agruras da alfabetização à libertação pela literatura.

> Não há prisão pior que uma escola primária do interior. A imobilidade e a insensibilidade me aterraram. Abandonei os cadernos e as auréolas, não deixei que as moscas me comessem. Assim, ao nove anos ainda não sabia ler.[10]

Ou:

> Enxergara a libertação adivinhando a prosa difícil do romance. O pensamento se enganchava trôpego no enredo: as personagens se moviam lentas e vagas, pouco a pouco se destacavam, não se distinguiam dos seres reais. E faziam-me esquecer o código medonho que me atenazava.[11]

O corpo do aluno/leitor faz-se um corpo dócil no sentido adotado por Foucault (1977)[12]. A relação corporal é muito utilizada nos estudos sobre leitura já que o corpo é parte intrínseca do ato de ler. Nesse sentido a escola submeteria o corpo do leitor, sujigando-o, domesticando-o. Mas, mesmo que isso ocorresse sempre, o que não é verdade, haveria a possibilidade de libertação através do corpo do texto, o corpo do poema, o corpo da narrativa, seus personagens, seus espaços possíveis.

E é dessa mesma libertação que nos fala Lígia Bojunga Nunes em outro de seus livros, que se chama *Livro*, em que descreve seu lugar de leitora/escritora:

> **Livro: a troca**
>
> Pra mim, livro é vida; desde que eu era muito pequena os livros me deram casa e comida.
> Foi assim: eu brincava de construtora, livro era tijolo; em pé, fazia parede; deitado, fazia degrau de escada; inclinado, encostava um no outro e fazia telhado.
> E quando a casinha ficava pronta eu me espremia lá dentro pra brincar de morar em livro.
> De casa em casa eu fui descobrindo o mundo (de tanto olhar pras paredes). Primeiro, olhando desenhos; depois, decifrando palavras.

Fui crescendo; e derrubei telhados com a cabeça.
Mas fui pegando intimidade com as palavras. E quanto
mais íntimas a gente ficava, menos eu ia me lembrando
de consertar o telhado ou de construir novas casas.
Só por causa de uma razão: o livro agora alimentava
a minha imaginação.
Todo o dia a minha imaginação comia, comia e comia;
e de barriga assim toda cheia, me levava pra morar no
mundo inteiro: iglu, cabana, palácio, arranha-céu,
era só escolher e pronto, o livro me dava.
Foi assim que, devagarinho, me habituei com essa troca
tão gostosa que - no meu jeito de ver as coisas -
é a troca da própria vida; quanto mais eu buscava no
livro, mais ele me dava.
Mas como a gente tem mania de sempre querer mais,
eu cismei um dia de alargar a troca: comecei a fabricar
tijolo pra - em algum lugar - uma criança juntar com
outros, e levantar a casa onde ela vai morar.[13]

Ora se o livro é uma casa, ele tem janelas. Janelas como as da casa ou como as do computador. Não é por acaso que o escritor moçambicano, Mia Couto, diz: *A janela é onde a casa vira mundo*. E eu digo: a literatura é uma dessas janelas. E cabe na escola, outra casa com janelas, onde as próprias paredes podem virar livro, como na história de Bartolomeu Campos de Queirós, *Por parte de pai*:

Todo acontecimento da cidade, da casa, da casa do vizinho, meu avô escrevia nas paredes. Quem casou, morreu, fugiu, caiu, matou, traiu, comprou, juntou, chegou, partiu. Coisas simples como a agulha perdida no buraco do assoalho, ele escrevia. (...) As paredes eram o caderno de meu avô. Cada quarto, cada sala, cada cômodo, uma página.[14]

Enquanto ele escrevia, eu inventava histórias sobre cada pedaço da parede. a casa do meu avô foi o meu primeiro livro. Até história de assombração tinha.[15]

A escola tem fronteiras assim como a sociedade, mas mesmo nas paredes, enquanto fronteiras que se querem intransponíveis, podem ser escritos textos, abertas janelas.

Notas

[1] CESAR, Ana Cristina. *A teus pés*. 8ª ed. São Paulo: Brasiliense, 1992, p.58.

[2] Idem, p.59

[3] PAES, José Paulo. *Poemas para brincar*. Ilustrador Luiz Maia. São Paulo: Ática, 1990, s/p.

[4] A esse respeito vale ler o livro de Aparecida Paiva, *A voz do veto*, publicado pela editora Autêntica, em Belo Horizonte, 1997.

[5] MANGUEL, Alberto. *Uma história da leitura*. Trad. Pedro Maia Soares. São Paulo: Companhia das Letras, 1977, p.322,323.

[6] Idem, p.355.

[7] CALVINO, Italo. *Se numa noite de inverno um viajante*. Trad.Maria de Lurdes Sigardo Ganho e José Manuel de Vasconcelos. 3ª ed. Lisboa: Vega, 1993, p.91.

[8] Idem, p.56.

[9] NUNES, Lígia Bojunga. *Paisagem*. 2ª ed. Rio de Janeiro: Agir, 1995, p.34,35.

[10] RAMOS, Graciliano. *Infância*. 18ª ed. Rio de Janeiro: Record, 1982, p.200.

[11] Idem, p.213.

[12] FOUCAULT, Michel. *Vigiar e punir. História da violência nas prisões*. Trad. Lígia M. Pondé Vassalo. Petrópolis: Vozes, 1977.

[13] NUNES, Lígia Bojunga. *Livro: um encontro com Lígia Bojunga*. 3ª ed. Rio de Janeiro: Agir, 1995, p.7,8.

[14] QUEIRÓS, Bartolomeu Campos. *Por parte de pai*. Belo Horizonte: RHJ, 1995, p.10,11.

[15] Idem, 1996, p.12.

LEITURA E SABER OU A LITERATURA JUVENIL ENTRE CIÊNCIA E FICÇÃO

Texto de Anne-Marie Chartier:
Lecture et savoir ou le livre de jeunesse entre science et ficction[1]

Nas bibliotecas para a juventude, muitas vezes distinguem-se duas vertentes entre as obras do acervo: a ficção e os documentários. De um lado, os romances, contos, revistas em quadrinhos, enfim, todas as histórias inventadas para divertir, fazer sonhar, incentivar a imaginação. De outro, livros de ciências, história, geografia, biografias, enciclopédias, enfim, todos os textos escritos para fazer conhecer e compreender, falar à inteligência e enriquecer a memória. Essa dicotomia parece bem evidente. Entretanto, quando examinamos com mais atenção, mostra-se bem frágil. Um livro sobre as estrelas ou as baleias pode fazer sonhar e imaginar tanto quanto um romance; um romance de Júlio Verne ou Jack London pode fazer descobrir o mundo dos homens, da natureza e dos animais de modo tão eficaz quanto um documentário. As relações entre a literatura juvenil e o mundo dos saberes são, pois, menos simples do que parecem à primeira vista. São essas relações que gostaríamos de focalizar por alguns instantes, examinando o que aconteceu no momento em que se inicia, em larga escala, a publicação de livros para crianças, na segunda metade do século XIX.

Literatura juvenil e saberes científicos no século XIX

Podemos atribuir a paternidade de uma nova literatura juvenil a Pierre-Jules Hetzel, que lança suas coleções de livros a partir de 1860. Trata-se de um descobridor de talentos que vai fazer Júlio Verne ficar famoso. A orientação desse editor se resume em duas palavras: educação e recreação. Eis como ele próprio define seu programa: "O lado instrutivo deve ser apresentado sob uma forma que provoque interesse, sem o que causa rejeição e horror pela instrução; o lado divertido deve esconder uma realidade moral, útil, sem o que esvaziam-se as cabeças ao invés de enchê-las". Atualmente, esse ideal nos parece ser o mesmo, tanto para a família quanto para os professores, autores e editores. Essa posição, é entretanto, uma crítica severa aos livros propostos para a juventude na primeira metade do século XIX, especialmente pelos editores católicos. Desde 1830, esses editores publicam inúmeros livros para serem distribuídos como prêmios de final de ano. Sob as magníficas capas românticas desses "livros de prêmios", abrigam-se histórias edificantes, moralizantes, que Hentzel compara a certas beberagens sem gosto, feitas mais para formar idiotas do que para instruir e divertir. A razão disso é o excesso de bons sentimentos que mantém a criança na infância, que a infantilizam ao invés de lhe ensinar a crescer descobrindo o mundo. "É ao exagero desse bom sentimento que diz que não se deve de modo algum tocar na infância, que devemos estes milhares de livros de chumbo que esmagam a primeira idade, neste nosso frívolo país que é a França".

Antes de Hetzel, pois, histórias infantis, escritas por senhoras que preferem manter o anonimato, publicadas com capas de percalina, na Biblioteca Piedosa dos Lares[2] ou na Biblioteca Ilustrada das Crianças[3]; depois dele, ou melhor, com ele, Júlio Verne e a invenção, reunindo o saber ao imaginário em um novo gênero literário cujo título é bastante ambicioso: a "ficção científica". Realmente, incentivado por Hetzel, a genialidade de Júlio Verne consiste em propor intrigas cujos heróis são engenheiros, cientistas, exploradores, inventores. Longe de serem incompatíveis, a narrativa imaginária e a informação científica fazem uma aliança, com a duração de uma viagem extraordinária, como *Cinco semanas em um balão, Vinte mil léguas submarinas* ou *Viagem da terra à lua*[4]. Os saberes do tempo, como a física, a aeronáutica, a geografia, são, de certa maneira, colocados em destaque, e sabemos com que escrúpulo Júlio Verne verificava a credibilidade técnica de suas invenções de papel. Em seus livros, a descoberta científica ou a invenção técnica não fazem parte apenas do cenário, elas são o próprio material constitutivo da intriga e participam das peripécias da ação. Rapidamente essa veia literário-científica torna-se um filão, explorado por uma legião de autores, entre os quais penas famosas e sábias, que querem participar da aventura editorial vulgarizando para as crianças, mas igualmente para os adultos, os conhecimentos que contribuem para o progresso da sociedade.

Leituras recreativas e leituras escolares

Com efeito, a aliança do útil ao agradável não se contenta em alimentar as leituras de lazer. A narrativa instrutiva, essa mistura literária, é considerada como devendo servir diretamente à aprendizagem. Esse passo é dado de imediato por um editor como Louis Hachette que, a partir da Monarquia de Julho, inunda o mercado com manuais escolares. Para ele, como para outros editores, os autores devem escrever histórias didáticas para as crianças na escola. Primeiramente didáticas e, em segundo lugar, recreativas: a ênfase é outra. Livros como *Pequenas lições de química agrícola*[5], *História de um riacho*[6] ou *História de uma vela*[7] são assim destinados à estante-biblioteca instalada no fundo da sala de aula, para serem tomados emprestado e lidos em família. Como diz uma instrução aos *recteurs*[8] de 1862, "nos longos serões de inverno, será um excelente meio para escapar aos perigos da ociosidade e a experiência provou que, sobretudo no campo, a leitura em voz alta, feita à noite, no seio da família, exerce uma poderosa atração". Mas esses livros podem da mesma forma ser abertos sobre a carteira durante a sessão de leitura por capítulos que se faz todo sábado com o professor. Jean Macé, o famosíssimo fundador da Liga do Ensino, escreve, pois, a *História de um pedaço de pão*[9], Alfred Rambaud, historiador universitário e futuro ministro da

Instrução Pública, escreve o *O anel de César*[10], Ernest Lavisse, autor dos famosos manuais de história da França, escreve, sob um pseudônimo, suas *Pequenas histórias para aprender a vida*[11], onde aborda as questões sociais e políticas com mais riqueza de imagens do que um manual de história ou de educação cívica. A fronteira entre leituras livres e leituras escolares não é intransponível. As leituras livres divertem, mas para instruir o leitor de maneira leve; os manuais devem instruir, mas "sem lágrimas" e até mesmo "com risos".

Não é de se espantar que as obras possam circular de um mundo para outro, que um livro de leitura para o *"cours moyen"*[12] se torne uma das maiores vendas de livraria ou que um romance de sucesso se torne logo um manual. É o caso do *Viagem pela França por duas crianças*[13], publicado em 1877 como manual de leitura com mais de três milhões de exemplares vendidos em dez anos. Cada capítulo de Madame Fouillée permite uma aula de história, geografia, economia, educação cívica e moral. Há o mesmo número de lições quanto de etapas no périplo de André e Julien, os dois heróis, que saíram da sua Lorraine natal, ocupada pelos alemães, para ir de encontro a uma família em sua verdadeira pátria. Nesse percurso, descobrem as cidades e o interior da França industrial, visitam a mina, a usina de aço, o porto de pesca, participam das colheitas da uva e do trigo. De maneira inversa, *Sem família*[14], o livro de Hector Malot que conta o périplo de uma criança em busca dos seus, torna-se um livro de leitura para a sala de aula, pouco depois de seu lançamento em 1878. É reeditado sem parar, entre as duas guerras, sob formas mais ou menos abreviadas, acrescido de exercícios de vocabulário e gramática. Um século mais tarde, ele continua vivo, transformado em desenho animado japonês.

Assim, a narrativa ficcional e o documentário, esses dois campos que aparentemente deviam permanecer separados por causa dos conteúdos tratados e pela forma de escrita que requerem, acham-se estranhamente entremeados na literatura juvenil, no momento em que essa faz a fortuna do mundo editorial. Devemos então concluir que os saberes se transmitem com eficiência seguindo esse caminho agradável e que é possível se instruir sem deixar de se divertir? Todos sabem que não é bem assim, pois as leituras instrutivas, infelizmente, jamais dispensaram o estudo. Será que se aprende realmente lendo leituras recreativas ou instrutivas?

Fazer aprender, fazer compreender, fazer descobrir

Um tempo de leitura livre não é um tempo de estudo. O leitor tem pressa demais em saber o que vem a seguir, para poder parar, reler, aprender, exceto se um professor o obriga a isso. Ler é descobrir, é compreender o tanto que for necessário para não perder o fio, não é memorizar cada coisa. Um romance é eficaz para fixar na memória saberes já adquiridos em outras situações, e permite também que se tome consciência de uma nova questão, de um problema, mas não permite dominá-los. Para acompanhar apaixonadamente *A volta ao mundo em oitenta dias*,[15] é inútil compreender cientificamente porque o herói conseguiu alcançar a tempo o último fuso horário. Para definir melhor a natureza dos saberes transmitidos pela literatura juvenil e as aprendizagens que ela permite, citarei novamente Hetzel: "O que é preciso para que um livro convenha à juventude, é que seja simples... Ora, para fazer um livro assim, é preciso ao mesmo tempo ter um grande talento e ser sobretudo um homem de caráter". Os conhecimentos científicos ou técnicos podem ser simples? Hetzel sabe muito bem que não. Mas a simplicidade poupa ao leitor todo e qualquer jargão, toda e qualquer tecnicidade. Ela diz tudo na linguagem mais natural possível. Nada de equações matemáticas nem fórmulas químicas para resolver. Para simplificar o saber sem entretanto falseá-lo, sem enganar as crianças, é preciso, pois, o mesmo tanto de moralidade e de cultura.

O resultado são esses livros que tornam os jovens leitores apaixonados pela aventura da ciência mais do que pela própria ciência. Eles fazem compreender que o mundo pertence aos descobridores audaciosos que não são mecânicos frios e racionais. O cientista é também um poeta, o engenheiro não é um bloco de concreto. A lição de moral que dão pelo seu exemplo é mais fundamental que a aula de ciência. O que resta das leituras, afinal de contas, é menos o saber em questão do que uma certa representação do saber. Fica-se com a ideia de que os conhecimentos são bons, as experiências, úteis, o progresso técnico, exaltante. Que os homens podem encarar o mundo, sem temer infringir uma lei divina ou desencadear uma vingança da natureza.

Se procurarmos saber o que restou do *Viagem pela França por duas crianças* ou das *Pequenas histórias para aprender a vida*, veríamos do mesmo modo que muitas informações lidas ao longo do texto serão esquecidas. Somente diante do professor é que é preciso saber mapear as montanhas e os rios, nomear as catedrais e os castelos, datar as batalhas que permitiram construir o reino da França ou salvar a república. Para aquele que saiu da escola, persistirá a lembrança daqueles episódios mais emocionantes que os outros. Mas a única lição que deve realmente ficar na memória é a que é martelada a cada página: "a França é a mais bela das pátrias, devemos estar prontos para defendê-la nas suas fronteiras e sentir orgulho em perpetuá-la em seus valores".

Desse modo, o romance instrutivo é como uma boneca russa. Abrimo-lo para ler uma bela história, cativante, e encontramos dentro saberes científicos, integrados ao longo da narrativa. Esses mesmos saberes revelam-se, com o uso, como um envelope contendo uma moral instrutiva. A lição não é o conteúdo de um saber específico, e, sim, que é preciso aprender e compreender. Cativante por natureza, o livro juvenil é instrutivo circunstancialmente, mas educativo na sua missão. Se não fosse assim, se fosse um simples divertimento para passar o tempo, sofreria o impropério dos educadores que não se cansam de estigmatizar as leituras fúteis ou medíocres que fazem das horas de leitura um tempo de ociosidade deletéria ou de devaneios nocivos. O gênero romanesco que se compraz nas belas ficções mentirosas só pode ser salvo se contribuir para edificar e moralizar seu leitor.

Moral religiosa e moral leiga

Mas, então, devemos pensar que um romance instrutivo, como os de Júlio Verne, por exemplo, utiliza as mesmas velhas astúcias que as "beberagens de bons sentimentos" em infusão nas obras católicas? Apesar do desejo de Hetzel e Hachette em querer inovar, os mesmos não romperam com a tradição nesse aspecto. A novidade que trouxeram não consistiu em substituir as crenças pela razão, e sim em substituir a crença nos valores da religião pela crença no valor da ciência. Ao fazê-lo, sem criticar a religião, substituíram sua moral arcaica por uma moral moderna, que podia ter a aprovação das famílias cultas da burguesia liberal. Pouco a pouco passamos de uma moral religiosa para uma moral leiga que não acredita mais que a verdade seja revelada por Deus, e que acredita, sim, nos conhecimentos construídos pela ciência. Mas esses novos editores não inventam a vulgarização científica, pois essa é um produto do Antigo Regime, tendo nascido bem antes da Revolução Francesa. Assim é que *O espetáculo do mundo*[16] de Abbé Pluche (8 volumes, umas vinte edições e reimpressões entre 1732 e 1770) foi o protótipo dessa literatura típica do tempo das Luzes, destinada a um público culto. Escrita sob a forma de diálogos entre um abade sábio, um casal de aristocratas curiosos e um jovem cavaleiro que deve receber a instrução, a obra tratava tanto das ciências (História Natural, Geografia, Astronomia) quanto das relações dos homens na sociedade ou com Deus. Um século mais tarde, esse gênero literário tornou-se familiar o bastante para ser proposto ao grande público, isto é, às mulheres, ao povo e às crianças.

Entretanto Hetzel, o republicano proscrito pelo Império, que voltou à França após nove anos de exílio, não incentiva seus autores a enveredarem pelo caminho da religião ou das relações sociais. Ele se restringe apenas à educação pela ciência e retira dos livros que edita qualquer coisa que possa chocar as opiniões das famílias. Não há a mínima alusão política ou social, uma neutralidade prudente com relação à religião e, é claro, nada que possa ofuscar a decência e os bons costumes. Quando, uma geração mais tarde, o gênio inventivo dos autores é menor, veremos com mais clareza de que maneira esse filão se transformou rapidamente em dogmatismo científico, de que maneira por sua vez alimenta também novos estereótipos. A crença no progresso pode também, por sua vez, tornar-se uma beberagem sem gosto. Podemos dizer o mesmo do patriotismo de Madame Fouillée ou Ernest Lavisse. Por trás das peripécias da historinha, encontrava-se a grande história, a ciência histórica, mas essa era apenas o álibi de um patriotismo capaz de se degradar em chauvinismo sentimental, ou de se exacerbar em nacionalismo preocupante. Joga-se, pois, uma crença contra outra, uma ideologia contra outra, sendo que o que se proclama fazer é jogar o saber contra a ignorância, o progresso contra o conservadorismo e a razão contra o irracional.

Moralizar a juventude pela literatura juvenil

O que justifica todos esses esforços é o desejo de uma nova formação ideológica. Isso é sentido com tamanha força pelo Estado, no momento em que nasce a República, que a moralização da juventude torna-se um argumento essencial para o ensino da Literatura. Nos colégios onde se instruem os filhos da burguesia, o ministro recomenda aos professores que incentivem seus alunos a ler e, *horresco referens*[17], a ler romances para a juventude. Em uma circular de 1872, Jules Simon pede, pois, aos diretores de escolas que favoreçam "as leituras particulares" de seus alunos. "Como não existe ensino de física ou de química sem laboratórios ou de geografia sem mapas, não existe também ensino de literatura sem biblioteca". Os professores, pouco propensos a se meter nos lazeres de suas ovelhas, permanecem reticentes com relação a essas incitações. Mas o ministério não desanima e o tema é retomado durante a reforma de 1902: "Os professores podem ser de grande valia para despertar a curiosidade intelectual (...) incitando os alunos a ler, sem outra indicação além de uma lista, tão extensa e tão variada quanto possível, de livros apropriados à idade e à inteligência dos jovens leitores e através da qual farão sua escolha livremente, com o propósito único de se distraírem. O essencial é despertar o gosto pela leitura". Assim é que, desde o início do século XX, faz parte das missões legítimas dos professores aconselhar leituras de puro prazer.

Como interpretar essa revolução? Com efeito, ao estabelecer essa lista de livros, os professores farão com que a literatura juvenil entre na sala de aula, na qual, no entanto, se frequentam outros tipos de literatura. Podemos fazer coexistir Horácio e Virgílio, Bossuet e Corneille, com Dickens e Júlio Verne? Como é possível propor que se leia "sem outro propósito, a não ser o de distrair-se"? Realmente, essas incitações acompanham as novas orientações do ensino. Nos primeiros anos do século XX, a leitura dos textos franceses torna-se uma aprendizagem escolar por si só, independente do latim e do grego. O antigo ensino da retórica, centrado sobre a aprendizagem das regras do discurso, pouco a pouco dá lugar a um ensino da leitura, que se interessa pela mensagem transmitida, isto é, pelas emoções e reflexões que desperta em um leitor atento. A entrada das "leituras particulares" em uma cultura sempre baseada nas Humanidades acompanha essa mudança de orientação de maneira coerente. Será necessária mais de uma geração para que seja vencida a resistência passiva, por parte do professorado, face a uma injunção ministerial tão distante das maneiras antigas de se ver a cultura legítima.

Esse empreendimento de formação intelectual da juventude através da leitura diz respeito tanto às crianças do povo quanto às da burguesia. O futuro professor primário é assim formado na escola normal para se tornar um leitor e prescrever leituras a seus alunos, de modo ainda mais imperativo do que como professor de português. O que nos parece importante salientar, entretanto, é que importam menos as diferenças de tratamento entre os dois tipos de ensino, para a burguesia e para o povo, do que a vontade de dar a todos livros para serem partilhados, leituras comuns. Nos dois casos, trata-se de formar leitores "modernos", capazes de apreciar o patrimônio das obras francesas, inclusive os autores contemporâneos, leitores capazes de ir aos textos para compreendê-los, amá-los. Essas incitações acabam propondo livros juvenis que são narrativas exemplares. A maioria dos autores são franceses (Bernardin de Saint-Pierre, Chateaubriand, Lamartine), mas as traduções de certos autores estrangeiros (Defoe, Manzoni, Walter Scott ou Fenimore Cooper) são recomendadas por toda parte. A novidade, um pouco escandalosa, reside no fato de se poder imaginar, para toda a juventude, uma formação através da leitura que se baseia em parte no mesmo corpus e sobretudo nos mesmos princípios, apesar de os dois ensinos estarem claramente separados.

Jules Ferry exprime essa fé inabalável no poder emancipador da leitura: "Para nós o livro - entendam-nos, qualquer que seja o livro – é o instrumento fundamental e irresistível da inteligência". Um século mais tarde, essa confiança parece bem ingênua, e todos nós sabemos que o impresso, nova língua de Esopo, pode trazer consigo tanto o pior quanto o melhor. Mas, justamente, trata-se de uma nova língua, e é com ela que devemos aprender a contar. Nem todos os textos escritos transmitem saberes científicos mas os saberes científicos são sempre textos escritos. Jules Ferry sente muito bem que a língua escrita deve se tornar língua de todas as aprendizagens, e é por isso que é absolutamente necessário "despertar o gosto pela leitura". Os saberes do futuro são saberes escritos; ou melhor, saberes livrescos, pois o jornal e a revista, devido à sua vulgaridade, violência e suas tendências políticas, são impróprios para as crianças. Desse modo, é a transmissão escrita através do livro que deve pouco a pouco lançar às trevas as transmissões orais, aquelas que nenhum poder político pode atingir, que circulam no obscurantismo do campo, que se transmitem boca a boca, em dialeto, e com as quais se fazem os boatos, os rituais e as superstições.

Essa crença na força extraordinária da leitura como instrumento de formação dos indivíduos é acompanhada evidentemente de uma vigilância incessante com relação aos conteúdos e às maneiras de ler. Daí a importância da leitura em voz alta, compartilhada, convivial, para todas as crianças, seja na escola ou no seio da família, sobretudo para os meios populares. Assim se inicia uma trilogia que promete ter uma longa duração: amar a leitura, os saberes e a língua nacional. A missão fundamental da literatura juvenil é na verdade fazer com que os três coincidam e proporcionem às crianças emoções memoráveis. Um século depois, tendo conhecido as transformações introduzidas pela revolução da imagem, com o cinema e a televisão, e tendo entrado no século dos CD-ROM, dos videogames e das comunicações eletrônicas, temos um programa diferente desse a propor aos autores e editores de literatura juvenil? Temos outros desejos para nossas crianças do que prolongar, por todos os meios, inclusive os mais astuciosos, esse desejo de saber e de saber ler? É essa justamente a problemática deste colóquio e é sobre isso que todos nós devemos refletir.

Anne-Marie Chartier
Service d'Histoire de l'Éducation
I.N.R.P./C.N.R.S. Paris

Notas

[1] Tradução de Maria Lúcia Jacob Dias de Barros e revisão de Ceres Leite Prado.

[2] *Bibliothèque pieuse des maisons d'éducation.*

[3] *Bibliothèque illustrée des petits enfants.*

[4] *Cinq semaines en ballon, Vingt mille lieux sous les mers, De la terre à la lune.*

[5] *Petites leçons de chimie agricole.*

[6] *Histoire d'un ruisseau.*

[7] *Histoire d'une chandelle.*

[8] *recteur:* diretor dos estabelecimentos religiosos, antes do ensino se tornar público e leigo.

[9] *Histoire d'une bouchée de pain.*

¹⁰ *Anneau de César.*
¹¹ *Petites histoires pour apprendre la vie.*
¹² *cours moyen:* correspondente ao 3° e 4° ano primários, crianças com 9 e 10 anos de idade.
¹³ *Tour de la France par deux enfants.*
¹⁴ *Sans famille.*
¹⁵ *Le tour du monde en quatre vingt jours.*
¹⁶ *Le spectacle du monde.*
¹⁷ "Receio dizê-lo".

SOBRE *LEITURA E SABER*, DE ANNE-MARIE CHARTIER

Graça Paulino

Anne-Marie Chartier nos apresentou uma análise coerente e arguta de como se foram articulando os saberes e os prazeres de jovens leitores franceses, a partir da segunda metade do século XIX, graças às estratégias bem sucedidas de editores e autores que conseguiram unir o doce ao útil, em livros que circulavam tanto nas escolas quanto nas casas de família, sempre com muito sucesso.

Ela nos mostrou ainda como tais estratégias de edição e produção literárias se marcaram ideologicamente pelo culto ao progresso científico aliado à doutrinação moral e cívica, ambos característicos de uma época positivista, que condenava a futilidade e a fantasia, em nome da ordem. Disciplinou-se assim a escrita e a leitura, para que compusessem com brilho uma vida social organizada, progressista, racionalizada, sem as diferenças incômodas e o descontrole das falas à boca pequena.

Questionando a possibilidade de que as narrativas de ação servissem de fato à produção de conhecimento, por moverem sobretudo as emoções dos jovens leitores, interessados mais no enredo, no fio da história, que na aprendizagem científica, Anne-Marie Chartier nos propõe que é necessário levarmos em conta as diferenças entre as leituras, por sua vez vinculadas às diferenças entre os textos. Sem negar as misturas, que fazem o possível trânsito entre os diversos tipos de textos e de leituras, incomodando tanto alguns pedagogos quanto os bibliotecários que insistem nas classificações simplistas de leitores e livros, ela destaca os limites entre a leitura para estudo e a leitura para entretenimento. Depois pergunta a todos nós, ironicamente, se nosso desejo não continuaria sendo igual àquele da segunda metade do século passado: prolongar, de qualquer jeito, na juventude, o desejo de saber e de saber ler.

A abordagem histórico-crítica da conferencista me despertou, mais uma vez, para a urgência de que fique claramente estabelecida, entre nós que pesquisamos a leitura, a sua relação com o conhecimento.

Conhecimento é o conteúdo dos textos que o leitor compreende, e do qual se apropria? Estaríamos ainda ocupados em selecionar os conteúdos relevantes, legítimos, para que os jovens leitores não percam seu tempo com futilidades? Em que sentido e em que medida ler é conhecer? Como escaparmos de uma idolatria da leitura pela leitura? Como definirmos seus usos cognitivos e suas funções sociais, sem cairmos em discriminações contra práticas populares ou contra práticas propriamente estéticas da leitura?

Se consideramos que conhecimento é a informação contida no texto para ser acessada pelo leitor, estamos valorizando o livro mais que o ato de ler, mais a posse que o processamento. Isso demonstrou Jean Hebrard, no livro *Práticas da Leitura*. Estaríamos, desse modo, apostando no que ele caracteriza como "aprendizagem escolar de uma técnica de decifração". Hebrard ainda se estende mais sobre essa questão social-epistemológica:

> Mas além disso, se fica fácil compreender assim a maneira pela qual o leitor reativa, no seu ato de leitura, suas aquisições culturais anteriores, por outro lado, é muito difícil utilizar os mesmos modelos para explicar como o encontro com um texto pode remodelar um universo pessoal intelectual ou fantasmático. Logo, a leitura é mais facilmente pensada como processo de confirmação cultural do que como motor de um deslocamento ou de uma progressão no mesmo campo.

Ora, uma teoria do conhecimento que ignore consistir a produção deste necessariamente num deslocamento do sujeito com relação às suas referências culturais é, de novo, uma teoria positivista, construída em nome da ordem e do progresso, às custas dos sacrifícios das diferenças e das transformações sociais.

Isso não significa tomar o partido do *laissez-faire*, porque a ociosidade e a indisciplina podem corresponder a uma negação do convívio com os bens culturais mais ativos, poderosos e questionadores. Não só o excesso de repressão tem de ser denunciado como estratégia do sistema de exclusão social. Também a ausência de objetivos internalizados e revalidados no cotidiano cultural dos cidadãos-leitores, objetivos estes capazes de movê-los intelectualmente, com certeza pode ser devida à ausência de forças transformadoras, típica da ideologia da repetição passiva e acomodada.

Assim, considerando que o conhecimento não está pronto nos textos a serem decodificados pelos leitores, mas concebendo-o como construção interacional, como um processo social que envolve diversos agentes – e nenhum paciente – podemos dar conta dessa relação leitura/conhecimento sem estarmos presos ao modelo de mundo já pronto, já sabido e já dominado por outrem. A ciência que se fez não consegue predeterminar a ciência que se fará. Uma das formas de predeterminação é a repetição. Por isso, torna-se importante conhecer o que se fez apenas para não fazer de novo igual.

Exatamente para negar a possibilidade de "fazer de novo tudo igualzinho" é que se desenvolve nas culturas letradas a chamada leitura literária. Anne-Marie nos disse que um livro sobre as baleias pode fazer-nos sonhar e imaginar tanto quanto um romance, e que um romance de Júlio Verne pode fazer-nos descobrir o mundo de modo tão eficaz quanto um documentário. Mas as pessoas costumam pressupor que a literatura nos conduz ao sonho, enquanto o texto informativo nos conduz ao conhecimento do mundo. Esse equívoco tem algumas consequências negativas para a vida cultural de sociedades em conflito, como a nossa.

A democratização da leitura no Brasil tem passado pela aquisição pública de livros para as escolas públicas. Esses livros têm sido de dois gêneros: o didático e o literário. No livro didático estaria a verdade, o conteúdo a ser transmitido, como objeto de conhecimento. No livro literário estaria a fantasia, o espaço lúdico e a livre criação.

Ora, tal divisão já é em si distorcida. Os livros didáticos estão repletos de erros e enganos, frutos de uma ciência que se conserva do passado, sem curvar-se à dúvida e ao autoquestionamento. Os livros literários – quando são literários e a leitura também é literária – constituem universos textuais extremamente complexos, em que o prazer é sofisticado, exigindo muitas habilidades de inferenciação e interpretação de seus leitores. Não se trata de uma brincadeira gratuita, em que vale tudo e não existem regras nem uso da inteligência. Pelo contrário: o leitor em leitura literária tem de ficar esperto para não ficar por fora. Mas não exatamente por causa do conteúdo trazido da Ciência, como (pareceria?) o caso de Júlio Verne.

Aliás, apenas aparentemente seria essa a magia de Júlio Verne. O modo de narrar histórias, num ritmo que alterna a rapidez da ação com a calma do raciocínio, numa linguagem leve, surpreendente, repleta de humor, na caracterização de personagens inesquecíveis, na abertura de um mundo a ser descoberto em suas diferenças, dificuldades e maravilhas é que faz a leitura de Júlio Verne como produção de conhecimento.

O conhecimento de que tratamos não é, pois, essa informação que o texto traz prontinha, e que ao leitor restaria apenas assimilar ou decorar. Não queremos, com isso, desprestigiar a leitura informativa, apenas encará-la de outro modo. Ela exige estratégias próprias, que são muito importantes para realimentar nosso processador cognitivo. Selecionar as informações que realmente interessam, relacioná-las com outras, usá-las de modo adequado, percebê-las e ironizá-las em sua parcialidade, contextualizá-las social e historicamente são algumas estratégias de produção de conhecimento durante a leitura informativa.

Entretanto, na leitura literária, os trabalhos do leitor, embora sejam diferentes, absolutamente não são menores. Os textos literários envolvem, simultaneamente, a emoção e a razão em atividade. Sua organização provoca surpresa, por fugir ao padrão característico da maioria dos textos em circulação social. E fugir ao padrão hegemônico não quer dizer negar qualquer padrão. Os padrões literários existem e devem ser também conhecidos pelo leitor.

A relação do texto literário com o universo verbal como um todo, com os outros textos escritos, já é, pois, objeto da necessária recriação por parte do leitor. Mas a relação do texto literário com o universo extraverbal também passa por todas as transformações, seleções, inversões, repetições, rupturas, apropriações que sejam possíveis.

Trata-se, portanto, de uma leitura que exige habilidades e conhecimentos de mundo, de língua e de textos bem específicas de seu leitor. E no momento mesmo da leitura literária todo esse repertório vai-se modificando, sendo desestabilizado por sua pluralidade e ambiguidade. Esse seria o processo de produção de conhecimento característico da autêntica leitura literária.

Para não ficarmos apenas teorizando, apresento-lhes o primeiro conto do livro de Rubem Fonseca, *Histórias de amor*. Graças ao instigante trabalho de Anne-Marie Chartier é que estamos tratando desse assunto. O trabalho do leitor desse conto aparentemente tão simples, dessa nossa literatura brasileira aparentemente tão simples, fica evidenciado em sua sofisticação, que inclui, paradoxalmente, o prazer de ler uma linda história sobre a morte e o amor. Trata-se do seguinte:

Betsy

Betsy esperou a volta do homem para morrer.

Antes da viagem ele notara que Betsy mostrava um apetite incomum. Depois surgiram outros sintomas, ingestão excessiva de água, incontinência urinária. O único problema de Betsy até então era a catarata numa das vistas. Ela não gostava de sair, mas antes da viagem entrara inesperadamente com ele no elevador e os dois passearam no calçadão da praia, algo que ela nunca fizera.

No dia em que o homem chegou, Betsy teve o derrame e ficou sem comer. Vinte dias sem comer, deitada na cama com o homem. Os especialistas consultados disseram que não havia nada a fazer. Betsy só saía da cama para beber água.

O homem permaneceu com Betsy na cama durante toda a sua agonia, acariciando o seu corpo, sentido com tristeza a magreza das suas ancas. No último dia, Betsy, muito quieta, os olhos azuis abertos, fitou o homem com o mesmo olhar de sempre, que indicava o conforto e o prazer produzidos pela presença e pelos carinhos dele. Começou a tremer e ele a abraçou com mais força. Sentindo que os membros dela estavam frios, o homem arranjou para Betsy uma posição confortável na cama. Então ela estendeu o corpo, parecendo se espreguiçar, e virou a cabeça para trás, num gesto cheio de langor. Depois esticou o corpo ainda mais e suspirou, uma exalação forte. O homem pensou que Betsy havia morrido. Mas alguns segundos depois ela emitiu outro suspiro. Horrorizado com sua meticulosa atenção o homem contou, um a um, todos os suspiros de Betsy. Com o intervalo de alguns segundos ela exalou nove suspiros iguais, a língua para fora, pendendo do lado da boca. Logo ela passou a golpear a barriga com os dois pés juntos, como fazia ocasionalmente, apenas com mais violência. Em seguida, ficou imóvel. O homem passou a mão de leve no corpo de Betsy. Ela se espreguiçou e alongou os membros pela última vez. Estava morta. Agora, o homem sabia, ela estava morta.

A noite inteira o homem passou acordado ao lado de Betsy, afagando-a de leve, em silêncio, sem saber o que dizer. Eles haviam vivido juntos dezoito anos.

De manhã, ele a deixou na cama e foi até a cozinha e preparou um café puro. Foi tomar o café na sala. A casa nunca estivera tão vazia e triste.

Felizmente o homem não jogara fora a caixa de papelão do liquidificador. Voltou para o quarto. Cuidadosamente, colocou o corpo de Betsy dentro da caixa. Com a caixa debaixo do braço caminhou para a porta. Antes de abri-la e sair, enxugou os olhos. Não queria que o vissem assim.

Demasiadamente humana essa vivência, diriam alguns. Sim, a literatura é um bicho que parece muito humano. Mas se faz de sinais gráficos, diagramações, coquetéis de lançamento, marketing e estranhezas. Como a da morte de um ser querido. Mas fiquem tranquilos: Betsy só tem existência virtual. Trata-se apenas de uma personagem. Ou fiquem intranquilos de vez: as virtualidades de Júlio Verne eram da mesma natureza. O nosso conhecimento mais amplo não é o das virtualidades?

Referências

CHARTIER, Anne-Marie. *Lire et savoir ou le livre de jenesse entre science et fiction.* (comput.)

FONSECA, Rubem. *Histórias de amor.* São Paulo: Cia das Letras, 1997.

HEBRARD, Jean. "O autodidatismo exemplar. Como Duval aprendeu a ler?" In: CHARTIER, Roger (org.) *Práticas da Leitura.* São Paulo: Estação Liberdade, 1996, p.37.

LEITURA E POLÍTICA

Luiz Percival Leme Britto[1]

ao Dute

O título deste artigo pode soar antigo num momento em que a fala dominante procura despolitizar tanto o acesso à escrita e aos saberes e valores que ela veicula quanto a crítica do conhecimento. Os discursos "oficiais" reforçam a ideia de que ler é uma questão de hábito ou gosto que se adquire por vontade individual, independentemente dos vínculos sociais estabelecidos pelo sujeito.

No entanto, não se pode, na reflexão sobre a construção do conhecimento e sua relação com a leitura, desconsiderar o modo como é elaborada e veiculada a informação, particularmente aquela presente nos textos escritos de circulação pública, nem as conformações ideológicas dentro das quais se constrœm os valores e saberes dominantes na sociedade industrial de massa que informam as chamadas práticas leitoras.

O conhecimento não é informação e tampouco se caracteriza ou se mensura pela quantidade de informação disponível ou armazenada por algum sistema. Se é verdade que a capacidade de articular criticamente elementos do mundo elaborando conhecimento exige informação, já que não se constrói conhecimento a partir do nada, é verdade também que este só pode ser construído, porque o sujeito dispõe, dentro de determinado contexto histórico, de condições de manipulação intensa de informações (dados, fatos, teorias, interpretações) de diversos graus de complexidade.

O conhecimento, tanto o de um indivíduo quanto o de uma sociedade, é necessariamente delimitado, estabelecido pela situação histórica concreta. E isto tanto do ponto de vista do conhecimento científico, que implica a apreensão e compreensão de fatos do mundo dentro de um quadro discursivo definido, quanto do ponto de vista dos valores e representações que se fazem sobre o mundo, sobre a própria sociedade, sobre cada um de seus membros e sobre suas ações, principalmente no que diz respeito às relações de produção e consumo e ao exercício do poder. Conforme ensina Paulo Freire, "a consciência de si dos seres humanos implica na consciência das coisas, da realidade concreta em que se acham como seres históricos e que eles aprendem através de sua habilidade cogniscitiva".[2]

A informação, por sua vez, não é o fato ou acontecimento em si. Ela resulta sempre de uma escolha específica entre milhões de possibilidades, escolha esta que, por sua vez, se faz em função das relações que os sujeitos estabelecem no interior da sociedade em que estão inseridos. Seja enquanto recorte da realidade ou projeção da imaginação, qualquer informação se articula com e ganha sentido dentro de uma rede complexa de outras informações já enunciadas ou possíveis de ser enunciadas.

Há, naturalmente, informações de interesse restrito, como aquelas relativas à vida particular de cada indivíduo, ao seu círculo imediato de relações, e há aquelas de interesse coletivo, porque dizem respeito à organização da vida social ou a fatos do mundo de interesse supostamente geral. O fato de a informação ter tal ou qual amplitude não depende de sua natureza, mas da própria dinâmica social: o resultado do jogo de futebol de um time de bairro é uma informação de mesma natureza que o resultado da final do campeonato nacional; a notícia da morte de uma jovem moça tem o mesmo fundamento que a notícia da morte da princesa; a apresentação da opinião de um operário sobre a venda de empresas estatais tem o mesmo caráter que a opinião do comentarista econômico de um telejornal. No entanto, as primeiras são de circulação restrita e, por isso, interessam apenas àqueles diretamente envolvidos com a situação, enquanto as segundas articulam-se no espaço público e ganham foro de interesse geral.

É possível identificar, articulados ao processo de circulação da informação pública, um conjunto de "critérios de relevância", que, por assim dizer, balizam tanto a produção da informação quanto sua recepção. Se perguntássemos o que faz de um fato uma notícia de interesse público, diríamos que isto depende de:

• sua abrangência, isto é, a quem potencialmente interessa tomar conhecimento desta notícia;

• sua densidade, isto é, em que nível a notícia se articula com a rede de saberes e práticas sociais, qual sua relevância político-social;

• a finalidade de sua divulgação, isto é, que efeitos pode causar, que consequências teria sobre a rede de saberes ou sobre as representações político-sociais;

• seu grau de impacto, isto é, quais os desdobramentos possíveis da informação no momento histórico em que é produzida;

• seu ineditismo, isto é, o quanto a notícia é desconhecida do público a que é dirigida; e, finalmente,

• seu grau de veracidade, isto é, em que medida a informação é passível de verificação ou confirmação por testemunho.

Tais critérios não são absolutos nem universais, submetendo-se às implicações éticas, políticas e econômicas da produção e divulgação de informações. É em função dos valores e saberes socialmente instituídos, dos interesses políticos e econômicos dos agentes produtores e do lugar de origem do fato (a importância relativa do afetado ou do produtor do conhecimento na escala social) que a notícia de determinado acontecimento ou a divulgação de determinado conceito científico ou preceito moral é transformada em "informação". Enfim, aquilo que se entende por informação resulta necessariamente da ação política de instâncias de poder (ou de contrapoder) na forma de um produto cultural sócio-histórico.

No trato com o conceito de informação é comum olvidar duas questões fundamentais para o entendimento do processo de construção de conhecimento: a de que toda informação tem um valor extrínseco que lhe é agregado no ato mesmo de sua enunciação; e a de que uma informação é nova não porque nunca tenha sido enunciada, mas sim porque é enunciada dentro de um contexto de produção de discurso. Daí porque é necessário considerar, na análise dos processos de construção de informação,

• seu lugar de produção (uma instância de governo, uma universidade, o sistema educacional, uma agência de notícia, uma igreja, etc.);

• seu espaço de circulação (meios de comunicação de massa, locais de trabalho, escola, espaços públicos de lazer ou consumo, círculo social imediato); e

• a inserção social dos sujeitos que a recebem.

Tais critérios, repito, não são naturais, mas fruto da organização político-social, aí incluídos os interesses políticos e econômicos dos agentes de produção da informação. A desconsideração, ingênua ou deliberada, da dimensão política do conteúdo da informação e do processo pelo qual é constituída e posta em circulação impede a percepção crítica do caráter social e político do conhecimento, oferecendo-lhe uma objetividade e neutralidade que, na prática, significam entendê-lo como algo que está fora da própria história.

É o que faz, por exemplo, o jurista e político Michel Temer, em artigo em que defende a necessidade da redução da idade de inimputabilidade penal de 18 para 16 anos. Para sustentar sua tese, usa como argumento central o fato de que, "em função do avanço tecnológico, da rapidez das comunicações e da divulgação massiva de bens de consumo, que têm gerado alterações cada vez mais rápidas no meio social, o homem de hoje recebe diariamente quantidade de informação – via rádio, jornal, revista e televisão – como jamais recebeu em tempo algum. O jovem, infante ou adolescente, sabe e conhece, hoje, muito mais do que aquele de 20 ou 30 anos atrás".[3]

Trata-se de uma pseudoverdade construída em cima de uma obviedade. O mundo moderno tem experimentado, de fato, enorme avanço tecnológico, com grande repercussão na área da comunicação. Nos últimos dois séculos, criaram-se várias formas de publicização da informação além do livro e dos produtos da imprensa gráfica: o rádio, o cinema, a TV, as redes de computador. Multiplicou-se assim a *quantidade* de informação e, em certa medida, neutralizaram-se diferenças qualitativas; houve modificações substanciais na prática científica, aumentando tanto a quantidade de "verdade" conhecida como também de "objetos" científicos.

Em vista disso, o autor permite-se concluir, contrariamente ao que sugere a psicologia moderna, que o adolescente do mundo contemporâneo teria suficiente conhecimento de si e de seus direitos e deveres de cidadão e, consequentemente, plena capacidade de discernir o sentido e as consequências de seus atos, de modo que estaria em condições de responder judicialmente por suas ações.

Tal raciocínio, meramente quantitativo, é falacioso. Supor que os indivíduos, porque recebem maior carga de informação, têm maior conhecimento e, portanto, maior consciência de e responsabilidade sobre suas ações, é um raciocínio que só faria sentido se se desconsiderasse a fonte produtora e o tipo de informação recebida, bem como o modo pelo qual esta é incorporada pelo sujeito e transformada em conhecimento, isto é, se se desconsiderasse a historicidade das ações e dos próprios indivíduos. Em outras palavras, para ter validade o argumento quantitativo, seria preciso admitir que toda e qualquer informação é expressão de verdade, sendo sempre neutra e relevante, assim como que sua incorporação à representação de mundo dos sujeitos que a recebem seria imediata e não sofreria nenhum tipo de reelaboração.

Seguindo esta forma de análise da realidade, seria impossível explicar por que são tão fortes certas crenças e tão frequentes comportamentos e hábitos reconhecidamente agressivos à condição humana. Como, por exemplo, entender que homens modernos e informados, aderindo a uma seita religiosa que preconiza o advento de uma nave espacial salvadora da humanidade na esteira de um cometa, castram-se e suicidam-se para a viagem final? Como explicar que um rapaz normal de vinte anos, vivendo numa grande cidade, burle a segurança de um grande aeroporto e meta-se no trem de pouso de um jato, para viajar para fora do país e morrer congelado ou asfixiado por ignorância? Mais ainda, como admitir a ideia absurda de que qualquer sujeito que ouvisse rádio diariamente saberia muito mais do que Aristóteles, Galileu ou Goethe, já que a quantidade de informação recebida por ele seria infinitamente maior do que aquela disponível nas épocas em que viveram estes pensadores?

O raciocínio desenvolvido por Temer, bastante difundido pelo senso comum, desconsidera que a informação não existe em si, sendo, isto sim, produto de ação política, que a distribuição deste produto entre os diversos segmentos sociais é diferenciada quantitativa e qualitativamente, e que sua recepção difere em função do quadro referencial construído pelos sujeitos.

É preciso não perder de vista que, na sociedade industrial de massa, a produção e circulação de textos escritos, como de resto toda informação de ampla circulação, estão diretamente articuladas ao modo como se exerce o poder. Nem todos escrevem e muito menos têm a possibilidade de ter seus textos circulando, do mesmo modo que não têm o direito de fazer circular suas opiniões, ideias, etc. E, ao contrário do que se poderia supor, o barateamento dos custos de produção gráfica e a expansão dos meios de comunicação eletrônicos não têm proporcionado a democratização do espaço público de circulação de ideias. Ao lado de produtos caseiros e de consumo privado ou quase privado, o que se verifica é a concentração cada vez maior do poder de dizer em público nas mãos de poucos grupos com força política e econômica, que monopolizam o mercado editorial e a indústria da informação.

O equívoco de que o conhecimento resulta simplesmente da oferta da informação tornou-se ainda maior em função da expansão dos veículos de comunicação de massa, constituindo-se em uma das principais expressões ideológicas da cultura da sociedade industrial. A decorrência que o jurista quer tirar da constatação do avanço tecnológico é falsa porque idealiza a informação e desconsidera que o conhecimento, que é sempre uma representação simbólica do vivido, resulta da articulação de infinita gama de informações, adquiridas na interação do sujeito com o mundo, assim como desconsidera que a informação de circulação pública é um produto de mercado submetido a critérios de avaliação próprios do mercado, os quais nem sempre se estabelecem em função de uma ética do conhecimento.

Cabe bem aqui a advertência de Abramo contra o fascínio pela "revolução da informática":

> Uma das graves pragas modernas é a crença na informação. Vemo-la em plena atividade, por exemplo, nas resmas de papel dedicadas à chegada da Internet ao Brasil. A impressão é que, agora sim, saberemos tudo sobre tudo: o conhecimento *ready-made* nas pontas dos dedos. (...) A partir da constatação de que tais fatos ocorrem, passa-se a afirmar que o grande volume de informações disponíveis em veículos que estariam em princípio ao alcance de qualquer indivíduo representa a democratização do conhecimento e, portanto, estímulo decisivo ao desenvolvimento da cidadania, à mitigação das desigualdades sociais e assim por diante, abrindo uma nova era de progresso para a humanidade.[4]

Conclui este autor que a ilusão de que a informação pode ser processada mecanicamente e, desse modo, produzir conhecimento não passa de "uma modalidade de empirismo vulgar e, portanto, de irracionalismo".

A questão da relação entre leitura e conhecimento deve ser compreendida considerando-se o quadro acima esboçado.

O debate sobre as questões de leitura, pelo menos nos últimos vinte anos, tem se pautado numa espécie de *a priori* tacitamente estabelecido, ainda que não explicitamente enunciado, de que a prática de leitura é fundamental para o desenvolvimento intelectual dos sujeitos, contribuindo de forma inequívoca para a construção de uma sociedade mais equilibrada, em que haja mais justiça, produtividade e criatividade. Em outras palavras, o mesmo equívoco que se constatou acima na compreensão do que seja a informação se manifesta em relação ao valor da leitura, que deixa de ser uma prática social para tornar-se um ato redentor, capaz de salvar o indivíduo da miséria e da ignorância. Nesta visão, o livro, compreendido como objeto sagrado, objeto que encerraria saberes extraordinários e ensinamentos maravilhosos, ganha contornos de panaceia.⁵

É nesta perspectiva que as campanhas educativas e de promoção de leitura insistem no mundo maravilhoso do texto; mais ainda, manifestam um sentimento saudosista de um tempo em que se lia com frequência e desenvoltura, prática que teria sido abandonada em função da comunicação eletrônica.

Ler é uma ação intelectiva, através da qual os sujeitos, em função de sua experiência, conhecimentos e valores prévios, processam informação codificada em textos escritos. A leitura se faz sempre sobre textos que se dão a ler, textos que trazem representações do mundo e com as quais o leitor vê-se obrigado a negociar, já que "ao ler um texto, o leitor mobiliza dois tipos de 'informação': aquelas que se constituíram em sua experiência de vida e aquelas que lhe fornece o autor em seu próprio texto".⁶

Desse modo, a leitura tem de ser pensada não apenas como procedimento cognitivo ou afetivo, mas principalmente como ação cultural historicamente constituída. E, por isso, o produto que resulta desta ação não é jamais a simples acumulação de informações, não importa de que natureza sejam estas, mas sim a representação da representação da realidade presente no texto lido. Um valor, portanto. Valor este que não é criação original do sujeito, mas algo que se articula com o conjunto de valores e saberes socialmente dados.

Uma vez que um texto é também a expressão da representação que um sujeito faz de determinado tema e tem, pela própria condição da interlocução, intenção de atuar sobre as representações dos leitores, sua forma de apresentação, escolha temática e estratégia argumentativa resultam sempre ser uma ação política.

Nesse sentido, a leitura é um ato de posicionamento político diante do mundo. E quanto mais consciência o sujeito tiver deste processo, mais independente será sua leitura, já que não tomará o que se afirma no texto que lê como verdade ou como criação original, mas sim como produto. A ignorância do caráter político do ato de ler, por sua vez, não anula seu componente político, porque este é constitutivo do processo, mas conduz à mitificação da leitura e dos textos impressos e ao não reconhecimento dos interesses e compromissos dos agentes produtores de textos.

Dois fatores são determinantes para que sobreviva com tanta intensidade essa concepção ingênua e perniciosa de leitura. O primeiro é o mascaramento da dimensão política da leitura, que permite que qualquer leitura possa ser considerada boa. O segundo, diretamente articulado ao primeiro, é a desconsideração do objeto mesmo sobre o qual incide a leitura: ao se considerar o ato em si de ler, desconsidera-se o fato de que se leem textos e que textos são discursos que encerram representações de mundo e sociedade.

Há, assim, a valorização de uma literatura de instrução moral, composta de textos "edificantes", de forte cunho de reprodução ideológica, que predominou nos livros didáticos até os anos setenta, como demonstraram cabalmente Marisa Bonazzi e Umberto Eco: "podemos reconhecer, naqueles textos, o instrumento mais adequado de uma sociedade autoritária e repressiva, que tende a formar súditos, povo solitário, integrante de qualquer categoria, seres de uma única dimensão, mutantes regressivos pré-gutemberguianos".[7]

Hoje, se este tipo de leitura já não é tão valorizado, é por razões igualmente políticas e mercadológicas. Em função das transformações no modo de organização do capitalismo, particularmente da célula de produção e consumo deixar de ser a família para passar a ser o indivíduo, valores como "pátria", "família", "heroísmo", sempre presentes nos textos escolares, foram substituídos por "mercado", "competência", "competitividade". De fato, tem-se uma nova agenda moral, fundada em outra ética discursiva.

Mais recentemente, em função do debate escolar sobre a leitura e de um entendimento estreito da ideia de fruição do texto, vulgarizada a partir de livros como *O prazer do texto*, de Roland Barthes, e *Sobre a leitura*, de Marcel Proust, passou-se a promover a leitura de entretenimento, enfatizando-se o envolvimento emocional do leitor com a narrativa de ficção ou a identidade imediata entre o mundo do texto e o mundo do leitor. Para Barthes, entretanto, a fruição, diferentemente do prazer, implica a ruptura, e resulta da intenção crítica do sujeito, nada tendo a ver com a satisfação ligeira ou com o mergulho na aventura romanesca. O texto de prazer é "aquele que contenta, enche, dá euforia; aquele que vem da cultura, não rompe com ela, está ligado a uma prática confortável de leitura". O texto de fruição é "aquele que põe em estado de perda, aquele que desconforta (talvez até um certo enfado), faz vacilar as bases históricas culturais, psicológicas, do leitor, a consistência de seus gostos, de seus valores e de suas lembranças, faz entrar em crise sua relação com a linguagem".[8]

Neutralizando a diferença fundamental estabelecida por Barthes, generalizou-se a ideia espontaneísta de que o que se faz com "prazer" é mais gostoso e mais fácil de aprender. Escamoteando a necessidade de disciplina e de trabalho, difundiu-se a crença de que a educação não pode ser chata, tem de ser "natural". Pode-se dizer que, em primeira instância, o problema que se identifica não tem a ver diretamente com o texto em si, mas com a atitude que se valoriza, isto é com o modo de recepção do texto. Não obstante, a partir do estabelecimento do comportamento, passou-se à produção de textos mais apropriados para tal fim. Enfim, a promoção desta prática de leitura, que em outra oportunidade chamei de "pedagogia do gostoso"[9], favorece tanto o desenvolvimento de uma produção editorial de textos "facilitados", colados na oralidade e de reprodução do senso comum, como uma aversão à leitura crítica e ao estudo sistemático.

É representativa desse movimento de valorização da leitura do prazer a campanha de incentivo à leitura promovida pelo Ministério da Educação em 1997, com o lema "quem lê, viaja": as peças publicitárias de 30 segundos apresentavam situações de pessoas lendo livros nos lugares mais variados (ônibus, praia, academia de modelação física) e de tal modo envolvidas com a história que incorporavam fisicamente a personagem. A leitura, comparada a um narcótico ("quem lê, *viaja*"), nada tem a ver com a construção de conhecimento ou com a experiência solidária e coletiva de crítica intelectual.

De mesma natureza, são as leituras de textos de reprodução da ideologia do senso comum, em que predominam produtos específicos por categoria, nos quais se identifica o espelhamento do universo imediato dos sujeitos. São produtos de *mass media* (livro, revistas, vídeos, programas de rádio e TV) em que, nas palavras de Haquira Osakabe, prevalece a "harmonia de sexos e faixas etárias, cujas tensões, no fim, se configuram como manifestações naturais e que naturalmente se diluem. (...) Neste universo pouco há que se fazer, e o convite à reprodução das atitudes parece ser o único apelo de ação".[10] Em consonância com as demandas de mercado e à nova ordem ideológica do capitalismo globalizado, o discurso moralizante é substituído por um pragmatismo tecnicista, em que convivem tanto uma nova moralidade, em que se destacam os cuidados com a saúde, o sucesso profissional, o sexo livre e sadio, quanto uma tendência à perversidade, com forte apelo à agressividade, à violência e ao sentimento e abandono e revolta.

Finalmente, multiplicam-se, na esteira da mítica informativa e de modo articulado com a concepção conteudística de educação, os produtos de vulgarização de conhecimentos gerais, pautada em textos de natureza informativo-enciclopédica (atlas, manuais, dicionários, etc.), particularmente aqueles que, incorporando o discurso das novidades tecnológicas da informática, se caracterizam como interativos. O que mais chama a atenção neste tipo de produto é compartimentalização dos conteúdos e a absolutização das verdades, que, de objetos históricos, são transformadas em informação anódina. Particularmente interessante é observar de que modo este tipo de produto se articula com as exigências mercadológicas: oferecido a leitores de jornal em fascículos semanais, cumpre a função de promotor de vendas, de maneira semelhante à função que tinham os folhetins românticos para a imprensa do século XIX (curiosamente, as tentativas de relançar o folhetim, através da publicação em capítulos de livros famosos, não surtiram efeito mercadológico. Os romances acabaram substituídos por atlas, dicionários, manuais e livros de receitas culinárias).

A consequência imediata da concepção de leitura predominante hoje na prática escolar e nas ações e campanhas de promoção de leitura é a submissão das práticas leitoras à vontade das empresas de produção de texto e informação. Produzem-se e vendem-se objetos de leitura, assim como se produzem e se vendem outros objetos da cultura de massa. A diversidade dos gêneros de textos e de seus veículos relaciona-se diretamente aos interesses econômicos e políticos da indústria do texto, que, por sua vez, está, cada vez mais, articulada às indústrias da informação e do entretenimento.

Não faz sentido, assim, imaginar que tais práticas de leitura possam ser, em alguma dimensão, mais relevantes ou significativas do que qualquer outra atividade de entretenimento ou de recepção de informação, como ver um filme, assistir ao noticiário da televisão ou ir a um parque de diversões. Supor, como fazem alguns, o amadurecimento progressivo do leitor, que com o tempo passaria à leitura de textos mais densos, é o mesmo que supor que possa haver um amadurecimento do espectador de cinema que, de tanto assistir enlatados de Hollywood, termina por admirar cinema de autor. Ao contrário, a tendência mais provável é a de que o leitor, assim como ocorre com o espectador que rejeita programas que exigem maior envolvimento intelectual, torna-se avesso aos textos densos sob o argumento de que são complicados e chatos. Não é por acaso que alunos e professores torcem o nariz quando a questão é a leitura de obras como *Os Lusíadas*, de Luís de Camões.

Não se pretende com este raciocínio sugerir que tais práticas leitoras não produzam conhecimento, mas sim que o conhecimento que produzem é essencialmente de aceitação de uma representação de mundo em que as coisas são naturalmente como são. Não há engajamento do sujeito com o processo de reelaboração do saber instituído e, muito menos, questionamento dos valores veiculados. E, considerando que um dos conhecimentos que podem resultar da leitura é a reelaboração e ampliação dos mecanismos linguísticos e argumentativos, a concepção ingênua de leitura sequer contribui para que o leitor amplie sua capacidade de ler, isto é, sua capacidade de interagir autonomamente com discursos elaborados dentro do registro da escrita e referenciados em universos específicos de conhecimento.

A dimensão ética da leitura, que, para Benedito Nunes, representa a possibilidade "de descoberta e de renovação de nossa experiência intelectual e moral, de adestramento reflexivo, de um exercício de conhecimento do mundo, de nós mesmos e dos outros,"[11] não é compatível com esta lógica de mercado e de embotamento intelectual. Enfim, trata-se, para usar uma expressão de Osakabe, de um tipo de leitura que se estabeleceu na sociedade capitalista como uma necessidade pragmática: "alfabetiza-se o indivíduo para que ele seja mais produtivo ao sistema" (e produtivo, aqui, pode significar tanto a capacidade de seguir adequadamente instruções de trabalho quanto de consumir os produtos de mercado e de reproduzir os valores da classe dominante). Não ocorre, desse modo, nem ruptura com aquilo que já é dado nem acesso efetivo a outras formas de expressão de cultura e de conhecimento: "leitor de um universo tranqüilo, que deve ser o seu, sua escrita se inscreve nas práticas que servem a esse universo. Além desse limite, o mundo da escrita se turva e ela se torna perigosa e corrosiva".[12]

Paulo Freire insistia que "não é possível pensar, sequer, a educação, sem que se esteja atento à questão do poder".[13] O mesmo raciocínio aplica-se à análise dos textos impressos e demais objetos de cultura e do modo pelo qual são difundidos. O discurso dominante da leitura como um bem em si, desprendida do embate ideológico, tem como resultado a legitimação de chavões falseadores da realidade e a valorização de práticas e valores que em nada contribuem para a democratização do poder.

O reconhecimento da dimensão política da leitura obriga reconhecer que através dela pode-se tanto reproduzir a ideologia dominante, que nas sociedades classistas implica a submissão dos trabalhadores aos interesses do capital, quanto elaborar e reelaborar um conhecimento de mundo que permita ao sujeito, enquanto ser social, a crítica da própria sociedade em que está inserido, bem como da sua própria condição de existência.

Enfim, o debate em torno da questão da leitura, particularmente da figura do *leitor*, tem sido prejudicado por um equívoco fundamental: considerar a prática da leitura como questão de natureza ética individual e, em função disso, tomá-la como comportamento subjetivo. Contrariamente a esse ponto de vista, defende-se a tese de que a leitura é uma prática social inscrita nas reações histórico-sociais, de modo que não há nela nada intrinsecamente ético nem se define o leitor em função da quantidade ou mesmo da qualidade do que lê, mas sim em função de seu acesso aos bens da cultura letrada e aos códigos e valores inscritos neste universo.

Desde essa perspectiva, que se coloca muito além da definição supostamente técnica de leitura enquanto decifração do escrito, pode-se tanto considerar leitor um indivíduo que não tenha o hábito de ler como negar a perspectiva de que a leitura seja julgada um comportamento positivo, que implique a assunção de valores humanos tais como solidariedade, sinceridade e compromisso social ou que estimule necessariamente a criatividade e a crítica. Em outras palavras, está-se postulando aqui que será *leitor* aquele indivíduo que, além da alfabetização e de um domínio pragmático do código escrito, manipule com relativa frequência, por razões de sua inserção social, os valores, sistemas de referência e processos de significação autorizados pelo discurso da escrita, goste ou não de romance, tenha ou não prazer ao ler.

NOTAS

[1] Luiz Percival Leme Britto é presidente da ALB e professor do programa de Mestrado em Ciências da Educação da Universidade de Sorocaba (UNISO), SP.

[2] FREIRE, P. "Algumas notas sobre conscientização". In: *Ação cultural para a liberdade*, Rio de Janeiro: Paz e Terra, 1976, p.145.

[3] Temer, M. "Os tempos são outros". In: *Folha de S. Paulo*, 04/11/93. p.3

[4] ABRAMO, C. W. "Irracionalismo e informação. In: *Folha de S. Paulo*, 12/07/95, p.3.

⁵ A esta representação idealizada da leitura e do livro chamei em outro artigo de "concepção redentora de leitura". V. Britto, L. P. L. e Barzotto, V. H., "Para que movimentos sociais por leiturização da sociedade?". In: *Em dia: leitura & crítica*, n. 3. Campinas: ALB, agosto de 1998.

⁶ GERALDI, J. W. "Algumas Funções da Leitura na Formação de Técnicos". In: *Linguagem e ensino: exercícios de militância e divulgação*. Campinas: Mercado de Letras/ALB, 1996, p.125.

⁷ BONAZZI, M e ECO, U. *Mentiras que parecem verdades*. São Paulo: Summus Editorial, 1980 (edição brasileira), p.16.

⁸ BARTHES, R. *O Prazer do texto*. São Paulo: Perspectiva, 1997 (edição brasileira), p.22.

⁹ Ver Britto, L. P. L. "Sobre a leitura na escola: 5 equívocos e nenhuma solução". In: *Cadernos 21*, ano 11, Centro de Ciências da Educação (UFSC), Florianópolis, 1994.

¹⁰ OSAKABE, H. "O mundo da Escrita". In: Abreu, M (org.) *Leituras no Brasil*. Campinas: Mercado de Letras/ALB, 1995, p.21.

¹¹ NUNES, B. "Ética e Leitura". In: *Leitura: teoria & prática*, n. 27. Campinas: ALB/Mercado Aberto, junho de 1996, p.3.

¹² OSAKABE, H. "O mundo da Escrita". In: Abreu, M (org.) *Leituras no Brasil*. Campinas: Mercado de Letras/ALB, 1995, p.19.

¹³ FREIRE, P. "Alfabetização de adultos e bibliotecas populares - uma introdução". In: *A importância do ato de ler*. São Paulo: Cortez/Editores Associados, 1982, p.27.

OLHO DE ÁGUA,
OLHO DE BOI

Nilma Gonçalves Lacerda[1]

Estávamos em viagem de férias. Então, tão perto, por que deixaríamos de visitar a outra cidade, próxima, pequena e lendária? Fomos lá, atrás de tempos antigos, palavras e chaves para compreensões contemporâneas. Foi por isso mesmo, foi mesmo por isso que enfrentamos estradas ruins e desconhecidas, a sensação de estar perdido, o medo de qualquer desastre súbito, e nós, ali, sozinhos, em volta um mundo inteiramente adormecido? Deixemos de farisaísmo. Fomos, fui – era eu que queria ir – atrás de uma respiração, um sopro com que me acenaram em algum dos lugares confortáveis onde me achava.

Quase desistimos. Ameaçamos a manobra, mas, enfim, quem sabe? O caminho curvo era o único à nossa frente. Seguimos. A cidade apareceu como uma nave pousada num retalho cortado ao tempo. Respiramos fundo para suportar a beleza. Havíamos chegado. San Gimignano. São Tomé das Letras.

Mas meu trabalho aqui não é falar de uma viagem, de duas viagens, é debater o texto de Luís Percival. Deixemos as pedras e ladeiras para trás, deixemos a Idade Média lá onde ela está – e estamos em Mariana! – e vamos ao texto em pauta.

As palavras-chave

Não posso deixar de pensar nos caminhos simbólicos que se apontam no nome de Luís Percival – Percival ou Parsifal, do ciclo de lendas arturianas, o que conquista o Santo Graal —, e ainda que vivendo em tempos de horror econômico e social, em tempos cínicos, em tempos bastante humanos, pois que não nos autorizam a pensar em conquista de Graal, pensamos é certo em hastear umas fatias de nosso pensamento dentro das casas dos homens.

Arguto o texto desse cavaleiro. Aponta para o sério – e praticamente desconsiderado – perigo de glamourização da leitura, o que pode vir a se efetivar como uma desconstituição do desejo das mais habilidosas. Fazer da leitura uma festa pode ser tão nocivo quanto deixá-la como o cálice sagrado, Graal do qual poucos vão beber. É arguto, e bastante apropriado o texto de Percival. E, no entanto, não posso deixar de me pôr em cócegas quando ele fala de mercado. Pois é justamente este o lugar em que estou me colocando, de onde pretendo mesmo falar: da praça do mercado, de um bom ponto de comércio.

Falo da praça de comércio em princípio porque o bulício e o colorido desse espaço sempre me seduziram – não resisto a tocar as mercadorias, perder-me nos cheiros que exalam, nas cores que se penduram no meu olhar, nos pregões que entram por meus ouvidos; os pregões e boas lições de gramática:

— Eu queria um quilo de tomates.

— A senhora queria, não – a senhora quer um quilo de tomates – o feirante me retifica.

Modifica-se aí e para sempre minha linguagem. Mais tarde, quando ler que *Par délicatesse/ J'ai perdu ma vie.*, "Por delicadeza/ Perdi minha vida.",[2] vou me lembrar desse anônimo e perdido Rimbaud de uma feira-livre de subúrbio.

Escolhi, também, falar desse lugar porque estou a publicar em breve uns poemas que reuni sob o nome de *Comércio*:

> Entre as pontes da loucura e do suicídio
> a opção pela terra da lavoura.
>
> Para troca de minha dor por palavras servidas na bandeja
> com a arte de um cafezinho,
>
> cujo aroma naufrague nos ventos da Ásia
> e me traga uma lenda oriental.

Toda arte estabelece uma troca. Produto e moeda circulam entre artista e fruidor. O artista traz, em geral, uma dor, uma porção do vivido, um gozo. Uma inquietação. O fruidor traz um tempo, um vazio, um retalho a completar, um corpo pedindo abrigo. Uma solidão.

Entre o artista e o fruidor circulam as vozes do comércio, circulam muitas palavras, entre elas mercar, e mercê.

Mercar é o verbo que se conjuga quando se está no mercado. Se formos ao dicionário vamos ver que mercê: graça, benefício, proteção, vem do latim *merces, mercedis* = salário, prêmio, e deve ser comparado etimologicamente com mercar.[3] Estou no mercado, estou em meio a meu comércio, tenho nas mãos a palavra troca. Trocar: permutar, substituir, e também alterar, modificar. Voltando às linhas do dicionário, vou encontrar triquestroques, substantivo masculino, dois números. Triquestroques vem lá de 1874 para me dizer: trocadilho. Exulto ao me encontrar aqui com o princípio mesmo da literatura: virar em opaco o transparente.

Ivan Izquierdo é um professor de neuroquímica da Universidade Federal do Rio Grande do Sul. Com esses ares *gauches* no nome, uns ventos russos e espanhóis, não é de admirar que este Ivan resolva ser poeta também. Volta e meia aparecem uns editoriais dele na *Folha de São Paulo*. Um dos últimos que li intitula-se "O Mundo Pós-Literário". Nele, o poeta chama a atenção para o lugar da literatura que vai se dissolvendo neste mundo sem ideologias. Como uma porção de sal muito pequena num grande tambor de coca-cola perde o dom de salgar, as metáforas, as palavras, vão perdendo nesta baixa modernidade a função de significar. Viram-se em outra coisa – o sal que dava gosto à comida é agora sabor de outdoor, artifício de alegria no comercial das oito.

Assim, Izquierdo observa que:

> ... junto com o fim das ideologias, houve uma súbita desvalorização das palavras e, com ela, da linguagem. De repente, o idílico "comunismo" sonhado por Marx passou a designar crimes tão horrendos como os de Stálin, Pol Pot ou Kim il Sung. A palavra se desvalorizou tanto que os EUA passaram a saudar a China, trabalho escravo e Tiananmen incluídos, como exemplo de capitalismo a ser seguido.

(...) a palavra "neoliberalismo" passou a designar o que, com justiça, denominava-se "capitalismo selvagem" poucos anos atrás. (...) Enfim: neste novo século que ao que parece já começou, as palavras já não designam metáforas: designam qualquer coisa.[4]

Prosseguindo, e exemplificando, conclui que talvez por isso a literatura esteja sumindo do mercado, dando lugar a teses de sociologia, economia ou psicologia; a *collages* mais ou menos rimbombantes, como as de Paulo Coelho... Melancólico, talvez, irônico com certeza, diz: acostumaram-nos a isso.[5]

Por meu lado, acostumaram-me a crer no mercado, e nas mercês, que a leitura propicia.

A praça do mercado

Por muitos anos da minha vida falei voltada para a Utopia. Tão arrebatada por vezes, falava mesmo de dentro do coração da Utopia já feita verdade em meu delírio. Demorei muito a saber que utopia é, etimologicamente, um não lugar.[6] Não me poupou a desilusão saber que o étimo apontava para o projeto, a possibilidade de construção. Um não lugar a se fazer, o lugar onde todos terão uma vida igualmente justa e feliz. Mas a ilha de Morus (1480-1535) abriga escravos. As pessoas não são iguais é o que me diz a Utopia.

Não são mesmo iguais, as pessoas. Esta verdade foi sendo posta no meu prato ao longo da vida, como uma noz fechada, e dura demais para os dentes. Não me deram quebra-nozes para alcançar, dentro da casca, a carne aveludada da fruta, seca, e cheia de óleo. Tive que abri-la com meus próprios meios, descobrir que não é sempre igual a massa que há lá dentro, a despeito de um desenho semelhante, e no entanto de todas se evola um odor de madeira e folha seca, de cruezas de inverno e calores de primavera. Como as nozes dentro da casca, descubro: as pessoas não são iguais, e sonham.

Immota labascunt et quae perpetuo sunt agitata, manent. "O que é rígido, desaba e o que está em constante movimento, persiste." Alberto Dines, jornalista, escritor, toma a expressão do escocês James Boswell (1740-1795), também escritor, para refletir sobre rigidez e movimento. Esclarece Dines

> ...que o agito não se refere à forma de viver trepidante mas à capacidade de existir em movimento, disponibilidade para apreender e aprender. Desassossego, criatividade interior. (....) o movimento como sustentação, a ação como resultado de uma função orgânica, algo que o beija-flor, a abelha e o avião aplicam em seus desempenhos sem grande esforço e elucubração.[7]

O beija-flor, a abelha e o avião o conseguem, o homem dificilmente. O conforto da forma fixa tenta o humano, contradizendo sua própria natureza biológica. Em seu artigo Dines remete para a obra de Isaiah Berlin, *Limites da Utopia* (Companhia das Letras, 1991), na qual o filósofo constata, em relação à utopia, "...o seu caráter estático, projeto altruísta mas ficcional, rígido e acabado..."[8]

Costumo dizer que hoje a ilha da Utopia se chama Biblioteca. Não duvido disso. Até mesmo porque, labiríntica, remetendo a si mesma, e por vezes, lançando-se fora de si, a autêntica biblioteca se constitui um não lugar, projeto em construção. Por uma questão de estratégia, talvez seja melhor escolhermos falar das ficções que se podem encontrar na biblioteca. Evitamos assim o perigo de vir a se tornar, a biblioteca, uma ficção.

Uma ficção, que é senão movimento, diáfana captura do possível, engendramento sólido do impossível? Uma ficção, um poema, são cera e mel, néctar e dança. Vive em meio a ficções, o ser humano, não se separa delas.[9] Produz ficções de todo tipo, põe seus produtos na praça para vender. A praça, o lugar da distopia, lugar anômalo, de águas turvas, que pode nos levar em torvas correntes, costuma assustar o fluxo da praça.

São Tomé das Letras

Mencionando Haquira Osakabe, Percival enfatiza a leitura como ato produtor de conhecimento, capaz de pôr o sujeito em movimento, e assim sustentá-lo, como acontece com o avião, ou o beija-flor. O texto de Percival aponta para uma atitude perversa de elite dirigente que, não podendo mais sonegar a experiência da leitura ao povo, pode ter na sua mitificação uma forma eficiente de controle. Entrega anéis para não perder os dedos, entrega-os de lata para reavê-los de prata. A pedagogia do gostoso, ou da festa, é um cabresto posto sobre o livro. Feito só divertimento, "barato", objeto para caber em lacunas, à frente de um "r" maiúsculo sobre linha pontilhada, ou para virar "x" no quadradinho certo, o livro corre o sério risco de identificar-se de vez com o objeto inalcançável a que se despreza justamente por sabê-lo além de nossa capacidade, ou mérito. Fedro, La Fontaine e outros fabulistas já nos ilustraram bem essa situação.

É tempo de voltar não a San Gimignano, encantadora cidade medieval da Toscana, um poço no centro da praça do século XV – que pena não haja mais feiras lá nos dias de hoje! – San Gimignano e seu Museu de Criminologia Medieval, sediado nas alas mais baixas de um palácio ducal. É tempo de voltar a São Tomé das Letras, cidade de pedra que faz o viajante se perguntar sobre suas coordenadas habituais, essa idade Média a que ele chega através de 40 quilômetros de estrada mal conservada.

Entramos em São Tomé. Um garoto de seus treze anos, filho de uma das mulheres a quem déramos carona, aparece para ser nosso guia. Começa pelo que há de mais importante na cidade: a gruta onde, reza a lenda, apareceu São Tomé. Apareceu a um escravo para salvá-lo de um castigo.

Um senhor muito rico ia dar uma festa e enviou um escravo de sua confiança com o convite a um amigo que morava distante. No meio do caminho, o escravo sentiu muita sede, debruçou-se num rio para beber, perdeu a carta da qual era mensageiro. Desesperou-se. O senhor o castigaria na certa. Pensou em fugir, e começou a bater os campos em busca de um abrigo. Chegou a uma gruta de entrada baixa, boa para esconderijo, entrou com dificuldade, entocou-se, dormiu. Dormiu um sono regenerador e, ao acordar, viu um homem de pé a seu lado. Era um homem bem vestido, embora as roupas fossem antigas, como de padre, e houvesse uma capa a lhe cair sobre os ombros, uma capa de doutor, e não de viajante, como seria de se esperar por aquelas bandas. Segurava numa das mãos um papel enrolado e amarrado com uma fita; com a outra estendia ao escravo uma carta semelhante à que tinha perdido. O desconhecido mandou que ele voltasse para casa sem temer qualquer castigo. Devia levar, por sua vez, uma outra carta a seu senhor, onde estaria explicado que não fora por sua falta que a original se perdera. O escravo ficou espantadíssimo, sem saber como o homem sabia até mesmo dos detalhes de seu infortúnio. A força que dele emanava, no entanto, era tão grande, davam-lhe tal autoridade os papéis em suas mãos que o escravo não pôde duvidar, e foi.

Espantou-se o senhor por sua vez. "Um homem bem vestido, com um canudo de papel na mão? Vamos lá, me dá essa carta." Era uma carta onde se explicava o acontecido, se pedia compreensão e misericórdia para com o escravo. Sem assinatura, a carta lembrava que Outro já dera àquele que lia a sua própria misericórdia. Achando tudo muito estranho, o homem ordenou ao escravo: "Vamos lá, quero ver de perto essa história."

Foram. Não havia homem nenhum, mas à entrada da caverna viram, tanto o escravo quanto o senhor, umas letras pintadas na pedra, prova de que algum mistério superior ali acontecera. Prostraram-se então ambos, reverentes. Pela descrição do escravo que o senhor fez repetir inúmeras vezes, concluiu-se que o benfeitor do escravo era São Tomé. As letras gravadas em vermelho na pedra não deixavam dúvida de que o santo doutor da Igreja – São Tomás de Aquino – se apresentara ali na sua santidade para salvar o escravo, nesta história onde as cartas eram o elemento principal.[10]

O sopro que me levara a São Tomé! A lenda que eu já tinha ouvido em Passa Quatro, contada por José Carlos, o relações públicas do Hotel Recanto das Hortênsias. Me voltava a lenda na boca do menino de poucas letras, e o diferencial em relação à outra versão era justo a insistência nas letras. Inscrições rupestres. Não para o jovem guia. Para ele, São Tomás, São Tomé, como diz o povo, havia gravado com o próprio corpo espiritual o sinal de sua presença e das bênçãos que derramou sobre o local.

Certo, fosse um santo mais inquieto, o tal benfeitor libertava o escravo, arranjando-lhe um bom cavalo e um mapa para chegar ao quilombo mais próximo. Não ficava se ocupando com essa história de cartas. Mas a história trai a expectativa de um escravo, nos limites de um escravo, e é a essa expectativa, a esse limite, que devemos nos ater.

Apesar de serem modestas, traem-se como letras as inscrições rupestres. Traem-se como letras, atraem as letras. Gravava-se sobre letras a liberdade de um escravo, ainda que a servidão não coubesse nelas. Um escravo era feito pela cor da pele, e era uma carta de alforria o que lhe assinalava a condição de liberto. Que traição, meu escravo de São Tomé das Letras! Tua visão destinava-se a te dar uma carta de alforria e te deu uma carta de escusas. Uma carta de escusas, e mais um motivo de crescimento para a fé católica que justificava a escravidão.

O meu guia, em São Tomé, guarda, decerto, e um tanto ignorante dela, a expectativa de seu ancestral. Deixa-a escapar, de quando em quando, na insistência com que fala nas cartas e letras aos turistas que leva pelas linhas de sua cidade, pelos traços de seu desejo. Narra a lenda de sua cidade, e as inscrições na pedra são um rio turvo que lhe dá claramente a função da letra.

Já encontrei muitos meninos, meninas, jovens e adultos, debruçados, como ele, à margem de um rio de águas turvas no qual – por mais atraente que seja – lhes é proibido mergulhar. Nunca hesitei. Empurrava-os para dentro dessas águas perigosas, sedutoras, criadoras.

Claudéte da Silva, minha aluna em Literatura Brasileira, no curso de Letras da Universidade do Estado do Rio de Janeiro, em outubro de 95, confessa ser um exemplo dentre outros milhares de brasileiros "treinados" para encarar o livro como "objeto de luxo, como algo para intelectuais, para as elites que têm tempo e dinheiro para desfrutar desse privilégio"[11]. Assusta-se quando aparece uma professora, meio louca talvez – ela não ousa dizer isso, e pensa —, que não só lhe diz que a literatura está ao alcance dela, como lhe exige que leia e escreva sobre o que leu. Que medo de se afogar! Que medo dessa professora que não quer livro xerografado em sala de aula, e que lhe ensina o endereço da biblioteca.

Que medo, eu, que Adriana se perdesse de si mesma para o tráfico de drogas, a marginalidade. Que luta sedutora, e calada, para arrastá-la comigo nas turvas águas que lhe permitiriam acordar para a janela do dia claro.

Anos oitenta, sem brilho nem glória. Vão desaguar no governo Collor. Adriana é pobre, mulata, e cheira mal, cheira muito mal. Nenhum colega quer sentar do seu lado no Centro Interescolar Municipal Anísio Teixeira, na Ilha do Governador, no Rio de Janeiro. É a mais bela Medusa que já tive como aluna. Dorme – ou finge dormir o tempo todo na sala de aula. Passo por ela, ponho minha mão no seu ombro, faço uma leve pressão, estou aqui, Adriana, estou aqui, trabalhando com vocês. Ela mora numa favela, é filha, irmã e cunhada de traficantes. Seu destino já está determinado. Por que se aplicar na escola? Isso não vai fazer nenhuma diferença, seus esforços estão votados ao fracasso – são as frases que diz a mim e a outros professores. Não há para ela nenhuma outra saída que não o Mal.

Também não parecia haver para o Patinho Feio nenhuma outra saída senão a morte a bicadas. No entanto, um dia ele se descobriu Cisne. Não parecia haver para Luela outro caminho senão a orfandade, ficar entregue à guarda do Estado numa casa para jovens. Ainda que estejamos na Suécia, nessa narrativa de Maria Gripe, *A Filha do Papai Pelerine* (1963), uma casa de acolhida é uma casa de acolhida, não é um lar.

Não deixam Luela ficar com os pequenos gêmeos, seus irmãos, de quem prometera cuidar quando a mãe fora para a América tentar a sorte. E Luela consegue ao fim encontrar o caminho da filiação plena.

Adriana vai encontrando o caminho da atenção plena. Deixando a cabeça de Medusa para trás, fica acordada para ouvir histórias, para ler histórias, para escrever linhas de história. Descobria outras escritas, lendo. Lendo literatura, aprendendo a ler, a interpretar o mundo, a escrever com a leitura. Adriana tinha chegado com seu vazio, seu corpo pedindo abrigo, sua solidão. A literatura lhe deu outras dores, porções do vivido, inquietação, gozo. Dois anos depois volto à escola (havia saído em licença para doutorado) e Adriana me recebe linda, e, bem penteada e maquiada, me apresenta como primo um rapaz que com certeza é uma pequena paixão. Terminou o 1° grau, prepara-se para nova etapa de estudo.

Coisas de escritas turvas, como bem nomeia Osakabe.[12] Mas o envelope que pousou em minha mesa nada tinha de turvo. Era claro como o Sol aquele envelope de correio com o timbre da editora Miguilim e a mim endereçado. Dispensava lentes, lâmpadas para ser lido. A letra manuscrita era grande, meu nome e endereço claros, a etiqueta de Sedex, os carimbos, o reforço da fita durex nos cantos – e a letra meio espremida, mas bem legível no lado direito:

CIMAT Um abraço do seu aluno Marcos Antonio. Obrigado pelo livro *Colheita*. E por tudo de bom que passastes para mim.

Vou ao livro *Colheita,* editado em 1982 como parte do trabalho do projeto Pedagogia do Confronto em Língua Portuguesa nesse Centro Anísio Teixeira de que já falei. Nele tem um poema do Marcos Antonio – "As Flores da Florência". Mas não é tanto aí que quero ler de novo o Marcos. Abro o livro que escrevemos, duas amigas e eu, relatando o trabalho desenvolvido no projeto acima mencionado. Vou direto à orelha, cujo texto, escrito por ele, é uma avaliação do trabalho do ano de 1981:

Eu não tinha a mente virada para a literatura, não conseguia desenvolver os desenhos, não conseguia desenvolver uma carta, enfim não tinha ideia nenhuma. Mas, graças à sua aula maravilhosa, eu consegui fazer com que nascessem novas ideias para que eu não me sentisse pequeno diante de muitos que se diziam ser inteligentes.[13]

O que fazíamos nós, nas aulas maravilhosas? Líamos. Líamos arduamente, líamos inaugurando tudo, líamos para alfabetizar, para interpretar, para saber como pôr no mundo as escritas que nós – e não os outros – queríamos para nossas vidas.

O sol sem pressa

Emilia Gallego Alfonso é uma cubana linda. É uma poeta. Tem um livro, *Sol sin prisa,* que estou empenhada em traduzir. Trago para nossas reflexões um poema que se apresenta sob uma epígrafe:

> Não é olhar o que importa.
> Félix Pita Rodríguez
>
> Olho que olha
> e olho que vê.
>
> Olho de água
> e olho de boi.

Pensadores, professores, poetas – quando sabermos os olhos de boi, que pastam, ruminam, o verde e a vida, ou os olhos de água, que atravessam os turvos caminhos da terra para jorrar seiva e gozo? Que poder temos para produzir olhos de água, que impotência a nossa para deixar se multiplicarem os olhos de boi?

Günther Kress é um semiólogo de múltiplas nacionalidades, professor do Institute of Education da University of London. Em luminosa entrevista, diz o que não é novidade para nós, ungidos de Paulo Freire: a educação não é um meio de salvação, é um lugar de trabalho.[14]

Os olhos que vão olhar e os que vão ver podem não se dever só a uma questão de enigma, do acaso do solo quando a semente é lançada à terra. Podem ser uma questão de trabalho.

Uma questão de trabalho, a leitura. Trabalho e arrebatamento. Caos.

É o caos, o lugar da leitura.

Notas

[1] Nilma Lacerda é poeta e autora de livros infanto-juvenis.

[2] RIMBAUD, Artur. "Chanson de la plus haute tour". In: CAMPOS, Augusto. *Rimbaud livre*. 2.ed. São Paulo: Perspectiva, 1993, p.42.

[3] CUNHA, Antônio Geraldo da. *Dicionário etimológico da língua portuguesa*. 2.ed. Rio de Janeiro: Nova Fronteira, 1989, p.514.

[4] IZQUIERDO, Ivan. "O mundo pós-literário". *Folha de São Paulo*: São Paulo, 13/07/97. 1, p.3.

[5] Ibidem.

[6] CUNHA, Antônio Geraldo da. op.cit., p.807.

[7] DINES, Alberto. "Immota labascunt". *Folha de São Paulo*. São Paulo, 9/08/97. 4, p.13.

[8] DINES, Alberto. op. cit.

[9] ISER, Wolfang. *O ato da leitura; uma teoria do efeito estético*. Trad. Johannes Kretschmer. São Paulo: Ed. 34, 1996, p.17.

[10] Segundo o *Dicionário Onomástico Etimológico da Língua Portuguesa*, de José Pedro Machado, Lisboa, Ed. Confluência, v. III, p.1417, Tomé é a forma popular correspondente a Tomás.

[11] SILVA, Claudéte da. "Literatura: modo de usar". Trabalho entregue na disciplina de Literatura Brasileira VII, prof. Nilma Gonçalves Lacerda. UERJ, 2° sem. 1995. 2 f. datilografadas.

[12] OSAKABE, Haquira. "O mundo da escrita". In: ABREU, Márcia, org. *Leituras no Brasil*. Campinas: Mercado de Letras; Associação de Leitura do Brasil, 1995, p.21.

[13] MIRANDA, Regina Lúcia, SANTOS, Pensilvania Diniz, LACERDA, Nilma Gonçalves. *A Língua Portuguesa no coração de uma nova escola*. São Paulo: Ática, 1995.

[14] LINHARES, Célia Frazão, GARCIA, Regina Leite, org. *Dilemas de um final de século: o que pensam os intelectuais*. Transc. e trad. do inglês Nicholas Davies; transc. e trad. do francês Denise Milon del Peloso. São Paulo: Cortez, 1996, p.167.

LEITURA E CIDADANIA

Vera Casa Nova

> Não falta cocaína, por que falta livro? Tem de democratizar o livro como democratizaram a cocaína.
>
> *Paulo Lins*

Permitam-se uma inversão de atores: começar, hoje, falando sobre a infância e a adolescência dos professores. Como terá sido a leitura dos professores que hoje estão em sala de aula tão preocupados com as questões de leitura e escola? Sem esquecer que existe uma ligação fundamental entre leitura e prazer e que todo ensino é proveniente da Retórica do professor, passo aqui a registrar alguns momentos de um exercício de memória de leitura de professores que registram também uma história de formação de leitor.

> Minhas primeiras leituras foram todas para apresentação de "ficha de leitura". (*Eneida*)

> *Ali babá e os 40 ladrões*. Degustava o livro como se fossem os pés de moleque que minha mãe, vez por outra, fazia. Queria ir muito além do que era capaz, sabia que havia naquelas letras algo que era belo, mas que meus conhecimentos ainda não conseguiam perceber... Pena que um início tão lindo não prosseguiu da mesma forma. (*Das Dores*)

> Meu primeiro contato com a leitura foi ainda bem pequena, antes de ser alfabetizada, quando minha mãe lia para mim. A história da *Cinderela*. Eu me lembro muito bem do livro. Um livro grande, com desenhos grandes em todas as páginas e abaixo de cada desenho o texto ia sendo tecido em letras miúdas e me fazia viajar como se estivesse vivendo a história... Depois de alfabetizada me lembro sempre de olhar as figuras dos livros, principalmente livros finos, mas nunca lia realmente as histórias... (*Máguida*)

> Minha primeira leitura literária foi *O menino do Dedo Verde*, de Maurice Druon... teve grande significado para mim, na época; levando-me a acreditar na existência da paz e da sua necessidade para a humanidade. (*Célia*)

> Considero como minha primeira leitura literária foi quando ganhei de meu tio uma bela edição de livros de capa dura, vermelhos com escritos dourados com as seguintes obras: *O Corcunda de Notre Dame, Dom Quixote* e *Os Miseráveis...* guardo destes livros até o cheiro. (*Eugênia*)
>
> O Poló emprestava livros pra gente. Havia entre suas estantes algumas prateleiras de livros infantis e eu sentia um prazer enorme em ler aquelas histórias de fadas, bruxas, princesas e gueixas. No Poló eu es-co-lhi-a. Que emoção! Sábado, dia de dar esmolas aos pedintes, eu me sentava na sala de visitas, o pires cheio de moedas e o livro na mão. Antes que o pedinte abrisse a boca, sem levantar os olhos do livro, eu lhe punha na mão a moeda e voltava à leitura. (*Eliza*)
>
> ...era um livro de história de fadas, cujo nome era *A fada moranguinho*, porém não me lembro do enredo, apenas das ilustrações, que eram belíssimas. (*Rosana*)

Marcadas ora pela presença do(a) professor(a), dos pais, ora pela biblioteca que tinham a oportunidade de frequentar, essas professoras revelam a transitividade de suas primeiras leituras. Lendo as ilustrações ou as histórias, essas professoras leem-se, na medida em que a memória traz a busca, a possibilidade de sentidos e a escrita presente nelas enquanto leram. Associando aos textos lidos, a presença do outro (pai, mãe, biblioteca, dono da biblioteca particular), outras significações vão configurando o quadro da memória de leitura.

Importante é chamar a atenção para o leitor, e não apenas para a leitura tão somente, nesse momento. Cada professor-leitor faz transitar sua leitura em seu contexto social. Não é somente o indivíduo, o sujeito que está ali, lendo, mas as associações ali engendradas pela letra do texto que são trazidas sob a forma de outros códigos (os sociais, os simbólicos, os afetivos). Indivíduo e sociedade se imbricam no ato de leitura através da rede simbólica que nos constitui enquanto corpo. Em vários momentos desses excertos, o corpo do leitor é mostrado. O sabor do pé de moleque, o cheiro dos livros, ou somente o olhar sobre as figuras.

Fichas de leitura, mas sobretudo a "leitura livre", aquela do "querer ler", mesmo quando a fixação é apenas a da ilustração – a que restou na memória da leitura.

Leitura de dever, da Escola, da Lei ou aquelas de prazer ou gozo, todas têm, mas os esquecimentos de leitura é que podem possibilitar ao professor maior compreensão do que muitas vezes elas podem vir a reproduzir em suas salas de aula. Alguns sentidos são esquecidos como vemos na escrita da professora Ênia – "uma lembrança vaga".

O sujeito amoroso, que existe em cada um de nós, faz-nos esquecer o mundo (tal qual a profa. quando dá esmolas) desinvestindo-nos do mundo exterior. Lembro Barthes em seu "Rumor da Língua":

> o sujeito-leitor é um sujeito inteiramente deportado sob o registro do Imaginário; toda a sua economia de prazer consiste em cuidar de sua relação dual com o livro (isto é, com a Imagem), fechando-se a sós com ele, colado a ele, de nariz em cima dele, como a criança colada à Mãe e o Amoroso suspenso do rosto amado.[1]

Mas ao mesmo tempo ou quase, o mundo exterior, que é suspenso momentaneamente, rechaçado pelo desejo da leitura, volta a nos tocar, como se a máquina-sociedade (n)os possuísse, através da cultura.

A Biblioteca de Poló (excerto de Elisa), a Biblioteca do Grupo Escolar ou a Biblioteca Paroquial são marcas da memória da leitura. Através do imaginário ela é infinita: "mas nada como os livros do Poló". Eram histórias mais interessantes, sempre vinham ao encontro de meu desejo. Na biblioteca paroquial e na do Grupo escolar as professoras faziam censura e caíam em dois pecados: ou livros aquém do meu nível de maturidade ou do tipo muito intelectuais. No Poló eu es-co-lhi-a. Que emoção!" (Elisa, 53 anos) As Bibliotecas Paroquial e do Grupo funcionavam como "espaços dos substitutos de desejo"; inadequadas ao desejo.

A emoção de escolher o livro faz parte do ritual da leitura. A biblioteca de Poló era o espaço do "livro arrebatado, atraído, retirado, como se fosse já um feitiço": livro-objeto de desejo, sem mediação. O espaço da casa de Poló não é o espaço da instituição Escola ou Igreja, assim a menina que, mais tarde, tornar-se-ia professora, ao escrever, traz de novo esse prazer à tona, e mais, o prazer da escrita. A libertação da leitura deve ser também a libertação da escrita. Se a leitura engendra uma rede de desejos, e com eles projeções e fantasmas, a escrita deverá também produzir além de sentidos, outros fantasmas, outras projeções, voltada para a multiplicidade.

Se durante tanto tempo leitura e escrita foram consideradas práticas diferenciadas, deve-se à própria história da formação dos leitores brasileiros, ou melhor, à história da alfabetização, à história da nossa cultura, em nosso país. Se, inicialmente, o ato de aprender a ler é associado ao ato de escrever, aos poucos essas duas práticas se fizeram não mais paralelamente, mas desassociadas. Cartilhas e antologias foram substituídas por livros didáticos. Cartas, bilhetes e descrições foram aos poucos desaparecendo do cotidiano escolar.

Se a leitura associa-se ao prazer insistentemente, o mesmo não acontece com o escrever. Escrever a leitura é diferente de interpretar, da mesma forma que redação é diferente de Produção de texto.

O pacto literatura e sociedade, aqui retomado como leitura/sociedade deve levar em conta a situação do leitor/professor.

Continuar a pensar o professor somente dentro da sala de aula, ficcionalizando-o como um leitor em Machado de Assis, ou virtualizando-o como nas novas teorias, é esquecê-lo e continuar reproduzindo modelos de velhos pactos. Lembro Lajolo e Zilberman:

> Não obstante ser sempre inconclusa a modernização social brasileira, as práticas brasileiras de leitura cresceram e espessaram-se ao longo de sua história, ao multiplicarem-se sujeitos e forças nelas envolvidas, e ao diversificarem-se modos de leitura.[2]

O desejo não é só teórico quando pensamos hoje o leitor, mas também estrutural. Bibliotecas vazias e medíocres fazem parte do cotidiano da maior parte das escolas e da vida do professor, que raramente possui um extra para comprar livros. Percorrem-se as prateleiras da carência.

O trabalho de leitura que inclui a escrita da leitura não é um estereótipo. Se os professores se acostumaram aos estereótipos de leitura é preciso libertarem-se de amarras ditas, ou pretensamente científicas, para que a leitura realmente aconteça. Se nosso valor é a escrita, segundo nossa cultura, continuaremos narrando como míticas Sherazades a contar e recontar em nossas aulas.

São necessárias mudanças de posturas diante da folha em branco. Falas, "escrevências", rituais, simbólicas sociais fazem parte dos jogos, dos trabalhos de linguagem que perpassam cidadão, indivíduo ou sujeito.

A metafísica não tolera a oralidade. Sejamos nossa língua, falemos nossa língua, leiamos nossa língua e escrevamos nossa língua. Tagarelices são importantes!

> ...não é preciso sofrer para encontrar o que dizer: o material está ali, imediato; é como uma mina a céu aberto...[3]

Sabemos que o "eu é mais difícil de escrever que de ler" (p.308), mas é preciso que a leitura seja esse movimento, esse lugar em que as posturas sejam inventadas, ficcionalizadas.

Foi pensando em Paulo Lins, a partir de sua entrevista ao JB de 10/08/97, que resolvi escrever sobre esses autores, que somos nós, professores.

Nessa entrevista Paulo Lins, que está lançando seu livro *Cidade de Deus* (pela Companhia das Letras), diz-nos como nasceu o livro, depois de percorrer presídios e vielas do seu bairro, perguntando sobre crimes e castigos. Paulo Lins é professor municipal em Angra dos Reis, no Rio de Janeiro.

Seu relato:

> Na Escola Augusto Magne, em que estudei, uma professora, Sonia N. Formiga, salvou muita gente de virar bandido. Ela criou um coral...A arte forma o cidadão. Essa relação com a música popular brasileira ajudou muita gente a gostar de estudar. Outra professora Marília Freitas, de Português, estimulou a ler, levava a gente para passear, ir a museu...
>
> (...) às vezes a narrativa emperrava e eu via o personagem passar na rua. Aí eu ia lá conversar com ele. Levava um gravadorzinho no bolso e ficava batendo papo...

(...) E o programa do governo de mandar livros para escolas? É só livro didático, e dirigidos para uma classe média. Em Angra dos Reis, eu dou aula para filhos de pescadores. Na aula de frações, perguntam quantos quartos de torta Chiquinha comeu. Mas criança pobre não come torta. Como dizia Paulo Freire, o ensino tem de ser aplicado à realidade da criança. E tem de ser politizado. Meus alunos em Angra conhecem Leminski, Camões, F. Pessoa, Torquato Neto, mas eu mesmo é que tenho que fazer cópias do meu bolso para levar para eles.

O que fez, então, Paulo Lins? Escreveu sua leitura – a leitura que fez de sua cidade, de seu canto do mundo. Eis como penso a possibilidade do encontro cidade e cidadania. Possibilidade sempre presente da conquista dos direitos sociais e políticos do cidadão-professor de leitura e escrita. É lendo e escrevendo nossas leituras e fazendo com que os alunos reproduzam essa *dynamis* que construiremos dias melhores.

Nota

[1] BARTHES, Roland. *Rumor da língua*. Lisboa: Ed 70, 1984, p.303.

[2] LAJOLO, M. & ZILBERMAN, R. *A formação da leitura no Brasil*. São Paulo: Ática, 1996, p.309.

[3] Op. cit., 1984, p.303.

ABRE-TE, SÉSAMO! OU POR UMA POÉTICA DA ORALIDADE

Josse Fares e Paulo Nunes[1]

A Audemaro Taranto e Ivete Walty, mestres fundamentais.

I

Antes de mais nada, faz-se necessário agradecer a oportunidade de participarmos deste encontro "O Jogo do Livro Infantil II – a Leitura", que visa à discussão de um dos mais incômodos problemas brasileiros, *a leitura na escola*. Este tema, embora soe repetitivo, é bastante instigante. Embora um grande número de teóricos já tenha penetrado nele, fazêmo-lo com a boa intenção de contribuir, mesmo que pouco academicamente, com algo para este debate.

Parece didático lembrar que o livro surge, no seio da escola burguesa, como *bengala* de sustentação para esta classe emergente. Hoje, com vestes aparentemente mais democráticas, sabe-se que o livro é um bem cultural, fonte de conhecimento que pode irradiar saber (e saber é poder!) às pessoas. Fala-se também na crise de referência do livro tradicional, o de papel, uma vez que presenciamos, neste fim de século, a reprodutibilidade do conhecimento através de técnicas inimagináveis há algumas décadas atrás. Estaria o livro em brochuras com seus dias contados? Como serão as obras didáticas ou literárias nos cem ou duzentos anos vindouros? Sabe Deus! Mas certamente essa crise de referência nos pode fazer pensar sobre a própria função do livro e da escola neste *país de Santa Cruz*. As crises nos fazem refletir e até mesmo desconstruir padrões para assim reinstituir conceitos, se é que estes são bem-vindos no seio da comunidade que os criou. E a comunidade da qual nos referimos é a escola. E a escola brasileira, diga-se, é uma instituição, em geral, caduca e conservadora. Inculca a competição; escamoteia ou maquia temas universais (e nacionais), tais como homossexualidade, reforma agrária, opressão X liberdade, direitos e deveres, concentração de renda, entre outros. Uma instituição para desejar-se contemporâneanão deveria virar as costas a questões tão fundamentais à modernidade.

Mas falar em modernidade nos remete a uma necessária cautela, pois tal discussão, que vamos evitar, pode tomar contornos muito mais complicados, e os labirintos educacionais nos confundirão e farão encontrar-nos com um Minotauro sedento – mais um – a nos devorar.

Na verdade, uma questão preocupa-nos sobremaneira. Com que autoridade a escola brasileira inseriu-se na era da cibernética se na maioria delas, nas públicas, ao menos, sequer a imprensa de Gutemberg foi inventada? Como podemos vibrar com parabólicas instaladas nos barracos, se o barraco que abriga a escola não tem estrutura para suportar tais parafernálias? Como pensar em métodos de ensino fascinantes via telinha dos computadores se este país até hoje lavou as mãos, ignorando um plano nacional de carreira para o magistério, por exemplo? Vale ressaltar que não somos contrários à tecnologia eletroeletrônica, mas faz-se necessário, principalmente numa área essencial como esta, estabelecer prioridades.

Mundo, mundo, vasto mundo, se nos chamássemos Raimundo...

É verdade, não temos a rima como recurso de solução, mas tão somente sugestões, que tentaremos expor abaixo. O medo de perder o norte nos faz retomar o fuso provocador: *leitura e escola*. Embora as estatísticas apresentadas durante a última Bienal do Livro do Rio de Janeiro apontem para um crescimento do consumo de livros, vale ter cautela, principalmente se transpusermos a leitura à escola. Pensemos. Estaria a nossa escola inserida satisfatoriamente neste crescimento consumidor? Ou será que ainda estamos estimulando o consumo desproposital, e de certo modo irresponsável, das fotocópias? O aluno lê aquilo que é indicado pelo professor? A leitura recomendada (atenção! leitura recomendada pode ser eufemismo) pelo professor é atravessada de tesão ou apenas uma justificativa às editoras e aos pais de classe média pretensamente ilustrada? Por que não existem nos colégios salas de leitura ou bibliotecas devidamente aparelhadas? Ler é prazer? Quem lê viaja. Mas como o faz?

Quando fazemos um exame minucioso deste contexto, chegamos a concluir que a escola brasileira ainda está doente, embora, ao que parece, já tenha ultrapassado o limite do perigo mortal. Mas esta doença, se não é fatal, incomoda-nos. Nossa escola é míope quando precisa enxergar, e gaga quando necessita falar. Um paciente que sobrevive, mas comunica-se deficitariamente com o mundo que o cerca.

Quando neste contexto insere-se a leitura, é inevitável confrontar as formas de ler de hoje com uma técnica pedagógica que era utilizada na escola brasileira de outrora. Tal técnica, intimamente ligada à oralidade (ou à transposição do escrito para o oral), se não *trans*formou todos os alunos em leitores, certamente preparou alguns com competência – a leitura de poemas, narrativas, e, sobretudo, a "contação" das lendas amazônicas nas salas de aula. Perdoem-nos o aparente saudosismo, mas associamo-nos a Ortega y Gasset, quando diz que a "tradição é uma colaboração que pedimos ao nosso passado para resolver nossos problemas atuais".[2]

II

A defesa pela retomada de uma atitude oral cotidiana na didática da sala de aula de hoje, a nosso ver, contempla diversos desejos. O primeiro, e decisivo, é a necessidade de reinterpretação de uma forma de transmissão de conhecimento que o passado histórico nos proporcionou. Dizer um texto em voz alta, de certo modo, é a recuperação da técnica que os aedos, jograis e menestréis nos legaram. Pergunta-se, quem não gosta de ouvir histórias? Quem se isenta de escutar alguém que tem na manga da camisa um intrigante enredo a socializar? Mesmo nossas crianças e adolescentes – tão acostumados à hipnose virtual das maquininhas – extasiam-se ante um belo poema e um *conto bem contado*.

A necessidade de não esquecer o passado é quase uma obrigação nossa, de professores, com a sociedade brasileira contemporânea. Apropriando-se (e adaptando) mais uma vez Drummond, vale dizer que "... o presente é tão grande, não nos afastemos./ Não nos afastemos muito, vamos de mãos dadas...". É preciso criar um coro forte nesta direção. Ainda a propósito disto, em certa altura de seu *Tradição e esquecimento*, Paul Zumthor, alerta-nos: "Nossas culturas só se lembram esquecendo, mantêm-se rejeitando uma parte do que elas acumularam de experiência, no dia-a-dia".[3] Ainda neste liame é imprescindível citar o trabalho elaborado por Ecléa Bosi, *Memória e sociedade, lembranças de velhos*. Neste livro estão fundadas parte de nossas crenças sobre memória e esquecimento coletivo. Na apresentação desse trabalho, Marilena Chauí, a respeito da obra de Ecléa, afirma algo que nos cai como uma luva, "o modo de lembrar é individual tanto quanto social; o grupo transmite, retém e reforça as lembranças, mas o recordador, ao trabalhá-las vai paulatinamente individualizando a memória comunitária e, no que lembra e no como lembra, faz com que fique o que signifique..."[4]. Pois que retomemos esta experiência de nossa memória escolar, e selecionemos o que de melhor pode significar para uma exemplar divulgação do texto na atual escola brasileira.

O segundo e, a nosso ver, valoroso motivo está fundamentado na necessidade de fazer valer a voz amazônica no contexto da cultura brasileira. Afinal, quase nunca temos oportunidade de nos ver representados na cultura nacional; de, por exemplo, ler – nas antologias produzidas no eixo centro-sul brasileiro – textos ou experiências de autores ligados à região amazônica. Para nós, é mais ou menos como se nada produzíssemos, ou ainda como se o restante do país estivesse surdo ante o que é feito na região norte brasileira. Nesta perspectiva, teríamos, a partir desta experiência, a oportunidade de ver contos, causos, poemas e lendas amazônicas faladas – ao lado de textos das demais regiões – durante as aulas regulares do primeiro e segundo graus das escolas brasileiras.

Ao efetivar esta prática pedagógica, teríamos de subsidiá-la com inúmeros projetos e programas que ocorrem nas instituições de pesquisa da nossa região. Dentre elas citaremos dois que melhor conhecemos. Primeiro, a circulação da revista da graduação de Letras da Universidade da Amazônia, *Asas da palavra*, que divulga aos estudantes os autores da região; e segundo, o reconhecimento do projeto IFNOPAP, "O imaginário nas formas orais populares da Amazônia paraense", que coletou, até hoje, mais de três mil narrativas de contadores populares regionais, e encontra-se disponível na Internet, sob a sigla http://www.ufpa.br/ifnopap.

III

Precisamos, à moda de nossos avós índios e nossos pais caboclos, acalentar o sonho de crianças e jovens, contando-lhes histórias dos tempos imemoriais, em que plantas e animais ensinavam ao homem o que este desejava apreender; tempos de quando o homem e a natureza faziam par, eram desdobramentos de um mesmo corpo. As artimanhas do imaginário contribuirão, assim, para redesenhar o contorno de gerações presentes e futuras, preparando terreno para o plantio do texto escrito.

Nesta perspectiva, seremos – professores brasileiros – Scherezades a *emprenhar os ouvidos* alheios com histórias fabulosas. E a referência à contadeira árabe não se dá de modo gratuito. Cremos que a sensibilidade e a astúcia femininas estão mais afinadas com as propostas de mudança social e cultural. Professores e professoras devemos transmutar-nos em Scherazades. Adélia Bezerra de Meneses afirma, com bastante lucidez, em *Do poder da palavra*: "... Scherazade (...) vence a morte através da

Literatura. Trata-se da maior apologia da Palavra, de que se tem conhecimento. E analisar o papel da contadeira de histórias significará abordar o problema das relações da mulher com a Literatura, da mulher com a Palavra, da mulher com o símbolo e com o corpo..."[5] Ou noutra passagem: "...Scherazade [ao enredar o sultão] instaura um novo tipo de poder. A força da palavra radica-se na magia. A palavra aqui transforma, cura..."[6]

Que vençamos os sultões da educação brasileira; que nos tornemos, com o auxílio da oralidade (sem evidentemente abandonar o escrito), detentores da palavra-força, da palavra-alazão, da palavra-magia, para que possamos dizer a jovens corações adubados: *fiat lux* ou abre-te, Sésamo!

Amém!

NOTAS

[1] Josse é professora de Literatura Brasileira da Universidade da Amazônia (Belém-Pará); atua também no colégio Marista Nossa Senhora de Nazaré. É coautora de didáticos. Paulo é professor de Literatura Amazônica da mesma universidade; atua como professor na SEDUC-PA; é coautor de didáticos.

[2] ZUMTHOR, Paul. *Tradição e Esquecimento*. Trad. Jerusa P. Ferreira e Suely Fenerich. São Paulo: Hucitec, 1997, p.13.

[3] Idem, p.15.

[4] BOSI, Ecléa. *Memória e Sociedade: lembranças de velho*. São Paulo: Companhia das Letras. 4ª ed., 1995, p.31.

[5] MENESES, Adélia de Bezerra. *Do Poder da Palavra*. São Paulo: Livraria Duas Cidades,1995, p.39.

[6] Idem, p.51.

REFERÊNCIAS

BERALDO, Alda. *Trabalhando com Poesia*. São Paulo: Ática, 1990.

CUNHA, Maria Antonieta A. Cunha. *Poesia na Escola*. São Paulo: Discubra.

FARES, Josebel Akel et alii. *Texto e Pretexto, Experiência de Educação a partir da Literatura feita por Autores Amazônicos*. Belém: Cejup. 3 ed. 1996.

A LEITURA NA EDUCAÇÃO
DE JOVENS E ADULTOS

Celia Abicalil Belmiro[1]

> O exercício de pensar o tempo, de pensar a técnica, de pensar o conhecimento enquanto se conhece, de pensar o quê das coisas, o para quê, o como, o em favor de quê, de quem, o contra que, o contra quem são exigências fundamentais de uma educação democrática à altura dos desafios do nosso tempo.
>
> *Paulo Freire*

As reflexões de educadores e responsáveis por programas voltados para a educação de jovens e adultos, no processo de reescolarização no Brasil, devem se dirigir no sentido de trazer contribuições teórico-metodológicas que orientem o trabalho do professor em sala de aula. As ponderações que se seguem intentam examinar alguns princípios e objetivos do ensino de leitura para alunos que, depois de excluídos dos bancos escolares, voltam para tentar retomar o curso de sua escolaridade básica.

Primeiramente, devemos nos inquietar com as seguintes perguntas: quem são esses alunos? Por que procuram o "certificado de 1° grau"? Para que lhes servirá o diploma? Como supõem o espaço escolar que os aguarda?

Em contrapartida, pesquisas se dirigem para reflexões sobre leitura, leitores e formação de leitores, numa sociedade em que a ideia de letramento amplia e fortalece o sentido de inserção na cultura e, consequentemente, de cidadania.

O trabalho a que se refere esse texto vem sendo desenvolvido no Projeto de Ensino Fundamental para Jovens e Adultos do Centro Pedagógico, escola de 1° Grau da Universidade Federal de Minas Gerais, que promove atividades correspondentes à escolarização de 5ª a 8ª séries.

Seu início data de 1986, como Projeto Supletivo, numa perspectiva de preparação para o concurso da Secretaria Estadual de Educação e, posteriormente, assumindo ele mesmo a avaliação e a certificação de seus alunos. Seu objetivo era dar resposta às solicitações dos funcionários da própria Universidade com 1° grau incompleto. Nos anos seguintes, esse atendimento estendeu-se a toda a comunidade externa. Outra meta desse Projeto se dirige para a capacitação docente na área de Jovens e Adultos. Os professores são alunos dos cursos de licenciatura da Universidade e ocupam seu espaço de trabalho orientados não só pelos coordenadores das diferentes áreas de conhecimento, como também pelos coordenadores de turma. O interesse em viabilizar esse processo de aprendizagem pelos licenciandos é respaldado pela responsabilidade da Universidade frente a uma demanda que, ultimamente, vem se tornando cada vez mais prioritária no campo da licenciatura: a formação de educadores e, neste caso, a formação de educadores de jovens e adultos.

Completando o conjunto dos objetivos básicos do Projeto, situa-se a realização de pesquisas no campo da Educação de Jovens e Adultos, incentivando a produção de conhecimentos sobre esse tema.

Os sujeitos e suas leituras

Em primeiro lugar, devemos compreender quem são os diferentes sujeitos, em diferentes posições, que atuam nesse específico espaço pedagógico. Os coordenadores do Projeto debruçamos um olhar sobre os alunos e sobre os professores-monitores repleto de referências e expectativas. É preciso, porém, que a postura daí decorrente seja reflexo de uma interrogação consciente: Que leitura estamos fazendo desses alunos e desses professores-monitores?

Pensamos, do ponto de vista político-pedagógico, um ensino que propicie a reflexão, que ultrapasse uma organização escolar voltada para a autonomização dos conteúdos, para a intolerância da frequência, para a suficiência da avaliação pela quantificação de dados. Os encontros com os professores-monitores têm como um dos objetivos viabilizar o tempo de suas aulas para construir uma atitude de pesquisa sobre o que está acontecendo. Vale dizer, deixar-se ser permeado por um olhar de pesquisador frente à singularidade das relações de interlocução que se estabelecem nesse espaço particular. O processo de construção de um conhecimento específico para sua formação de professor incita a descoberta de novas fontes de informação que não se encontram em manuais didáticos, mas na realidade mesma dos alunos. Desse modo, na medida em que se produz conhecimento acerca das relações de ensino-aprendizagem, tendo em vista o aluno trabalhador, reconhecem-se esses indivíduos como sujeitos históricos que fazem parte do acontecimento social.

Esses são alguns dos exemplos de uma concepção de escola que não descarta a possibilidade de conviver com situações de enfrentamento e até de conflito, porque sabe dos limites e da sua necessidade.

Do mesmo modo, os alunos que ingressam no Projeto esperam encontrar respostas que contemplem suas inquietações imediatas e ofereçam alternativas para seu destino escolar: Que compreensão têm da escola? Que leitura fazem da rede de relações que envolvem o processo ensino-aprendizagem? De que lugar eles falam? O que querem dizer quando se incomodam com a suposta "falta de matéria", isto é, com a ausência de apostilas de pontuação, de verbos e suas conjugações, de orações coordenadas e subordinadas e exercícios de fixação e posterior avaliação? Na verdade, estão inseguros por estarem sendo convidados a participar do convívio escolar na posição de sujeito que elabora o conhecimento. A representação que o aluno faz de si não pressupõe ação sobre o que aprende, não determina nenhum procedimento cognitivo que o leve a agir sobre o que lhe é proposto. É compreensível, então, a necessidade de um tempo de adaptação a essa nova circunstância de aprendizagem.

Finalmente, o que os professores-monitores, ao se decidir pela convivência no espaço da educação voltada para jovens e adultos, buscam compreender no processo de sua formação profissional? Com que olhar se voltam para a especificidade desse contexto escolar? Quando são selecionados, para nele atuarem como professores, pouco ou nada sabem sobre o Projeto. No período em que travam contato com essa experiência singular, vão, aos poucos, construindo uma concepção de linguagem que subjaz às relações de ensino-aprendizagem, numa dimensão duplamente significativa: como aprendizes e como professores, viabilizam, na prática escolar, o processo de formação de educadores para alunos trabalhadores. Nesse sentido, é preciso pensar a escola através de uma outra lógica de formação que valorize a experiência tanto do saber científico quanto do pedagógico.

São diferentes sujeitos que se encontram, num dado momento sócio-histórico, e que se constroem constantemente como agentes de uma interlocução necessária e permanente. Através de indícios que se vão tornando significativos pela sensibilidade apurada de quem é permeável ao que se passa, vamos fazendo leituras de nós e dos outros, tecendo um sentido para o Projeto.

Concepção político-pedagógica da área de língua portuguesa

Os alunos que integram o Projeto trazem em comum, além de outros traços, a internalização do estigma da incapacidade linguística. São pessoas que interagem em situações distensas, mas que, em confronto com um contexto que não lhes é familiar, sentem-se imobilizadas. E a escola, por mais íntima que possa ser para muitos, reafirma o conflito.

Pensar um modelo de educação que pretende "recuperar o tempo perdido", "suprir o que não se tem", denuncia a ideologia da falta, da carência e, automaticamente, aponta para uma postura que retoma a velha e conhecida relação com quem aprende: o professor, dono do conhecimento, é o que vem trazer a redenção para os incompetentes.

Cada vez mais adolescentes que abandonam a escola, ou são abandonados por ela, engrossam os grupos de pessoas que buscam os programas voltados para jovens e adultos. Decorre daí a ampliação de abrangência da faixa etária e o necessário cuidado no tratamento pedagógico. Portanto, uma das questões que deve conviver no centro de nossas atenções é que a perspectiva política de nosso trabalho dirige-se para recolocar os alunos no presente, para a consciência do papel que representam no contexto mais amplo da sociedade.

No caso do projeto em questão, as vagas estão abertas para maiores de 18 anos, e um dos critérios de seleção é que eles consigam ler e compreender textos com alguma complexidade textual. Pretende-se, com isto, um mínimo de habilidades de leitura. Durante os dois anos em que o aluno permanecer no projeto, serão desenvolvidas diferentes estratégias de leitura que lhe possibilitem o acesso a diferentes tipologias, variedades e registros.

Eixos estruturadores do trabalho de leitura

Alguns conceitos, de diferentes naturezas, constituem o eixo de referências a partir do qual se estrutura o trabalho de leitura da área de Língua Portuguesa do Projeto. Vale ressaltar o de **instrumento**, de **leitor** e de **texto**.

Ao reconhecer a atividade de leitura como instrumento, estamos nos posicionando criticamente frente ao mundo e definindo de onde falamos, uma vez que a leitura será mediadora das relações entre o aluno e o mundo e, a partir dela, ele poderá interferir na realidade e reconstruí-la. Dessa forma, a ideia de ferramenta como objeto que permite agir sobre o mundo é transportada para a leitura como instrumento, ferramenta da percepção, que serve para construir os significados do mundo. Vista por esse prisma, a ideia de leitura como instrumento, recurso para a expressão e, como tal, basta dominar seu código e sua técnica, é superada pela perspectiva da leitura como um modo de organizar e constituir o conhecimento, estando a serviço, pois, da construção de um mundo de referências que dão sentido à existência humana. A atividade de leitura é posta com um ato político.

Dessa forma, fica clara qual função o leitor pode e deve assumir na relação com o conhecimento: na medida mesma em que o leitor suposto pelo autor interfere no ato de produzir textos, o **ato de leitura** envolve um conjunto de histórias de leituras do texto e do leitor, apontando para o ineditismo de sentidos renovados.

Assim, podemos entender que o **leitor**, mais que destinatário dos enunciados produzidos por alguém, é a outra face que recupera o autor para com ele dialogar em circunstâncias sempre singulares, uma vez que nunca são as mesmas situações comunicativas, e o leitor está acrescentando e alargando seus processos de compreensão de mundo.

Outro conceito que dá suporte à nossa proposta refere-se a **texto**, considerado como "uma unidade semântica onde os vários elementos de significação são materializados através de categorias lexicais, sintáticas, semânticas, estruturais".[2] A partir do entendimento do que seja texto, é possível avançar em algumas propostas de ensino de língua materna, posto que é **no** texto que se organizam diferentes formas discursivas. Assim, ele é eleito como polo catalisador para onde confluem e se harmonizam diferentes instâncias de aprendizagem.

Mais que interpretar textos, como numa atividade de roteirizar os temas e subtemas abordados, o ensino de leitura do Projeto visa a integrar diferentes conceitos, como o de instrumento, leitura, leitor e texto, tendo-os como fundamentos para as ações em sala de aula.

O processo de seleção de textos, por exemplo, é um momento importante de preparação da atividade e deve levar em conta que alunos se tem em sala. A desmotivação pela leitura não reside, em muitos casos, nas dificuldades próprias de decifração do código linguístico pelo aluno, ou mesmo na ausência de conhecimentos prévios que sustentam a leitura, mas na inabilidade do professor em escolher textos que supõe ser os mais adequados aos seus propósitos, tendo em mente, muitas vezes, alunos da escola regular. Esse é um dos múltiplos exemplos em que o ensino para jovens e adultos, em diversas escolas, é mera reutilização de materiais pedagógicos elaborados para adolescentes, transformando-se em cópia mal resolvida e inadequada ao contexto do aluno trabalhador. E, muitas vezes, na própria escola regular, textos são selecionados ou criados com o objetivo puramente de fixação de algumas dificuldades ortográficas, como vários casos encontrados em cartilhas e em livro didáticos de 5ª a 8ª séries. É difícil imaginar um adulto motivado pelas diabruras de um cabritinho ou, mesmo, pelo castigo que a professora impingiu à criança na escola.

Alguns caminhos

O trabalho com a linguagem oral

Intensificada no 1º estágio, mas desenvolvida ao longo dos estágios seguintes, a oralidade é um dos eixos do trabalho com a linguagem. Ouvir, compreender o que ouviu e dizer o que compreendeu requerem diferentes procedimentos como, por exemplo, atenção, discriminação auditiva, ativação da consciência linguística, entre outros. Supõem, também, que está criada uma predisposição para a interlocução, uma vontade de interagir com o Outro, uma postura solidária própria da linguagem entendida como atividade social. Por outro lado, conduzem a diferentes formas de organização de ideias. Parafrasear, comentar, resumir oralmente são algumas propostas que recorrem à ativação de memória, seleção e organização dos conteúdos numa dada circunstância, desencadeando, no ouvinte, desejáveis efeitos de sentido.

Contudo, deve-se atentar para a confusão que frequentemente se estabelece entre linguagem oral e leitura oral. Muitos são os casos em que, na intenção de fazer falar o aluno, não se leva em conta a organização específica do texto oral.

Koch alerta que "no texto falado planejamento e verbalização ocorrem simultaneamente, porque ele emerge no próprio momento da interação: ele é seu próprio rascunho."[3]

A contradição de que jovens e adultos vivenciam processos de interação pela linguagem em diferentes espaços da escola, como nos corredores, na cantina, na calçada da escola, mas que não encontram ressonância de suas vozes em sala de aula deve-se ao fato de este não ser o lugar socialmente privilegiado para recuperar qualitativamente suas falas. O silêncio dos alunos é sintoma de que a democratização da escola não se estendeu à compreensão de diferentes comportamentos linguísticos. Ouvir, compreender o que ouviu e dizer o que compreendeu ativam estruturas cognitivas, linguísticas, permeadas por condições sociais de seu uso. Geraldi registra que "não é a linguagem que antes era privada e agora se torna pública. São as instâncias de uso da linguagem que são diferentes."[4]

Assim é que o Projeto, como espaço de formação e informação, intenciona recuperar, pelo trabalho com a linguagem oral, a expressão dos sujeitos falantes em situação escolar de interação verbal.

Nada de antemão pronto, os processos de construção de sentido próprios da linguagem oral restabelecem o tempo em sua essência fragmentária, um tempo entrecortado e suspenso, mas não fixo, refazendo-se, constituindo-se e construindo, na atividade verbal, diferentes subjetividades.

O trabalho com a leitura de textos

Uma questão que tem norteado as atividades em sala de aula trata de como dar sentido para a leitura nas aulas de Língua Portuguesa do Projeto, ampliando o espectro de experiências de aprendizagem próprias do espaço escolar.

Primeiramente, é preciso fugir da armadilha fácil e confortável de supor que técnicas de memorização e reprodução do lido sejam procedimentos suficientes para se alcançar proficiência na leitura. Em segundo lugar, é preciso entender que os que se situam na categoria dos excluídos não incorporaram essas técnicas. Textos literários e a prova de verificação de leitura; textos curtos e perguntas de reconhecimento de informações são alguns exemplos dos cânones de leitura cuja memória projeta certas expectativas de aprendizagem e dificulta estabelecer um processo dialógico com o texto.

Na verdade, essa é uma imagem cristalizada, fixa, semelhante a tantas outras de um mesmo projeto de apagamento do leitor, de suas leituras e da possibilidade de reconstrução, pela leitura, de efeitos de sentido.

A leitura de formulários, requisições, folhetos instrucionais, *outdoors*, e que são de ampla circulação na sociedade, respondem às necessidades cotidianas dos alunos e possibilitam entender melhor a realidade que os cerca. Por outro lado, para além dos textos em que predominam situações sociocomunicativas mais próximas dos seus interesses imediatos, a busca de outros textos e a relação que se estabelece com eles ampliam significativamente o sentido de ler. Mais que um meio de adaptar-se às exigências de uma sociedade cada vez mais seletiva e excludente, portanto o ensino da leitura com valor técnico, ler é possibilitar uma compreensão crítica do mundo, é dar sentido para o nosso estar no mundo e, portanto, ensino da leitura com valor ético.

A leitura de textos literários, nos diferentes estágios do Projeto, tem-se pautado primordialmente pela atenção em não seguir o formato padrão de expectativas que criam o leitor literário formulado pela escola. A clientela que o Projeto atende já está, de antemão, excluída dos parâmetros homogeneizadores que privilegiam algumas camadas. Por não terem como garantir a compra de livros, não disporem (porque não podem ou não têm habito) de tempo para frequentar bibliotecas, livrarias, e, consequentemente, não responderem satisfatoriamente às expectativas da escola, suas ações verbais, em geral, são compreendidas como respostas incompletas, insuficientes e, o que é pior, silenciadas diante de ouvidos intransigentes habituados à semelhança de vozes.

A leitura literária, como atividade cultural que amplia o universo do conhecimento (seja intelectual, afetivo, imaginativo), vem-se presentificando nas salas de aula do Projeto como um espaço de formação de diferentes sujeitos, com variadas experiências, que resgatam de si e do texto as condições que possibilitam o espaço dialógico. Nesse sentido, é exemplar a motivação dos alunos do 3° estágio para lerem Machado de Assis. É possível dizer que tal autor é um nome conhecido entre muitos adultos, pouco lido nas escolas regulares, tornado um mito de dificuldade de compreensão de leitura. O certo é que pediram para lê-lo e esse fato nos leva à seguinte reflexão: do ponto de vista de sua capacidade cognitiva, esses alunos são perfeitamente capazes de realizar a interlocução, mas, do ponto de vista da tradição escolar, é necessário investigar os procedimentos acerca da leitura realizados no espaço escolar para entender que compreensão esses alunos trabalhadores têm daquilo que é nomeado texto literário. Que condições sociais de leitura configuram seu universo cultural? O fato é que leram e gostaram muito do que leram.

Fica claro, portanto, que não é preciso "facilitar" a leitura com a escolha de textos curtos, simples, fragmentados ou apenas espelhos de sua realidade imediata. Caracterizados como leitores iniciantes, muitas vezes o professor entende os alunos dos programas dirigidos para jovens e adultos como tábula rasa, sem atentar para a importância do volume de suas experiências vividas. O ritmo de leitura, a individualidade com que cada um capta o conteúdo imaginativo e externa sua compreensão do vivido não devem supor incapacidade cognitiva, se não se conformam a modelos de respostas já estabelecidos. Muito frequentemente, restrições impostas à leitura de certos textos literários considerados difíceis vão ao encontro do entendimento que têm os professores de que esses alunos não se sentem à vontade em transitar num mundo de referências e significações a que, supõe-se, não estão expostos. Dessa forma, é-lhes determinado um lugar social em que certos níveis de abstração, de divagação, de meditação, de elaboração de ideias, enfim, não têm relevância. Por outro lado, exercitar a magia da linguagem, compreendendo imagens e produzindo-as através do texto literário, é reconhecer o uso social que a leitura pode ter para jovens e adultos, é referenciar-se numa dimensão de linguagem que ultrapassa o imediato e o utilitário.

Abre-se, pois, a possibilidade de pensar que a demanda dos alunos pela leitura de Machado de Assis quer nos dizer do seu desejo de ampliar seus horizontes de leitura e, de posse do conhecimento, igualmente tornar-se detentor da memória da cultura letrada.

O trabalho com poesia também configurou-se como uma atividade que não se restringiu a conhecer figuras de linguagem, tipos de rima ou organização da estruturados versos. Na verdade, esta é a face literária do ensino metalinguístico do sistema da língua. Contentar-seem transmitiresses conteúdos como forma de capturar a literariedade que há nos textos denuncia a insensibilidade do leitor-professor para a tensão existente na subversão realizada ao código linguístico através da renovação de forças pelos processos de ressignificação. Ler e produzir poemas fez os alunos se sentirem potencialmente criativos e permitiu-lhes a descoberta da possibilidade de ultrapassar o uso tecnológico da leitura e da escrita.

A ativação do processo interlocutivo com o texto literário deve ser proposto como construção do conhecimento, sinalizando um sujeito que se reconhece em múltiplas dimensões e que organiza seu campo simbólico através do alargamento do mundo de referências que ele constitui e é por esse mundo constituído.

Nota

[1] Professora da Faculdade de Educação da Universidade Federal de Minas Gerais; coordenadora da área de Língua Portuguesa do Projeto de Ensino Fundamental para Jovens e Adultos do Centro Pedagógico da UFMG e pesquisadora do CEALE-FaE/UFMG.

[2] KLEIMAN, 1989, p.45.

[3] KOCH, Ingedore V. *O Texto e a construção de sentidos.* São Paulo: Contexto, 1997, p.63.

⁴ GERALDI, J.W. *Linguagem e ensino: exercícios de militância e divulgação*. Campinas: Mercado das Letras-ALB, 1996, p.39.

REFERÊNCIAS

Educação de Jovens e adultos. Projeto curricular para o 1º Segmento do Ensino Fundamental. (Coord:Vera Maria Masagão Ribeiro). São Paulo: Ação Educativa, 1996.

GERALDI, J.W. *Portos de passagem*. São Paulo: Martins Fontes, 1991.

MOTA, Regina. Tecnologia e informação. In: *Múltiplos olhares*. Org: Juarez Dayrell. Belo Horizonte: UFMG, 1996, p.73-76.

Projeto de Ensino Fundamental (equivalente ao ciclo de 5ªa 8ªséries) e Formação de Educadores de Jovens e Adultos. Universidade Federal de Minas Gerais. PROEX, Centro Pedagógico, Faculdade de Educação, 1996. (mimeo)

SOARES, Magda. "As condições sociais da leitura: uma reflexão em contraponto". In: SILVA, Ezequiel T.da & ZILBERMAN, Regina. *Leitura: perspectivas interdisciplinares*. São Paulo: Ática, 1989, p.18-29.

LEITURA E SEDIÇÃO: LITERATURA E AÇÃO POLÍTICA NO BRASIL COLONIAL

Andréa Lisly Gonçalves[1]

Introdução

As relações entre literatura e sedição, com ênfase no Brasil setecentista, são o eixo em torno do qual se organiza o presente artigo.

Inicialmente, procurei estabelecer as concepções sobre prática de leitura e ação política presentes no ideário iluminista.

Em seguida, abordei aspectos da atuação da censura, com destaque para Portugal na segunda metade do século XVIII. O exame do trabalho dos órgãos censórios parece-me importante não apenas porque, em uma perspectiva geral, eles partilhavam a ideia da influência necessária do conteúdo dos livros sobre os leitores, mas também porque sua atuação permite delimitar o que no período se reputava como literatura subversiva.

Finalmente, tratarei de um tipo de literatura, os panfletos ou pasquins sediciosos, produzido ao longo dos embates políticos e que se constituiu em instrumento privilegiado de divulgação, agitação e propaganda das ideias e do desenvolvimento das conspirações.

Leitura e ação política no ideário das Luzes

Ao reduzir a cinzas a biblioteca de Dom Quixote, o cura e o barbeiro que fizeram o "expurgo e o auto de fé" da livraria supunham estar adotando uma medida profilática. Com o procedimento, procuravam deter a influência perniciosa dos livros sobre o cavaleiro da triste figura.

Pela inspeção superficial feita na livraria pelo prelado, ficou claro, no entanto, que nem todos os livros teriam uma ação nefasta sobre seus leitores. Ao desempenhar o papel de censor no âmbito restrito daquela biblioteca, o pároco reconhecia que algumas obras deveriam ser confiscadas menos por atentarem contra os preceitos da Igreja, do Estado e da boa moral – critérios a partir dos quais devia se guiar a ação da censura —, do que por terem o potencial nefasto de conformar a ação do fidalgo da Mancha.

Apesar de divergirem sobre as formas, todos os personagens que compunham a cena do auto da livraria partilhavam uma convicção: a literatura fora a responsável direta pela mudança de comportamento do fidalgo e responderia pelos sucessivos desatinos que ele viesse a cometer, não importando o gênero a que se dedicasse.

D. Quixote seria o produto extremado e anacrônico de um período no qual o ouvir era superior ao ver. Uma época em que não se distinguia, nos próprios relatos dos contemporâneos, o que se tratava de ficção e o que era produto da observação. Um período em que as narrativas eram ouvidas para serem confirmadas pela experiência, experiência esta que acabava por alimentar, ampliando, as estórias que se contavam.[2] De um mundo europeu que se alargava pelo contato com outras civilizações e que, através da conquista, acabava incorporando elementos que se mesclavam ao maravilhoso, intrínseco à mentalidade da época, redefinindo-o.[3]

Progressivamente, ainda que não sem sobressaltos, persistências e com distinções importantes de região para região, a cosmogonia embebida nos motivos do maravilhoso vai sendo desafiada por uma explicação de mundo fundada em critérios da razão. Esta irá promover um certo desencantamento do mundo europeu que, paulatinamente, deixa de fundar sua legitimação nas formas tradicionais de organização política, social e religiosa para afirmá-la na supremacia da experiência e da crítica.

Em especial no século XVIII, a filosofia das Luzes – cujos formuladores estavam longe de apresentar posições uniformes, exceto talvez pela crença na razão – esteve na esteira das transformações que abalaram o *Antigo Regime* na Europa. Em alguns países, como a França, essas transformações assumiram um caráter revolucionário; em outros apresentaram características reformistas, como no caso das monarquias ilustradas, dentre as quais se insere Portugal da época pombalina.

Com o iluminismo, ainda que em perspectiva de todo diversa do papel da narrativa ou das histórias de cavalaria anteriormente assinalado, reforçou-se a convicção na capacidade da literatura, sobretudo a filosófica,[4] de servir de êmulo a ações transformadoras.

Assim, as últimas décadas que antecederam a eclosão da Revolução Francesa, por motivos como a existência de um verdadeiro *boom* editorial que incluía não apenas livros, mas também jornais, panfletos, estampas, ilustrações, constituíram-se em objeto privilegiado para a abordagem do tema da literatura e revolução.[5]

Aos contemporâneos dos acontecimentos, ou pelo menos àqueles mais ativos, não parecia restar dúvidas sobre o papel privilegiado que a difusão das ideias iluministas poderia desempenhar nos principais desdobramentos do processo revolucionário. Para o jornalista e político Brissot, por exemplo, na impossibilidade de a Revolução estabelecer a democracia direta nos moldes da Roma e Grécia antigas, caberia à imprensa, sobretudo através dos periódicos, fornecer um instrumento ágil que ao mesmo tempo em que informasse a população sobre as decisões tomadas nos órgãos representativos, facultaria aos cidadãos a expressão de suas opiniões que acabariam por se refletir no Parlamento.[6]

A crença nos efeitos da difusão das luzes não se limitou, no entanto, às ideias mais diretamente voltadas para a ação política. Na Alemanha, por exemplo, o ideário iluminista teria influenciado na elaboração de uma literatura infantil – que certamente viria acompanhada pela introdução de um conceito moderno de infância, cuja marca mais expressiva estaria dada pela noção de que seriam seres de todo diversos dos adultos – com intuitos claramente pedagógicos.⁷

No entanto, as relações entre literatura e ação, com destaque para aquela cujo conteúdo estaria diretamente referido à atividade política, estão longe de se estabelecer de forma imediata. Afinal, como interroga Robert Darton, "como poderemos saber de que modo eram lidos esses livros? Talvez fossem meramente uma fonte de diversão, e talvez as atitudes sediciosas tivessem outra origem completamente diferente?"⁸

No que diz respeito ao Novo Mundo, a difusão do Iluminismo conjugou-se à crise do Antigo Sistema Colonial da época mercantilista. Sendo assim, o estudo das mediações entre literatura e sedição no contexto da América colonial deve levar em conta as especificidades do "viver em colônias". Isso significa prestar especial atenção aos processos de ressignificação e reelaboração das ideias iluministas, empreendidos pelos colonos, buscando perceber, inclusive, a contribuição original que estes vieram acrescentar às ideias da ilustração.⁹

Os livros defesos: atuação da censura no período pombalino

A classificação de determinada obra como perniciosa ou subversiva deveu boa parte de sua existência a órgãos destinados ao trabalho específico de controle e/ou proibição de sua circulação. Na Europa do período moderno, os critérios para tal definição e enquadramento variaram de região para região, o mesmo sucedendo com as possessões ultramarinas. Mas, nas diversas formações europeias, com maiores ou menores consequências nos domínios coloniais, a tendência que se afirmou foi a da crescente secularização da atuação da censura, sobretudo no século XVIII, o que se corporificou tanto nas mudanças senão dos próprios critérios de classificação, pelo menos na ênfase que se atribuía a cada um. O que se observou, então, foi o deslocamento do primado dos parâmetros religiosos para aqueles de natureza propriamente política, ainda que estes últimos pudessem vir recobertos por argumentos religiosos, sobretudo naqueles estados onde a realeza ainda buscava muito de sua legitimidade em argumentos como o direito divino dos reis. O corolário básico dessa tendência foi a transferência, no todo ou em parte, do exercício do ofício de censor das mãos da Igreja para o controle de funcionários do Estado.

Assim, a paulatina secularização da atividade censória, que irá acompanhar, como processo a ela relacionado, a consolidação dos Estados Nacionais, não eliminará os critérios de atentado à religião como definidores da proibição da circulação de determinada obra. Eles continuaram orientando a ação dos censores, lado a lado com o rastreamento de conteúdos que pudessem solapar "a autoridade do rei e a moralidade convencional".[10] Até porque, em países como Portugal e Espanha, a Igreja Católica, sobretudo no que diz respeito ao seu braço inquisitorial, esteve intrinsecamente associada à realeza rumo à centralização do poder das Monarquias Nacionais.

No entanto, o processo que se observa com grande vigor na França – no qual "os censores reais tinham no final do século XVII firme controle da situação, porque a Coroa estabelecera a sua autoridade sobre quem quer que reivindicasse algum direito à censura da imprensa: a igreja, as universidades e os parlamentos (cortes superiores de justiça)"[11] — encontrou firme expressão na política pombalina. A secularização do ofício da censura em Portugal teve na expulsão dos jesuítas, em 1759, uma das medidas mais concretas no sentido da transferir para a esfera do poder do Estado prerrogativas que até então se encontravam sob o controle eclesiástico. A abrangência da medida, no que diz respeito aos seus reflexos sobre o controle da divulgação de ideias, pode ser aquilatada pelo papel fundamental desempenhado até então pelos jesuítas nas atividades de ensino em todo o Império português.[12]

Ainda que as reformas pombalinas não pretendessem a erosão do catolicismo, elas visavam, fundamentalmente, a restringir a ingerência do papado nos assuntos de Estado português. Assim, o objetivo dos reformadores portugueses, Pombal à frente, era justamente levar às últimas consequências a política regalista, praticada pela monarquia portuguesa desde, no mínimo, o século XVI.

Mas os aspectos das mudanças introduzidas nesse período que mais de perto interessam ao assunto do presente trabalho dizem respeito à criação, no ano de 1768, da Real Mesa Censória. Com a medida, a atribuição da censura era retirada do controle dos jesuítas, passando para a competência de membros da "ala reformista da Igreja", incluindo nomes como os dos brasileiros Dr. Francisco de Lemos e seu irmão, o jurista João Pereira Ramos de Azevedo Coutinho.

Além da censura prévia imposta aos livros publicados em Portugal, cabia à Mesa a censura das obras provenientes do estrangeiro. Mais importante é destacar, no entanto, que a exclusão dos jesuítas significou importantes alterações nos parâmetros seguidos na condenação ou não de determinada obra. Sobre a atuação da Real Mesa Censória, observa Kenneth Maxwell:

> Dominada por eclesiásticos de mentalidade reformista, seus membros analisavam cuidadosamente a produção literária do alto Iluminismo (e alguns trabalhos de natureza menos elevada) e com igual cuidado retiravam das edições portuguesas tudo o que consideravam prejudicial ao dogma católico ou, como ocorreu algumas vezes, restringiam a circulação para aqueles que acreditavam devessem estar atentos aos trabalhos ofensivos para ficarem à altura de refutar sua mensagem.[13]

Na América portuguesa, as reformas educacionais de Pombal traduziram-se na transferência, com maior ou menor sucesso, do controle da administração das reduções indígenas dos jesuítas para o de funcionários seculares. A determinação de que fossem "criadas duas escolas públicas ... em cada aldeia indígena, uma para meninos e outras para meninas", não parece ter sido seguida.[14] No plano geral, algumas iniciativas foram tomadas no sentido de se instituir o ensino público, mas sem grande sucesso. O balanço que se faz é que a expulsão dos inacianos só fez agravar a já precária situação da educação formal na colônia.

A circulação dos livros em territóriocolonial além de enfrentar as dificuldades relacionadas à aquisição dos exemplares, os obstáculos criados pela multiplicação das línguas faladas em área tão dilatada,[15] ainda se via restringida pela atuação da censura exercida na metrópole.

A restrição da censura à circulação de livros, tanto na metrópole como na colônia, no entanto, não pode ser confundida com a supressão da divulgação dessas obras e não apenas no limitado círculo de letrados do ultramar português. Pois inúmeras foram as formas de se fazer circular as obras parcialmente ou no todo proibidas pela censura oficial.

Uma vez que não deve ter sido frequente a possibilidade de contar com o auxílio de funcionários do próprio quadro eclesiástico, como o secretário do famoso padre Manuel do Cenáculo Vilas Boas – confessor do príncipe D. José e acessor direto de Pombal – Alexandre Ferreira de Faria Manuel, a quem se acusara de vender livros depositados na Real Mesa Censória[16], inúmeros foram os procedimentos adotados para se ter acesso aos "livros defesos",[17] conforme eram designadas as obras proibidas na colônia. As viagens à Europa ofereciam a chance de se trazer na bagagem não apenas os livros defesos editados em Portugal, mas também as obras impressas proibidas em outros estados europeus.[18] Os livros condenados podiam ainda ser obtidos através da sua arrematação em espólios, o que se dava sem a menor restrição por parte das autoridades coloniais, ou, mais comumente, podiam ser adquiridos nos navios que aportavam na costa brasileira, vindos da Europa.[19]

Outra maneira de assegurar a posse legal de exemplares de livros cujo conteúdo era reputado como sedicioso lançava suas raízes na própria sociedade colonial, estratificada também de acordo com critérios estamentais. Muitos colonos valeram-se de suas posições no interior da sociedade escravista colonial para obterem, junto aos órgãos de censura, licenças especiais para posse e leitura de obras defesas. Mesmo quando a autorização não era solicitada formalmente, os membros dos estratos superiores da sociedade julgavam-se naturalmente no indispensável direito de conhecer as ideias sediciosas que circulavam na Europa:

> No restrito circuito das elites, estar a par das ideias que produziam as luzes da Europa era essencial à condição de ilustrado, o que passava pelo acesso aos livros que lá circulavam.[20]

O domínio da cultura letrada vinha se somar assim às demais marcas distintivas a partir das quais se constituíram as hierarquias dentro da sociedade escravista brasileira.[21]

Dessa forma, talvez a ação da censura não tenha sido o principal obstáculo enfrentado na circulação dos livros na América portuguesa. Mesmo aqueles que contassem com o *placet* da Igreja e do Estado tinham sua difusão limitada pela precariedade da vida material da maioria esmagadora da população colonial, que vivia da "mão à boca" no dizer do jesuíta italiano Antonil, bem como pela barreira representada pela multiplicidade linguística das populações coloniais, em alguns casos só muito precariamente contornadas por iniciativas como a confecção de gramáticas em língua tupinambá, por parte dos jesuítas.[22]

Soma-se a isso o fato de que, de acordo com a política colonialista portuguesa, ficava vedada a instalação da imprensa em território colonial. Iniciativas como a de Antonio Isidoro da Fonseca, importante impressor de Lisboa, que transferiu suas atividades para o Rio de Janeiro, estiveram fadadas ao insucesso. Mesmo contando com o apoio de Gomes Freire de Andrade, o Estado metropolitano proibiu as atividades de impressão de Isidoro da Fonseca menos de um ano após a instalação de sua oficina em 1746.[23] Não obstante o rigor da Coroa na observância de tal proibição – o que não impedia a existência e funcionamento de gráficas clandestinas, como aquelas descobertas nos sertões da capitania de Minas e que se dedicavam a imprimir comprovantes falsos do pagamento de quintos – presume-se que o primeiro livro impresso no Brasil tenha sido o *Exame de artilheiros*, de J. F. P. Alpoim, datado de 1744. Por se tratar de obra voltada para a formação de militares, é provável que a referida impressão contasse com alguma licença especial do Rei.²⁴

Todos esses fatores conjugados auxiliam na explicação de uma das principais características da difusão do texto escrito, impresso ou manuscrito, que a colônia compartilhou com a Europa do Antigo Regime: o predomínio da oralidade. Como observa Roger Chartier:

> É necessário lembrar que a posse não é o único meio de acesso ao livro, que nem todo material impresso é composto de livros lidos no espaço privado, que a leitura não é forçosamente solitária e silenciosa, e que não é necessário ser alfabetizado para "ler", se "ler" significa, como na Castela do Século de Ouro, ouvir ler.²⁵

Caso paradigmático nesse sentido parece ser o do pardo Manoel Faustino, aprendiz de alfaiate, analfabeto, réu na sedição baiana de 1798, que "durante os interrogatórios repetiu integralmente umas décimas sobre liberdade e igualdade...".²⁶

No extremo oposto, definitivamente não parece ter se reproduzido, dentre os estratos inferiores da população colonial, experiências como a do soldado Luís Gonzaga das Virgens e Veiga, também sedicioso baiano, que despendia em sua rotina de estudos, realizada em seus dias de folga, quase oito horas entre lições e leituras. Pelos depoimentos prestados na Devassa fica claro que a Gonzaga não eram desconhecidos os principais pontos das doutrinas revolucionárias francesas. Seu domínio da cultura letrada valeu-lhe a acusação da autoria dos panfletos que circulavam pela cidade de Salvador incitando a população soteropolitana à participação no levante.²⁷

Panfletos e pasquins sediciosos

Não resta dúvida de que literatura do Iluminismo, reputada como subversiva, encontrou na conjuntura específica de crise do Antigo Sistema Colonial o clima ideal para sua propagação.

No entanto, não eram apenas os livros identificados com a filosofia das Luzes que serviram como portadores de conteúdos que atentavam contra a ordem metropolitana. Para esse fim, e em termos de registro escrito, os panfletos ou pasquins sediciosos, como eram referidos à época, foram um importante instrumento de embate político, seja no sentido da reação, seja no da revolução. Eles possuíam uma natureza diversa dos livros, manuscritos ou impressos, traduzidos ou não, que circulavam, por exemplo, entre os membros remanescentes da Sociedade Literária do Rio de Janeiro em 1794. Por sua própria natureza, não se destinavam propriamente à formação dos "quadros" revolucionários, mas, em função de sua agilidade, faziam circular manifestos e, talvez mais importante, informavam a população sobre os rumos possíveis dos acontecimentos. Os panfletos pareciam um meio ideal para a manifestação de diatribes contra desafetos, para a exortação à prática revolucionária – talvez, quem sabe, por levar à aglutinação da população para ouvir a leitura em voz alta uma vez que a possibilidade de fazê-lo de forma silenciosa e individual, sem dúvida mais segura em se tratando de situações desse tipo, era privilégio de uns poucos – o que adverte o pesquisador sobre os cuidados com "os procedimentos retóricos dos panfleteiros".[28]

Segundo observa Antoine de Baecque, além de seu formato e tamanho, outros aspectos distinguiriam os panfletos de publicações congêneres, como os jornais: a sua natureza anônima ou atribuição de autoria fantasiosa; o fato de serem datados e localizados em períodos e contextos imaginários e de portarem insultos e denúncias maliciosas.[29]

Pelo menos dois episódios, ocorridos na capitania de Minas Gerais, tiveram como centro a divulgação de panfletos.[30] Em um deles, em Guarapiranga, freguesia pertencente ao Termo de Mariana, o sargento-mor Manoel Caetano Lopes de Oliveira era acusado de participação no movimento da Conjuração Mineira, descoberto exatos dez anos antes. Ao que parece, os pasquins foram obra de um desafeto do sargento-mor. O exemplo é curioso por mostrar um instrumento associado à sedição, o panfleto, a serviço da delação. Mas o que talvez chame mais atenção nesse acontecimento de 1798 seja o fato dele ter sido escrito em versos. Nos panfletos:

> [em]versos rústicos próprios da cultura popular, o sargento-mor reconhecia o crime:
>
> "Ó Céus, que espanto!
> Eu confesso o meu delito
> De ser falso à soberana
> E a meu Deus infinito.
> (...)
> Quem esta nas esquinas achar
> espalhe nas Minas Gerais
> que morra Manuel Caetano
> viva a rainha de Portugal".[31]

No outro caso, ao que parece com desdobramentos mais sérios, quinze anos são decorridos entre o suposto crime e a sua denúncia. A autoria de pasquins constituiu um dos pontos importantes nas acusações feitas aos envolvidos na "Inconfidência do Curvelo", como foi designada a conjura, denunciada em 1776, quinze anos após a sua suposta ocorrência. Um ingrediente, anteriormente apontado como característico dos panfletos, o da autoria fabulosa, manifesta-se claramente no movimento de Curvelo no fato deles virem "assinados" pelo papa. A acusação que se imputava aos réus era a de terem desferido séria invectivas contra D. José I e seu ministro, o Marquês de Pombal, utilizando como pretexto a expulsão dos jesuítas em 1759. A repreensão, "subscrita pelo próprio papa", surpreendia o pontífice:

> Extático e admirado da crueldade com que Vossa Majestade castigou a esses pobres fidalgos [os jesuítas], cuja barbaridade só se viu nesta cidade de Roma no tempo de Nero, e Deocleciano, e em rei católico tal se não viu, porém se Vossa Majestade teve ou não razão, no Tribunal Divino se averiguará.[32]

Presentes em várias sedições do período colonial, os panfletos, no entanto, parecem ter assumido um papel fundamental na Conjuração Baiana de 1798. Os pasquins seriam basicamente de dois tipos: os *avisos* e os *prelos*. Além de algumas diferenças no formato, incluindo a dimensão dos textos, os *avisos*, no sentido que lhe emprestavam os contemporâneos, teriam, comparativamente aos prelos, um conteúdo "menos forte" por se limitarem a "informar o que se [pretendia] realizar". Já o impacto causado pelos *prelos* seria maior por anunciarem, sempre com a fidelidade possível em acontecimentos desse tipo, o desenrolar dos acontecimentos.[33]

Sobre a importância desses pasquins na Revolta dos Alfaiates (como ficou conhecido o movimento de 1798), observa Kátia Mattoso:

> a revolta consumiu-se inteiramente em atos de comunicação, o que significa que a ação revolucionária não passou dos comportamentos comunicativos dos conjurados. Nesse contexto de comunicação pela oralidade, os boletins sediciosos desempenharam para a época o papel de "jornal manuscrito" pelo qual os revoltosos tentaram difundir suas ideias e projetos...[34]

O conteúdo de vários desses panfletos é anticolonialista e têm nos ideais da Revolução Francesa a sua principal inspiração.[35] Alguns chegaram a reproduzir frases inteiras de jornais e documentos produzidos pela Assembleia francesa no período mais "panfletário" da Revolução,[36] ainda que a maioria deles contivesse informações ou determinações sobre questões mais imediatas do movimento. É o caso de um *aviso,* afixado na porta de um açougue, com os seguintes dizeres: "Nós Bahienses, Republicanos para o futuro, queremos e mandamos que a inútil Câmara desta cidade mande pôr a carne a seis tostões".[37]

Ainda que não tenham estado de todo ausente de movimentos como a Conjuração Mineira, percebida por vários estudiosos como uma conspiração de letrados, e não ter servido apenas a intentos contestatórios, como foi visto anteriormente, a sistemática utilização de panfletos seria um poderoso indício do grau de radicalidade de um movimento.

Evidencia isso a atribuição a quilombolas da autoria de pasquins manuscritos que circularam em Mariana com os dizeres de que "tudo que fosse homem do Reino havia de morrer". Ainda que pudessem não ser os verdadeiros autores dos escritos, ao menos podia parecer crível que o fossem, uma vez que imputá-los aos negros fugidos foi a alternativa encontrada pelo coronel Basílio do Lago quando "inquirido por ocasião da devassa da conjuração mineira".[38]

As obras sediciosas, portanto, para justificarem o seu adjetivo, deveriam ultrapassar os limites dos salões literários, até mesmo daqueles que, como o do Rio de Janeiro em 1794, fora acusado de abrigar conspiradores. Para tanto, necessitavam de instrumentos ágeis que pudessem atingir um público mais amplo. Por seu formato, sua linguagem mais direta e incisiva, os pasquins revelaram-se úteis no esforço despendido para que as ideias de sedição ganhassem as ruas.

Considerações finais

A história da leitura, sobretudo no século XVIII, pelo que se pretendeu demonstrar, não pode ser confundida com a história do texto escrito, seja ele impresso ou manuscrito. Ainda que a leitura possa ter como ponto de origem o registro escrito, é sobretudo na oralidade que irá se situar a sua principal forma de difusão.

O caminho percorrido por um tipo específico de literatura, que no setecentos esteve associado à ideia de sedição, encontrou em sua trajetória não apenas os obstáculos interpostos por instituições como os órgãos censórios, mas esteve profundamente influenciado pelas experiências coletivas de leitura, pela apropriação mediada pela condição social dos leitores e, ainda, pela maior ou menor capacidade que os agentes históricos tiveram de encontrar nesses conteúdos um estímulo a mais para a ação política.

NOTAS

[1] Doutoranda em História Social pela USP e professora do Departamento de História da UFOP.

[2] "Numa época em que *ouvir* valia mais do que *ver*, os olhos enxergavam primeiro o que se *ouvira dizer*; tudo quanto se via era filtrado pelos relatos de viagens fantásticas,

de terras longínquas, de homens monstruosos que habitavam os confins do mundo conhecido." MELLO E SOUZA, Laura de. *O diabo e a Terra de Santa Cruz*. São Paulo: Companhia das Letras, 1986, p.21-22. Os grifos são da autora.

[3] "E se todas as coisas ali [no Novo Mundo] surgiam magnificadas para quem as viu com os olhos da cara, apalpou com as mãos, calcou com os pés, não seria estranhável que elas se tornassem ainda mais portentosas para os que sem maior trabalho e só com o ouvir e o sonhar se tinham por satisfeitos. [Pois] onde mais minguada for a experiência, mais enfunada sairá a fantasia.[...]Reduzidas porém à palavra impressa, com o prestígio que se associa à novidade, muitas razões falsas e caprichosas deveriam ganhar, por aquele tempo, a força das demonstrações."HOLANDA, Sérgio Buarque de. *Visão do Paraíso: os motivos edênicos no descobrimento e colonização do Brasil*. São Paulo: Editora Nacional, 1985, p.5-6.

[4] O termo filosófico era empregado no comércio livreiro para caracterizar todo tipo de publicação considerada proibida e incluía desde obras de crítica política até literatura reputada como pornográfica. DARTON, Robert. "A filosofia por debaixo do pano". In: Robert Darton e Daniel Roche (orgs.). *Imprensa e Revolução: A imprensa na França 1775-1800*. São Paulo: Edusp, 1996.

[5] Maria Lúcia Montes em seu artigo "1789: A idéia republicana e o imaginário da luzes" aborda a questão de como as imagens difundidas durante o processo revolucionário contribuíram para a transformação das ideias iluministas em "senso comum" junto à população francesa. *Tiradentes hoje: Imaginário e política na República Brasileira*. Belo Horizonte: Fundação João Pinheiro, 1994. A esse respeito ver, também, dentre outros: James Leith. Impressos efêmeros: Educação cívica através de Imagens; Rolf Reichardt. Estampas: imagens da Bastilha, ambos em Robert Darton e Daniel Roche (orgs.), op. cit.

[6] POPKIN, Jeremy D.. "Jornais: a nova face das notícias". In: Robert Darton e Daniel Roche (orgs.), op. cit., p.221.

[7] "Segundo Hobrecker, o livro infantil alemão nasceu com o Iluminismo. Era na pedagogia que os filantropos punham à prova o seu grande programa de remodelação da humanidade." BENJAMIN, Walter. "Livros infantis antigos e esquecidos". *Magia e técnica, arte e política. Ensaios sobre literatura e história da cultura. Obras escolhidas*, vol. 1, São Paulo: Brasiliense, 1986, p.236.

[8] Entrevista com Robert Darnton. *Acervo*. Rio de Janeiro: Arquivo Nacional, v.8, n°01/02, jan/dez, 1995, p.17.

[9] Emblemático nesse sentido parece ser o testemunho de um depoente na Devassa da sedição baiana de 1798, José de Freitas Sacoto, citado por István Jancsó: "E é do mesmo Sacoto a descrição dos 'sinais distintivos de todos aqueles que se alistavam no partido da revolução': brinco na orelha, barba crescida, até o meio do queixo e um búzio de angola nas cadeias do relógio. Quem portasse esse conjunto de sinais deveria ser reconhecido 'como Francês, e do partido da rebelião'." *Na Bahia contra o Império: História do ensaio de sedição de 1798*. São Paulo: Hucitec; Salvador: EDUFBA, 1996, p.186.

[10] ROCHE, Daniel. "A Censura e a Indústria Editorial". In: Robert Darton e Daniel Roche (orgs.), op. cit., p.50.

[11] Idem, p.24.

[12] As considerações sobre as reformas Pombalinas no tocante à instrução e à ação da censura baseiam-se em: MAXWELL, Kenneth. *Marquês de Pombal: paradoxo do Iluminismo*. Rio de Janeiro: Paz e Terra, 1996, em especial no capítulo 5.

¹³ Idem, p.108.

¹⁴ "Aos meninos se ensinaria a ler, escrever e contar, assim como a doutrina cristã, enquanto as meninas, em vez de contar, aprenderiam a cuidar da casa, costurar e executar outras tarefas 'apropriadas para esse sexo." Idem, p.104.

¹⁵ Segundo Luís Carlos Villalta, "No alvorecer do período colonial, supõe-se, havia cerca de 340 línguas indígenas no Brasil." O que se fala e o que se lê: língua, instrução e leitura. In: Laura de Mello e Sousa (org.) *História da vida privada no Brasil: cotidiano e vida privada na América portuguesa*. São Paulo: Companhia das Letras, 1997, p.334.

¹⁶ O episódio está relatado em MAXWELL, Kenneth. Op. cit., p.116.

¹⁷ A lista dos livros defesos, em Portugal e no Brasil, incluía, além da maioria dos filósofos franceses da Ilustração, autores como Pope, Swift, Sterne, Goethe, Robertson, Hume, Hobbes e Locke. JANCSÓ, István. Op. cit., p.160.

¹⁸ "José Alvares Maciel, ao ser inquirido a respeito dessa matéria, confirma possuir a *História da América inglesa* do abade Raynal, tendo-a adquirido em Birmingham por dois *shillings* num leilão...". István Jancsó. A sedução da liberdade: cotidiano e contestação política no final do século XVIII. In: Laura de Mello e Sousa (org.), op. cit., p.401.

¹⁹ Idem, p.402.

²⁰ JANCSÓ, István. Op. cit., p.161.

²¹ Sobre o tema da etiqueta como critério de estratificação social ver: Iris Kantor.. Tirania e fluidez da etiqueta nas Minas setecentistas. *LPH Revista de História*. Mariana: Departamento de História/UFOP, n°5, 1995, p.112-121. O prestígio alcançado pelo domínio do registro escrito pode ser atestado em circunstâncias as mais diversas, das quais quero destacar pelo menos duas. A primeira refere-se ao mito do Rei negro, ao qual se atribuiu a liderança de diversos movimentos escravistas nas Minas Gerais setecentista, apartados tanto no tempo como no espaço. O domínio do latim constituiu o principal atributo sobre o qual se assentou a construção dessa figura mítica. Nas palavras de uma autoridade da época: "O capitão da Tropa dos amotinados me parece que he tanto na realidade como o foy o Rey do Rio da Mortes, pois (...) aquelle fallava latim aplicando textos a prepozitos...". Carta de Martinho de Mendonça a Gomes Freire de Andrada em 23 de julho de 1736. Arquivo Público Mineiro. Secção colonial, códice SG 55. Apud Carla Maria Junho Anastasia. Vassalos rebeldes: motins em Minas Gerais no século XVIII. *Varia História*. Belo Horizonte: Departamento de História – FAFICH/UFMG, n°13,1994,p.39. O episódio é também comentado no artigo de Luís Carlos Villalta (ver nota n°14). A segunda evidência me vem do manuseio de uma massa documental, composta por cartas de alforrias, na qual são inúmeros os casos de proprietários que ao alforriarem seus escravos alegavam padecerem de alguma enfermidade nas mãos para justificar o fato de não assinarem o registro e deixarem apenas "o sinal convencionado de uma cruz"... .

²² VILLATA, Luís Carlos. Op. cit., p.338.

²³ NOVAIS, Fernando A.. *Portugal e Brasil na crise do Antigo Sistema colonial (1777-1808)*. São Paulo: Hucitec, 1983, p.159.

²⁴ JANCSÓ, István, op. cit., p.189.

²⁵ Entrevista com Roger Chartier. *Acervo*. Rio de Janeiro: Arquivo Nacional, v. 8, n. 1-2, jan./dez. 1995. Segundo o autor, o regresso à oralidade até mesmo dos textos da justiça e da administração régia, da mesma forma que os da pregação clerical, ficava

assegurado pelo fato de serem lidos em voz alta. Roger Chartier. *A história cultural: entre práticas e representações*. Lisboa: Difel, 1990, p.126

[26] JANCSÓ, István. Op. cit., p.186.

[27] JANCSÓ, István. "A sedução da liberdade..." In: Laura de Mello e Sousa, op. cit., p.397-398.

[28] BAECQUE, Antoine de. "Panfletos: libelo e mitologia política". In: Robert Darton e Daniel Roche, op. cit., p.228

[29] Ibidem.

[30] Os dois episódios foram reconstituídos, a partir de documentação inédita, por Laura de Mello e Sousa em seu artigo " Tensões sociais em Minas na segunda metade do século XVIII". *Tempo e História*. Companhia das Letras: Secretaria Municipal de cultura, 1992.

[31] Idem, p.363-364.

[32] Idem, p.361.

[33] Kátia de Queiroz Mattoso. Bahia 1798: os panfletos revolucionários. Proposta de uma nova leitura. In: Oswaldo Coggiola (org.) *A Revolução francesa e seu impacto na América Latina*. São Paulo: Edusp, 1990.

[34] Idem, p.346.

[35] É o caso do aviso 3 que "contém um violento libelo contra o 'Indigno coroado' (*sic*) e uma declaração concisa dos princípios de Liberdade, Igualdade e Fraternidade". Idem, p.348.

[36] "O que, entretanto, é de destacar-se no movimento baiano são as cópias manuscritas de textos revolucionários: *O Orador dos Estados Gerais de 1789* e a *Fala de Boissy d'Anglas* e o *Aviso de Petersburgo*. São textos políticos diretos, definindo posições; serviram de base para os 'pasquins sediciosos' da audaciosa e infeliz tentativa de 1798." NOVAIS, Fernando A.. Op. cit., p.162.

[37] Luís Henrique Dias Tavares. *Introdução ao estudo das idéias do movimento revolucionário de 1798*. Salvador: Liv. Progresso Edit., 1959, p.49. Apud. JANCSÓ, István. Op. cit., p.158.

[38] O fato encontra-se relatado em István Jancsón. *A sedução da liberdade*. In: Laura de Mello e Sousa, op. cit., p.400. Várias décadas mais tarde, em plena conjuntura de crise do governo Regencial, a imputação de autoria de panfletos, na forma de avisos ao escravo Luis, de nação Conga, que assim se firmara como liderança da rebelião tramada em Mariana e Ouro Preto no ano de 1835, resultou na sua condenação a 300 açoites em praça pública. Perguntado se era o autor dos panfletos, "pois constava que por elle interrogado saber ler hera quem fazia semelhantes avizos" o réu informou que sabia apenas ler letra redonda, que aprendera em uma cartilha. Ao final de seu depoimento o escravo africano "pedio a Joao Evangelista que por elle assignasse", logo não poderia ser o autor dos referidos avisos... Andréa Lisly Gonçalves. Crime e revolta: relações entre senhores e escravos em Minas Gerais nas primeiras décadas do século XIX. *Registro*. Mariana: Centro Nacional de Referência historiográfica, março/agosto de 1994.

LEITURA, SABER E PODER

Leopoldo Comitti[1]

Em 26 de setembro, o *Jornal do Brasil* publicou, em destaque, uma longa matéria a respeito dos 100 acontecimentos relacionados como os mais importantes do milênio pela revista americana *Life*. Em primeiro lugar, destaca-se a publicação da Bíblia de Gutemberg, em 1455. Sem dúvida, essa escolha não diz respeito ao conteúdo religioso do volume. Trata-se, sim, de destacar o surgimento do primeiro livro impresso e a revolução que o novo meio de divulgação do saber provocaria.

A data, sem dúvida, marca uma ampliação imensa do número de leitores, mas não o acesso de toda a população ao saber. Temos aí um deslocamento: o saber, até então privativo do clero e circunscrito aos mosteiros, chega também a uma população leiga. É engano, no entanto, imaginarmos que o conhecimento contido nos livros torna-se acessível a toda a população, como grande parte dos compêndios escolares insistem em informar. Lembremos que a porção alfabetizada representava uma parcela ínfima da população, e estava praticamente circunscrita às elites.

Mesmo o acesso da burguesia ao universo letrado não se faz sem restrições. Mecanismos de controle procuram selecionar os textos, seja por meio da inquisição, especialmente nos países Ibéricos, seja por meio de um aparato censóreo estatal, como bem observa Robert Darnton, com relação à França, em várias obras suas, mas especialmente em *Edição e sedição*, e Daniel Roche, no ensaio que abre o volume *Revolução impressa: a imprensa na França – 1775-1800* denominado "A censura e a indústria editorial":

Não havia liberdade de imprensa sob o Antigo Regime, porque desde os primeiros dias de seu poder a Coroa estabelecera a vigilância sobre imprensa e livreiros e um mecanismo de controle da disseminação das idéias. Diferentes instrumentos eram empregados para este fim, numa política que se justificava com uma multiplicidade de argumentos em que o econômico e o ideológico sempre se equilibravam perfeitamente: os direitos dos editores privilegiados de Paris e os valores invioláveis de uma sociedade desigual tinham que ser defendidos.[2]

Ora, o controle da imprensa, a instauração de critérios censórei os rígidos, nos coloca diante da crença em um duplo poder do texto impresso. Se, por um lado, ela pode veicular os valores do estado, por outro, pode solapar os mesmos valores, por meio da divulgação de ideias sediciosas. Em ambos os casos, retira-se do leitor uma capacidade de julgamento crítico, colocando-o na posição de mero receptor passivo de ideias de um outro. Aquilo que se teme, nesse caso, não é exatamente o conteúdo veiculado pelo texto impresso, mas o poder de legitimação que esse confere àquilo que veicula.

O poder de legitimação do texto escrito não se limita à palavra impressa, mas já estava presente anteriormente nos manuscritos medievais. A intensificação deste a partir da imprensa talvez possa ser explicado por uma somatória de fatores, dentre os quais salientamos, em primeiro lugar, a diluição da marca pessoal presente na grafia, única e irrepetível, substituída pelo tipo impessoal e repetitivo, mais próprio à universalização das ideias. Há de se considerar, também, a permanência da relação entre texto e verdade divina, advinda das bibliotecas eclesiásticas. Mas, talvez o fator preponderante seja o poder da enunciação, do controle do aparato linguístico, que dá ao autor poderes quase demiúrgicos, uma vez que domina o mesmo código que contém a mensagem de Deus. Muito significativo é o fato de o primeiro texto impresso ter sido uma Bíblia. Presente no gesto fundador da imprensa, o livro sagrado metaforiza a ilusão de verdade a ela relacionada no imaginário popular e a relação entre saber e poder largamente utilizada pelas chamadas elites letradas.

Como podemos perceber, já em seus primórdios, a modernidade soube reconhecer o cunho de legitimidade que a imprensa conferia à palavra escrita. Ao mesmo tempo útil e perigosa, também necessitava, ao mesmo tempo, de divulgação e controle.

O palco desse embate entre saber e poder esteve sempre presente na escola pública básica, não apenas pelo direcionamento dado aos livros didáticos, mas também pela ênfase na leitura acrítica e pelas nítidas deficiências quanto à produção de texto. No Brasil do final do século XIX e início do XX, a oferta de cursos primários às populações rurais, com a utilização de professores leigos, e a pequena quantidade de escolas secundárias em centros maiores, com professores qualificados, atesta uma política educacional voltada para a formação de leitores/eleitores passivos e a manutenção de uma elite por meio da capacidade de produção textual. No imaginário popular, a capacidade de elaborar um texto implica no conhecimento de leis complexas (a gramática), e esse conhecimento atesta a sabedoria e a capacidade de legislar. Exemplo da permanência dessa mentalidade é a ênfase dada à pequena fluência verbal de Lula, e o reflexo desse fato no resultado das eleições presidenciais.

Assim, campanhas de alfabetização e escolarização rápidas frequentemente se acham relacionadas às ditaduras, pela capacidade que estas têm de formar grandes massas de leitores passivos.

Nos anos 30, como observa Mário Carelli, em *Comendadores e carcamanos*, Vargas explorou a escolarização, especialmente o ensino de língua, como forma de manter a unidade brasileira em torno das ideias nacionalistas do Estado Novo. A proibição de escolas em línguas estrangeiras e a obrigatória alfabetização em Língua Portuguesa afastava os perigos de uma possível visão crítica a respeito do Estado Novo, uma vez que todo o material didático forjava uma nacionalidade a partir da exploração do folclore, da riqueza natural e dos heróis da Pátria. Poemas patrióticos parnasianos, fragmentos de literatura nacionalista romântica e lendas indígenas criavam a ilusão da unidade em torno de um ideal comum, encarnado em Vargas.

Nos anos 60/70, durante a Ditadura Militar, a criação do Mobral, juntamente com campanhas nacionalistas nos meios de comunicação e uma reforma de ensino, procura criar uma massa de apoio ao regime instaurado. A leitura é oferecida à população como acesso à modernidade, garantindo ao indivíduo a possibilidade de progresso e sucesso profissional.

Em atitude crítica à posição da ditadura, na mesma época, a intelectualidade relaciona a capacidade de leitura ao saber e este, por sua vez, às instâncias de poder. A alfabetização, vista deste ângulo, transforma-se numa passagem para a cidadania plena, como se ela, por si só, abrisse ao indivíduo as portas de todo o conhecimento possível. Sob essa ótica, toda a percepção de contexto exige uma atitude de leitor frente ao mundo.

Mesmo que o conceito de leitura, pelo menos teoricamente, ganhe contornos mais amplos e suponha uma decodificação de signos não necessariamente linguísticos, na prática o que se observa é a valorização única da palavra escrita. Assim, numa atitude de resistência, proliferam as obras literárias engajadas, extremamente didáticas, escritas com o ilusório intuito de substituir a imprensa, amordaçada pela censura política. Como sempre, distante do grande público, os textos desta época eram lidos apenas pelo próprio grupo que os produzia.

Na confluência dos interesses da ditadura e da oposição, a busca de novos leitores acaba por alimentar a indústria dos livros paradidáticos, a partir de meados dos anos 70. Até então apenas recomendados, ou utilizados como prêmios e presentes, os livros infanto-juvenis passam a constar como leitura obrigatória nas escolas. Em princípio, a própria obrigatoriedade constitui uma violência. Em seguida, vêm os efeitos secundários da violência primeira, como constata Werner Zotz, em entrevista à Sueli de Souza Cagneti:

> Com o livro escolhido, começa o calvário maior: o texto vira pretexto para provas, deveres, estudo da análise sintática e da gramática. O prazer da leitura é substituído pela obrigação de se preencher corretamente uma chata ficha de leitura.[3]

Se o aluno escapa da violência da obrigatoriedade e das avaliações, invariavelmente acaba sendo vítima do didatismo existente na própria obra. O próprio Werner Zotz, mesmo que apregoe sua preocupação com o prazer da leitura e o ludismo, faz de cada livro seu uma lição de cidadania. Mesmo que não tenha admitido tal direcionamento em entrevistas ou depoimentos, pessoalmente deixava muito clara sua opção por textos engajados politicamente, ou alusivos a temas considerados tabus e problemáticos, tais como a sexualidade, a ecologia e a questão indígena. Além dos ecos do indianismo romântico, levemente apimentado pela antropologia de Darcy Ribeiro, o extremo didatismo pode ser observado claramente em *Apenas um curumim*[4], quando o narrador adulto explicita sua relação com o pequeno índio:

> Deixa curumim tentar sozinho mais um pouco. Se não aprender, vou ter que ensinar, que mesmo no meio da corredeira, tem remanso de água calma. E voltar um pouco, pra procurar ganhar força nova, e enxergar outro caminho não é vergonha.

O velho índio, aí, se coloca como detentor de uma verdade que deve ser assimilada pelo menino, numa alusão evidente à própria enunciação do texto, na qual o leitor deve aceitar a posição de aprendiz e acatar a voz da experiência. E a verdade? Essa, sem dúvida, existe *a priori*, numa visão essencialista em que ela se manifesta através das forças da natureza, que são imutáveis e capazes de mostrar ao homem o caminho correto. Afinal, segundo o narrador, todo rio possui remanso, assim como, para se tornar um verdadeiro índio, o curumim necessita ouvir a "voz de dentro", que se manifesta apenas após uma longa aprendizagem em meio à floresta e no percurso pelo rio:

> Antes, todos sabiam falar com espíritos, sabiam escutar e depois fazer o certo. Quando o homem branco veio, disse que os índios falavam com espíritos maus, e índio deixou de escutar a voz de dentro. Caraíba disse ainda que só ciência era boa, que voz de dentro era coisa ruim, coisa de gente atrasada. Porque caraíba acha que sabe tudo, mas sabe muito pouco. É olhar as gentes que nos rodeiam. Quando peixe nasce, sabe nadar, quando chega a época da desova, sobe os rios, sem que nunca ninguém lhes tenha dito que precisa fazer assim. A árvore cresce e dá frutos e dá sombra, a borboleta procura flores, o rio procura o mar. Alguém ensinou o passarinho a fazer ninho? É a voz de dentro de todas as gentes que diz o certo a ser feito.[5]

Tal imagem, extremamente simpática aos educadores, mantenedora de uma ordem vigente e falaciosa, na qual o discurso da autoridade busca a legitimação em uma tradição, certamente encontra apoio e eco... Não nos bancos escolares da época, mas por trás das mesas dos mestres e dentro dos gabinetes dos diretores.

Outros autores da época trilham o mesmo percurso, com maior ou menor sucesso. O discurso antimilitar, com evidentes traços de um pensamento de esquerda, na tentativa de enredar o leitor mirim resvala frequentemente em estereótipos de direita, quase sempre forjados durante a ditadura Vargas. Compreende-se. Na crítica à abertura do Governo Militar ao capitalismo americano, utiliza-se de um discurso nacionalista desgastado, partindo-se do pressuposto de que o público é incapaz de compreender algo mais elaborado. Assim, usa-se e abusa-se do folclore, da imagem do índio, dos temas históricos, de reis, castelos e fadas. Ilustrações coloridas e linguagem coloquial, muitas vezes tentando imitar a expressão linguística infantil (quase sempre beirando a imbecilidade ou caindo nela), dissimulam a concepção anacrônica do texto, o ar professoral pedante, e a demarcação exata de um lugar para a verdade.

Em dez anos de magistério em colégios de 1° grau (de 1975 a 1985), nos quais a leitura obrigatória era uma exigência da coordenação didática, ano após ano pude verificar que tais textos agradavam... unicamente à crítica especializada e aos professores militantes. Talvez esteja aí a razão do sucesso editorial das obras, uma vez que, na realidade, eram escritas a partir do imaginário do adulto a respeito da criança, e por isso mesmo agradavam apenas a outros adultos. Exatamente aqueles que as escolhiam e as impingiam aos alunos. Em todos esses anos, apenas três obras foram bem aceitas pelos alunos: *Feliz ano velho*, de Marcelo Rubens Paiva (8ª série), *O grande mentecapto*, de Fernando Sabino (8ª série) e *Sombras de reis barbudos*, de José J. Veiga (7ª série), além das coletâneas de contos e crônicas da série *Para gostar de ler* (5ª e 6ª séries). Coincidência ou não, nenhum desses textos poderia ser classificado como literatura infanto-juvenil. (Quero esclarecer que a visão negativa que tenho da literatura infanto-juvenil dessa época não deve ser vista como pedras no telhado do vizinho. Também eu, no início dos anos 80, não só escrevi, como também publiquei textos semelhantes.)

Como se pode observar, mesmo que se propondo a uma prática de leitura crítica e libertária, também essa literatura dos anos de ditadura se ressente da mesma concepção de leitura que comentávamos no início deste texto. Vista como detentora não de "uma verdade", mas como o espaço do engendramento de todas as verdades, ela elide completamente qualquer possibilidade de cidadania que se manifeste fora do âmbito letrado.

Quando se faz esse tipo de relacionamento, acatamos a relação de simbiose entre linguagem, saber e poder. Acatamos a leitura como uma instância legitimadora do poder, justamente aquela que instaura uma diferença irredutível entre aqueles que dominam a linguagem escrita e aqueles que a desconhecem. Os primeiros, certamente, tornam-se detentores de uma leitura eficiente do mundo e são, portanto, capazes de exercer a plena cidadania.

A relação de dependência, portanto, entre leitura e cidadania, acaba por demarcar uma exclusão radical. E ao mesmo tempo em que exclui o não leitor, referenda o lugar da escrita como o real espaço do conhecimento. O ato de escrever retoma, metaforicamente, o momento da criação em que toda a luz se faz a partir de uma palavra, que se imprime sobre o cotidiano da sociedade como a Bíblia de Gutemberg foi impressa por uma prensa. Lembremos de todas as acepções da palavra prensa, tanto denotativa quanto conotativamente.

Ler, sob esse prisma, torna-se uma reclusão, o resultado de um ato de força, em que todos os sentidos estão aprisionados pela força de um maquinismo não mais físico, como aquele presente na invenção de Gutemberg, mas principalmente ideológico. Em qualquer texto comprometido politicamente (usando aqui velhos conceitos, à direita ou à esquerda), não se espera do leitor uma consciência de cidadania. Espera-se, justamente, uma alienação completa de seu poder de raciocínio e capacidade de decisão, ação ou opção. Ao aceitar como verdade as proposições do texto, o leitor abdica de si mesmo, em favor do outro.

Talvez fosse necessário inverter a proposição tradicionalmente aceita como verdadeira nos meios relacionados à Educação: não é a descoberta da leitura que conduz o indivíduo ao exercício da cidadania; mas é a descoberta da cidadania que conduz o indivíduo ao exercício ativo da leitura. E frisemos, o exercício ativo pressupõe não apenas a recepção crítica, mas a capacidade de se produzir novos textos a partir do primeiro.

Notas

[1] Leopoldo Comitti é professor da Faculdade de Letras da Universidade Federal de Ouro Preto (UFOP).

[2] ROCHE, Daniel. "A censura e a indústria editorial". In: DARNTON, R. & ROCHE, D. *Revolução Imprensa: a imprensa na França.1775-1800*. São Paulo: Edusp, 1996, p.21.

[3] ZOTZ, W. & CAGNETI, S. S. *Livro que te quero livre*. Rio de Janeiro: Editorial Nórdica, 1986, p.36.

[4] ZOTZ, Werner. *Apenas um curumim*. Curitiba: Coo-Editora, 1979, p.40-41.

[5] Op. cit., p.34-35.

OPINIÃO SOBRE A OBRA – O QUE SIGNIFICOU PARA MIM

Alexsandre Gustavo da Silva Carvalho[1]

Entendimento

Gostei de todos os livros.

Em *Por parte de pai*, o autor conta experiências vividas durante sua infância na casa de seu avô. Seus medos, suas ansiedades e também seu respeito, seu amor e sua admiração pelo avô.

Em *Ler, escrever e fazer conta de cabeça*, ele conta outras experiências vividas em casa de seus pais. O amor pela mãe, o respeito pelo seu pai, o carinho e às vezes inveja de seus irmãos, a vontade de agradar à professora e às pessoas mais velhas.

Nessas duas obras, o autor mostra os costumes de sua terra. As crenças, as histórias, etc.

Para mim, estas duas obras e outras significaram o desabafo de uma criança, que, mesmo sem entender certas coisas, fazia tudo para entendê-las e ser bom.

Nessas duas obras, a narrativa da história é feita na 1ª pessoa do singular, como se fosse um diário.

Já em *Indez*, a narrativa da história é feita na 3ª pessoa do singular. O personagem recebe o nome de Antônio. Conta a infância de Antônio desde o seu nascimento até o momento em que foi estudar fora. Descreve toda a cultura do interior de Minas Gerais.

Sentido da Obra

Em suas obras, principalmente em *Indez*, Bartolomeu faz questão de descrever a cultura do interior de Minas Gerais, como se ele quisesse deixar bem gravado, na memória das pessoas, os costumes do povo da sua cidade, desse povo que faz parte de sua vida.

Por ter nascido antes do tempo, na estação das águas, Antônio nasceu fraco. O seu umbigo foi jogado na correnteza. Sempre estava doente. E sempre foi preciso fazer simpatias, para que melhorasse das doenças.

Na minha opinião, acho que o autor quis mostrar para o leitor a vida de uma criança simples vivendo no interior.

NOTAS

[1] Alexsandre Gustavo da Silva Carvalho é aluno do Ensino Fundamental da rede pública de Mariana.

A INOCÊNCIA E A SABEDORIA NA OBRA DE BARTOLOMEU CAMPOS QUEIRÓS

Ercimar de Souza Reis[1]

O inestimável escritor Bartolomeu Campos Queirós, com suas obras *Indez, Por parte de pai* e *Ler, escrever e fazer conta de cabeça*, nos faz retornar ao rico passado da infância, época em que o mundo é cercado de alegrias, brincadeiras, descobertas, mas na qual também existe a cerca da insegurança, das dúvidas, do medo. Um medo do que existe, do que é visível, é palpável, e outro medo do que a nossa imaginação é capaz de criar, daquilo que não é visível nem palpável. E ainda um terceiro medo ou uma outra parte do medo, que é o medo de perguntar e acabar descobrindo o que não se sabe:

> Antônio começou a engolir tudo inteiro. Não mastigava. Parecia que estava novamente com caxumba, e bem inflamada. Mas ele estava era treinando para a sua primeira comunhão. "Se a hóstia tocar no dente, o gosto de sangue vem na hora", diziam. E o medo de morder Deus *aumentava. Sempre havia um medo.*

Em *Indez*, Bartolomeu Queirós retoma a cultura da cidade do interior. É a valorização da cultura mineira, vista através da história da vida de um menino simples, que sai de sua cidadezinha para estudar fora, com uma bagagem cultural imensa.

Pode-se notar, nas citações a seguir, a importância dada ao folclore característico das cidadezinhas do interior mineiro:

> E, quando se começava a engordar galinhas, era um aviso de que um novo irmão estava para chegar.

> No dia em que o umbigo da criança caía, a parteira, madrinha de todos os nascimentos, o enterrava em lugar escolhido. Se no jardim com flores, a menina seria bela e boa jardineira; se na horta, o menino seria lavrador e, se no curral, boiadeiro. O destino era assim escolhido sem outros inúteis anseios.

Os pequenos acontecimentos são acompanhados de preparativos, como se fossem pequenos rituais do dia a dia. Também é dada muita importância às festas realizadas durante o ano e à religião.

Em *Por parte de pai,* o autor mostra, com brilhantismo, as lembranças das experiências da infância pelas quais muitas pessoas adultas passam. Não importa a data da infância do leitor, se faz parte do presente ou se faz parte do passado, distante ou não, porque este, ao ler a obra, incorpora o menino antigo, que, com sensibilidade, soube valorizar cada lágrima disfarçada, cada meio sorriso, cada olhar e cada gesto de seu avô e mestre.

É emocionante a relação entre o menino e o velho, e o encontro da esperança com a sabedoria:

> Meu avô foi abaixando a cabeça e seus olhos tocaram em nossas mãos entrelaçadas. Eu achei serem pingos de chuva as gotas rolando sobre meus dedos, mas a noite estava clara, como tudo mais.

Nesse momento emocionante, o neto sabe respeitar as lágrimas de despedida do seu avô, mesmo depois do avô ter ensinado que homem não chora.

Os medos, as alegrias, as atitudes, as incertezas e deduções, sábias ou não, que as crianças fazem dentro do seu pensamento, dentro do seu mundo, que muitos chamam de pequeno, mas que é muito vasto e misterioso. Isto tudo representa o aprendizado que vai amadurecendo com o tempo. Ou seja, a obra valoriza a pessoa mais velha e a experiência que ensina.

O avô experiente transmite sabedoria ao neto, através de suas atitudes, do seu amor pela escrita. Ele consegue transformar os fatos cotidianos em história e simples paredes em páginas de livros. É a valorização da literatura.

Como nas outras narrativas, em *Ler, escrever e fazer conta de cabeça,* também são valorizadas as lembranças de infância de um menino. E estas são construídas com fatos ocorridos vivenciados ou não, pela imaginação fértil que é própria da criança. Infância pobre mas de aprendizagens, porque representa uma verdadeira lição de vida e de força. São valores morais que em alguns momentos da vida atual parecem ser esquecidos:

> Parecia muito pequeno o ideal de meu pai, naquele tempo, lá. A escola, onde me matriculou também na caixa escolar – para ter direito a uniforme e merenda – devia me ensinar a ler, escrever e a fazer conta de cabeça. O resto, dizia ele, é só ter gratidão, e isso se aprende copiando exemplos.

A cultura e o respeito, se não cultivados se dispersam com o tempo e o significado da palavra se perde.

Em resumo, a obra de Bartolomeu Campos Queirós significa a valorização da cultura e do respeito do ser humano, a valorização da vida.

Notas

[1] Ercimar de Souza Reis é professora do Ensino Fundamental da rede pública de Mariana.

INFÂNCIA E DEVANEIOS:
UMA LEITURA DE *INDEZ*, POR PARTE DE PAI E *LER, ESCREVER E FAZER CONTA DE CABEÇA*

Maria Nazareth Soares Fonseca[1]

> As imagens da infância, imagens que uma criança pôde fazer, imagens que um poeta nos diz que uma criança fez, são para nós manifestações da infância permanente.
>
> *Bachelard*

Barthes, ao comentar o processo de reminiscência elaborado por Proust na criação de *Em busca do tempo perdido*, ressalta peculiaridades de um tipo de efabulação que se constrói a partir do modo como o escritor francês recupera fatos vividos no passado. Um resgate de lembranças do passado que se faz como uma meia-vigília, no torpor do aquietamento, contra a carapaça do tempo, propicia o aflorar das sensações mais do que a recordação exata dos fatos relembrados. Essa escrita, modulada pelos ecos do passado, não se faz como um relato, um testemunho. Deixa-se arquitetar por um ritmo que procura desvencilhar a alma das falsas permanências das durações mal feitas, como observa Bachelard, e se produz marcada apenas pelo desejo, o desejo de escrever. Barthes assinala ser o desejo a mola que conduz o autor de *Em busca do tempo perdido* a retornar continuamente à sua vida para recriá-la como uma constelação de circunstâncias e de figuras que desorganizam a lógica ilusória da biografia, porque se faz a partir de arbitrárias e fortuitas associações de ideias.[2]

Por outro lado, W. Benjamim, refletindo sobre o mesmo romance, irá considerar que o importante em *Em busca do tempo perdido* não é a recordação dos fatos acontecidos, mas a construção do tecido dessa rememoração, o trabalho de Penélope da reminiscência, a *escritura* que advém dessa leitura desejante, como diria Barthes.

Tanto Barthes quanto Benjamim, quando falam da escrita de reminiscências, salientam o papel da memória enquanto trabalho, enquanto atividade produtiva de resgate das sombras do passado para tecer, com a palavra, uma súbita morada do poético, como nos diz Bachelard, uma ilusão de permanência que procura vencer a passagem inevitável do tempo.

Não importa, portanto, que o resgate do passado seja feito por aquele que viveu as experiências ou por alguém que as inventa, porque, na verdade, o olhar sobre o que já não pode mais ser vivido sustenta-se da evocação e construção de imagens de um passado agora recriado, encenado no palco provisório do texto que o sustenta. Aquele que vasculha o seu próprio interior quer agarrar as imagens-lembranças que trazem à consciência as emoções vividas no passado, recriando esse tempo, reinventando-o, sacralizando-o enquanto outro de si mesmo.

As considerações até aqui feitas querem introduzir um modo de leitura, o modo como reli o livro *Indez*, de Bartolomeu Campos Queirós, já em sexta edição, associando-o aos dois livros posteriores: *Por parte de pai*, de 1995 e *Ler, escrever e fazer conta de cabeça*, de 1996. De certa forma quero falar do reencontro com *Indez* e de uma leitura que atravessa os textos, fazendo dos três livros um só texto, habitado por ruínas, por despedaçamentos, mas também pelo desejo de emendar, cicatrizar.

Indez conta, de forma linear, a história do menino Antônio, "chegado antes do tempo, (...) tão fraco que recebeu o batismo em casa, na correria, sem festas," (p.11) e se demora na criação deste menino temporão, curado de coqueluche com sangue de tatu, de mijar na cama, com chocalho de cascavel, de picada de escorpião com tijolinho de chifre de veado galheiro do mato, e que engolia piabas vivas para aprender a nadar e poder enfrentar as provas difíceis que o mundo, mesmo o sereno do interior, ia apresentando aos meninos como provas a serem vencidas na difícil arte de se transformarem em adulto. O tempo moroso do interior dá tempo ao leitor de acompanhar o crescimento desse menino, criado num mundo desenhado pelas mãos sempre ocupadas das mulheres, que faziam doces, cuidavam do jardim, engomavam com polvilho as toalhas bordadas, faziam as festas de aniversário com infinitos doces e licores, montavam os presépios com montanhas de papel purpurinado e vestiam os filhos de anjo, no mês de Maria. O carinho dessas mulheres zeladoras do lar, guardiãs de uma ordem que não se conflitava com os mistérios da rua, porque são aceitos como dogmas inquestionáveis, se mostra na serenidade vivida em palavras poucas e muitos afazeres. Esse quadro de singelezas que apreende um doce tempo ainda não invadido pela televisão, pelo tormento do som que invade casas e praças nos tempos atuais, repousa nas páginas de *Indez* e resguarda esse tempo imaginado que sustenta o presente.

O olhar atencioso do narrador de *Indez* recupera cenas em que amor silencioso que sustentava a casa e os costumes se mostra em pinceladas singelas que apreendem os gestos da

> mãe enxaguando as roupas na águas de anil. (...) no amor que se via entre os seus dedos cortando a couve, desfolhando repolhos, cristalizando figos, bordando flores de canela sobre o arroz-doce nas tijelas. (p.23)

O mesmo traço resgata o corpo forte do pai, no seu prazer pelo trabalho, em sua mansidão para os longos domingos, e também o aroma de fumo e canela que exalava misterioso do quarto do casal, filtrando-se por entre as telhas da casa.

As demonstrações de amor eram medidas e comedidas, mas suficientes para garantir o crescimento tranquilo dos filhos. Este mundo, que é retratado pela harmonia do texto, que flui sem crispação, sem grandes tropeços, sereno e encantador como a magia que a mão da mãe elaborava com as anilinas, colorindo os doces e as penas das galinhas transformadas em personagens de um espetáculo de sonho.

Qual seria, nessa história de encantamento, a grande personagem que transita pelos delicados quadros construídos pela memória para recuperar o gozo vivido nesse passado já distante, mas muito venerado?

Fazendo dos textos posteriores um prolongamento desse romance é possível deslindar algumas das questões que já se anunciam nesse mundo delicado, bordado pelas mãos hábeis de uma mãe, fabricadora de alegrias e levezas, doçuras e maravilhas. Insistindo-se nessas artes de feição materna, maternal, os livros recuperam os afetos escondidos na casa, contornam a falta de uma figura que percorre os textos como uma fada milagrosa, que ensina, com suavidade, a arte de viver, o jeito gostoso de brincar:

> Com a mãe, os filhos aprenderam a brincar. Ela fazia tudo ficar mais alegre. Se era longa a distância, ela brincava de contar as estacas da cerca, de correr atrás da sombra, de pular carniça, de andar no ritmo dos escravos de Jó. Brincar encurta caminho, dizia ela. Se alto era o morro, quem chegar primeiro é o mais bonito e vira anjo, gritava já correndo. (p.55)

As cenas desse passado de encantamento gravitam em torno dessa figura que transcende os mistérios, que mesmos silenciados, povoavam a casa: a morte do avô, contada em poucas palavras, *quando a família se reunia: crime, prisão, ciúme, traição* (p.31); olho de vidro verde desse avô, herdado pela mãe junto com as histórias vividas por ele; o pai silencioso, de poucas palavras, poucas histórias, sempre ocupado, caminhando pelo mundo da rua, trazendo, para ficar em casa, uma tristeza que contagiava a todos (p.39).

A divisão entre o mundo da casa e o da rua fica assim bem determinada. As crianças transitam pelos espaços domésticos, sem muito participarem do mundo do adulto, que chegava aos olhos e ouvidos de Antônio atravessado pelos mistérios que ele não sabia explicar. A casa é o lugar da segurança e do afeto, uma casa-mundo que acolhe e dá sustentação. Por isso, *Indez* pode ser entendido como um texto-ovo chamariz, como a isca que fixa o olhar nesse ninho original, como o significante de um lugar sagrado em que a vida é gestada sem grandes atropelos. Como emblema de uma casa colo-útero, o indez está também representado em *Por parte de pai* no livro gravado nas paredes da casa pelo avô Joaquim, com *letra alta, tombada para a direita (...) cheia de dois efes, dois emes, dois pês* (p.10). As paredes estampadas pelas anotações do avô viravam um livro encantado que preservava do esquecimento os fatos do dia a dia, as lendas, os casos pitorescos. O indez como metáfora do não esquecimento aloja-se nessas paredes, transformando-as em páginas de um livro a ser escrito mais tarde para restaurar o tempo. Se em *Indez* a casa é o lugar de vivência do sagrado mistério da vida, espaço consagrado pelos cheiros e sabores criados pela mãe, em *Por parte de pai*, a casa passa a ser o grande livro em que os fatos são registrados nas paredes, elemento de sustentação de sua história. *Em por parte de pai* o indez, o ovo chamariz, emblema de um espaço original, desloca-se também para a figura do avô Joaquim que ameniza com carinho jeitoso a falta do pai que viajava semanas inteiras longe de casa e da mãe já morta. A casa dos avós é pintada como o prolongamento da outra, onde a mãe reinava como fada e rainha. Nesta casa de avós, a vida circulava no livro-parede que o avô escrevia e nas histórias contadas pela avó, quando transformava o urinol em trono, cobrindo-se com o lençol. Nesse mundo, significado pela figura do avô, dá-se mais concretamente o contato com a dor e com a violência: a morte dos gatos, num ritual de intensa maldade; a vivência mais concreta do medo e da solidão, da dor de ser órfão. O mundo de ternura, dos doces cuidados e sabores mágicos do tempo da mãe, vai sendo permeado pelas leis do mundo dos homens, no qual a ternura era atravessada pela dureza: o avô, fazedor de maravilhas, bordando as paredes da casa com uma escrita *tombada para a direita* e *com os desenhos de tesouras desaparecidas, serrotes sem dentes, facas perdidas* (p.11), era também o matador implacável dos gatos presos no saco, torturados com grandes "pedras e tijolos". O mundo mostrava-se menos doce, mais pesado:

> Tudo era muito distante, parecia cinema. Eu me esforçava para compreender, para ver as coisas do outro lado. O mundo era complicado, enrolado, mal acabado, difícil de achar o início. (p.37)

Amor e dor se misturavam num mesmo cenário, nos mesmos rostos. O pai, silencioso também batia no filho que não chorava, pois aprendera com o avô que "choro não era coisa de homem" (p.55). Homem se talha na dureza e o pai batia esperando as lágrimas do menino que, se fazendo de forte, apanhava uma surra que não acabava nunca. O banho de água morna com sal para curar as feridas do corpo do menino ia sacramentando um mundo de durezas: o miado dolorido dos gatos, o sangue manchando o saco, o silêncio do pai, a mãe morta, a doença da avó. A avó doente ia deixando morrer o mundo das compoteiras e dos suspiros doces, das histórias contadas em torno do urinol escondido com o lençol. O mundo desenhado pelos homens, mais pesado, era entremeado de silêncios, de viagens, de tristezas, vazio, sem gosto: um pastel cheio de nada, comprado fora de casa.

O universo da escola se mostra mais concretamente no livro *Ler e escrever, fazer conta de cabeça*. Sendo *Indez* o universo da casa-concha que abriga os devaneios e protege o sonhador, configura-se, no livro, um espaço em que o adulto, que recorda, volta a se ver inteiro, aconchegado, agasalhado. Em *Ler, escrever e fazer conta de cabeça*, a casa, embora também guarde muitas das imagens da primeira, funciona como um grande livro em que a vida se resguarda e protege as "solidões primitivas" que configuram a infância. "Enquanto ele escrevia, eu inventava histórias sobre cada pedaço da parede" (p.12), lembra o narrador, falando desse tempo de novas aprendizagens. Fecham-se os olhos e a memória respira os mesmos cheiros e sente os mesmos sabores. A casa da infância é reconstruída, agora, pela poesia que exala do texto, os cantos de um lugar sagrado são revisitados; os cheiros evocados pelos *brancos suspiros com aroma de limão, desmanchando no céu da boca* (p.12). Esses cheiros e gostos reelaboram o manancial de ternura que permanecerá nos recados a serem deixados pelo menino ao adulto-poeta que tenta costurar as lembranças vividas num texto em que *o corpo vai seguir suas próprias ideias*,[3] buscando reencontrar a casa da infância, o ninho, signo de infinitos devaneios, como considera Bachelard. E, na construção dessas imagens de intimidade, a infância pode ser revivida em devaneio como o lugar onde foi possível abeirar-se do gozo do útero, provar de novo o sabor do seio, aconchegar-se num colo.

Em *Ler, escrever e fazer conta de cabeça*, a escola, simbolicamente, recupera alguns significantes da casa e a professora substitui a mãe já doente, que passava horas *podando suas mágoas, enterrando suas tristezas, transplantando suas suspeitas* (p.73). Recupera-se a figura da mãe, sua doença, seus longos padecimentos, mas a vivência do afeto transfere-se, de certa forma, para a escola, para a professora, D. Maria, que tinha *um cheiro bom que coloria o ar quando passava* (p.44). O sonho da infância abriga-se em outros símbolos e sustenta a vida.

Bachelard refere-se ao fato de que, ao sonharmos com a infância, regressamos à morada dos devaneios que nos abriram ao mundo e recuperamos em nós mesmos a criança que fomos um dia:

> Ai de quem não pode se lembrar de sua infância, reabsorvê-la em si mesmo, como um corpo no seu próprio corpo, um sangue novo no sangue velho.[4]

É ainda o mesmo filósofo que nos lembra que os odores são o primeiro testemunho de nossa fusão com o mundo e não é por acaso que, em sua opinião, sejam os poetas, os artistas, as pessoas capazes de recriar, por imagens, os cheiros de infância que impregnam as nossas lembranças. Em *Indez* os cheiros da infância redesenham constantemente os afagos e afetos vividos. Uma profusão de cheiros é recobrada: o do curral, para curar a tosse comprida, o aroma forte da roça aspirado para fortalecer o corpo do menino, o cheiro do querosene da lamparina; o cheiro dos doces, o cheiro do mato cheio de boizinho-de-São Caetano, de milho-de-grilo, de pitanga, de juá-doce, de gabiroba, de maria-preta; o perfume raro da maçã, *enrolada em papel roxo, da cor do manto da Nossa Senhora, (...) exagerada em cor e perfume* (p.47).

Esses odores significantes, no livro *Ler, escrever e fazer conta de cabeça* estão, como já se afirmou, concentrados na figura da professora, impregnados nos gestos suaves, na letra bem desenhada, *amarradinha uma na outra,* (p.44) no paninho bordado com flores, pássaros, borboletas, e mais concretamente no cheiro de limpeza da professora. Mas estão também na sopa servida aos alunos:

> A sopa da cantina da escola era um mingau feito de fubá amarelinho, couve rasgada do clube agrícola e costela de boi, cheirando longe. Parecia que a escola inteira estava passando perfume. Quando o cheiro entrava porta adentro da sala, prestar atenção na aula ficava impossível. (p.95-6)

À falta da profusão encantada de odores da casa da infância, dos *rios de leite e mel dos cuidados maternos que inscrevem no corpo a experiência de satisfação* [5], o menino roça, na escola, a margem fugidia desse mundo de prazeres que se esvai. Para isso é preciso recuperar, ainda que por vagos instantes, os cheiros, o toque, o roçar das cenas de plenitude. A professora, com voz suave, com o giz que parecia varinha mágica, com os poemas lidos enchendo de emoção o peito da criançada, passava a ser o ente sagrado de um mundo bordado de belezas. No entanto, a escola que aparentemente se mostra como extensão da casa, como um símbolo feminino que resguarda os sentidos de proteção, os laços que se ligam ao berço, é também espaço intermediário entre o interior e o exterior, entre o mundo da intimidade e o da rua; portanto, um lugar ambivalente que cultua a ordem, a disciplina, o dever, onde o amor é deslocado para a pátria, comemorada *com bandeira e poeira, em volta da escola,* no 7 de setembro. *Ler, escrever e fazer conta de cabeça* tem marcas significativas dessa passagem do doméstico para o público. Se em *Indez* o menino temporão era velado, com cuidados intensos, para vencer as doenças que teimavam em se alojar em seu corpo, agora, já na escola, o corpo é submetido a provas que se justificam como preparação do menino para o mundo adulto. Por isso, embora a escola seja relembrada com ternura, muitos dos significantes que se ligam à imagem de aconchego, que estão em *casa*, não aparecem na escola. Sendo lugar da formação, da aprendizagem para a vida, precisa cortar os laços que a ligam à casa, fortalecer o menino para viver o sofrimento, a dor. Por outro lado a escola pode ser vista também como a representação da falta da mãe cuja morte é relembrada em bela descrição:

> Lembrei-me do ferro de brasa acariciando a roupa, da colher de pau raspando o fundo do tacho, do regador fazendo chuva por sobre as hortaliças, da espuma do tanque esfregando nossas manchas, do pão repartido em seis, pela manhã. (p.98)

É interessante notar que, na descrição da morte da mãe, a dor da perda se explicita por deslocamentos: o agente das ações descritas, a mãe, é afastado para que somente as ações feitas possam ser eternizadas. Em todas as frases, a presença da mãe se mostra, pois, em ausência, ou melhor, por deslocamento. Todas as frases retomam a mãe saudável, cuidando da casa, presente em todas as tarefas domésticas. Morta, as ações feitas por ela arquitetam uma coreografia imaginária que pode ser orquestrada sem dor pelo narrador. As mãos da mãe morta, *afogadas sobre os panos da cama,* (p.98) deixam de simbolizar a morte, porque, no quadro descrito, as mãos da mãe encenam uma arte de fabricar maravilhas agora eternizadas. Alçada da morte, do esquecimento, pelo devaneio, pela lembrança, a mãe se perpetua no quadro pintado por palavras que insistem em registrar a vida: a carícia da quentura nas roupas, o sabor doce no fundo do tacho, o toque mágico da chuva fina sobre as hortaliças, o pão dividido que sustenta a vida da casa.

Gaston Bachelard afirma que amenizar e apagar o caráter traumático de certas lembranças da infância é possível quando nos valemos das "águas calmas" do devaneio. O poder tranquilizador do devaneio está na criação da palavra poética que revolve as cenas de tristezas vividas na infância e repõe o nosso ser em repouso.[6] A lembrança resgatada pelo adulto, quando perscruta a infância, é uma vivência poética, nos diz Bachelard. É pela poesia, pela arte, que se tem acesso a uma infância *fora da história, oculta para os outros, disfarçada em história quando a contamos* (p.94). As reflexões do filósofo reforçam a ideia de que o que é narrado como lembrança é uma reinvenção do passado, ainda que para quem relembra os fatos recobrados pareçam ter realmente acontecido.

Essas considerações pretendem esclarecer o fato de que estratégias utilizadas pelo texto literário para propiciar ou não a identidade autor-narrador-personagem só funcionarão ao nível da recepção. Ficam por conta do leitor. Por isso, neste texto, não me ative às questões suscitadas pelo texto autobiográfico. Quis percorrer outros caminhos que o texto me instigou a percorrer. A leitura dos livros fez-se pela escavação dos lugares iluminados pelos "devaneios voltados para a infância", com que Gaston Bachelard indica a relação entre as imagens poéticas e a reconstrução da beleza vivenciada no mundo da infância. Contaro que vivemos ou o que imaginamos ter vivido faz parte de um movimento que nos embala na contemplação da beleza do mundo. É o que diz o filósofo, quando afirma:

> Ao sonhar com a infância, regressamos à morada dos devaneios, aos devaneios que nos abriram o mundo. (...) E habitamos melhor o mundo quando o habitamos como a criança solitária habita as imagens. (p.97)

Indez, Por parte de pai e *Ler, escrever e fazer conta de cabeça* propiciam esse regresso à morada dos sonhos, a um mundo que se modela pelo feminino: corpo da mãe, corpo da escrita compondo uma *berceuse familiar* que nos textos ressoa. E nesse sentido, é pertinente relembrar que *Ler, escrever e fazer conta de cabeça*, ainda que pretenda narrar a experiência do menino na escola, apresenta como registro mais significativo o mundo do feminino, metaforizado pelas letras inscritas no corpo da casa e mesmo em diversos significantes que estão na escola. Num certo sentido, é possível ver o livro como a preparação para a grande perda e, ao mesmo tempo, como desejo de cicatrização de uma falta: a perda dos cheiros quentes e doces da infância e do mundo significado por ela. Essa falta pode ser entendida como imagem geradora da escrita dos três livros, pois é em torno dela que eles se estruturam. Esta afirmação está de certa forma sustentada pelas reflexões de Bachelard, quando nos diz:

> Nossa infância seria então o Letes onde teríamos bebido para não dissolvermos no Todo anterior e por vir, para termos uma personalidade convenientemente delimitada. (p.107)

NOTA

[1] Maria Nazareth Soares Fonseca é professora da Faculdade de Letras da UFMG.

[2] BARTHES, Roland. "Durante muito tempo, fui dormir cedo". In: BARTHES, Roland. *Rumor da Língua*. Trad. Mário Laranjeira. São Paulo: Brasiliense, 1988, p.288.

[3] BARTHES, Roland. *O prazer do texto*. Trad. Maria Margarida Barahona. Lisboa: Edições 70, 1983, p.53.

[4] BACHELARD, Gaston. *A Poética do devaneio*. Trad. Antonio de Padua Danesi. São Paulo: Brasiliense, 1988, p.130.

[5] PELEGRINO, Hélio. "Édipo e a paixão". In: NOVAES, Adauto. *Os sentidos da paixão*. São Paulo: Companhia das Letras, 1987.

[6] Op. cit., p.125.

REFERÊNCIAS

BENJAMIN, Walter. "A imagem de Proust". In: BENJAMIN, Walter. *Magia e técnica, arte e política*. Trad. Sérgio Paulo Rouanet. São Paulo: Brasiliense, 1993.

LEJEUNE, Philippe. *Le pacte autobiographique*. Paris: Seuil, 1975.

QUEIRÓS, Bartolomeu Campos. *Indez*. 6a. ed. Belo Horizonte: Editora Miguilim, 1995.

QUEIRÓS, Bartolomeu Campos. *Por parte de pai*. Belo Horizonte: RHJ, 1995.

QUEIRÓS, Bartolomeu Campos. *Ler, escrever e fazer conta de cabeça*. Belo Horizonte: Editora Miguilim, 1996.

ROTAS DE VOO NA MEMÓRIA: LEITURA DE UMA TRILOGIA DE BARTOLOMEU CAMPOS QUEIRÓS

Heliana Maria Brina Brandão

> As coisas tinham para nós uma desutilidade poética.
> Nos fundos do quintal era muito riquíssimo o nosso dessaber.
> A gente inventou um truque pra fabricar brinquedos com palavras.
> O truque era só virar bocó. Como dizer: eu pendurei um bem-te-vi no sol...
>
> *Manoel de Barros*

Introdução

Quando se trata de falar da obra literária de Bartolomeu Campos Queirós, pode-se começar de onde se queira, de trás pra diante, de cima pra baixo, sem preocupação de sequência. O que não se pode é tentar abordar dados ou discursos precisos, pois esse é um autor que tem, entre suas muitas qualidades, uma especial: a de se livrar, e nos livrar com ele, dos compromissos com a precisão narrativa dos discursos lógicos, das frases feitas e dos lugares comuns. Sua escritura é a garantia da palavra livre revelando seus segredos, escondendo outros e até inventando novos. A leitura de um livro de Bartolomeu é sempre um convite para a mesa de comunhão da palavra e para o jogo de suas infinitas possibilidades. Isto não nos facilita em nada, se é para falarmos de sua maneira de escrever, muito pelo contrário. Bom seria se a gente pudesse dizer que suas histórias começam assim ou assado, desenvolvem-se desse jeito e terminam dessa ou daquela maneira. Ou, pensando melhor, seria mais fácil, mas bom não seria mesmo. Onde estaria a novidade?

Afinal, até sobre sua própria biografia Bartolomeu faz questão de imprimir o seu diferencial de qualidade. Sabe-se que ele é mineiro, "mas mineiro de onde?" como todo mineiro que se preza gosta de saber? O máximo que se consegue descobrir pelas contracapas de seus livros (quando trazem dados sobre o autor) é que é mineiro do interior, entre Bom Despacho, Pitangui, Divinópolis, Papagaio e por aí vai. Quando nasceu? Aí, então, nem pensar. Tudo que achamos é o mês de agosto. Nem o signo é preciso: como nasceu de sete meses, uns dão como Virgem outros como Escorpião. Se, teimosamente, recorremos às fichas catalográficas, onde é praxe constar o ano de nascimento do autor, perdemos a viagem, pois o ano não aparece, ou varia muito: em uns lê-se 1944, em outros 1946 e até 1949. E parece que assim é que ele quer ser: múltiplo como o significados de sua escrita.

As obras:

"Ah, o eterno é o sempre. Não tem nós de nascimento ou embaraços, de mortes" ele diz em *Escritura*, publicado pela Quinteto Editorial em São Paulo, 1990. Vamos aproveitar esta referência para fazer um breve apanhado da maneira com que Bartolomeu trata a palavra. Em Escritura ele descreve: "Despida de tormentos face aos mistérios, Maria cumpria o seu presente sem se perder em dúvidas e futuros". Num outro momento (é bom que se diga que no livro *Escritura* não há numeração de páginas) ainda descreve: "Lá fora, o luar abrandava o escuro e vôos povoavam de cascata e asa a claridade". E narra: "...Era singular a noite sem contudo inquietar os insetos que sussurravam evidências às raízes. E as raízes confidenciavam notícias às pedras...". Esse livro, que conta o eterno nascimento de Jesus, traz em sua última página o mesmo texto da primeira, reforçando a ideias do eterno retorno. Em *Ah! Mar...* (também da Quinteto Editorial, 1985) lemos: "Entra-se, então, por seus abismos, percorrem-se supostos segredos sem decifrar nenhum mistério. E de tão longo afogamento, ao se romperem superfície, emana-se marinheiro." Noutro livro: *Onde tem bruxa tem fada* (de 1983, pela Ed. Moderna – São Paulo) "Naquela noite, o silêncio não deixou Maria dormir. Com o pensamento livre ela pensou o mundo secretamente". No livro *Mário,* da Ed. Miguilim em 1983: "Por ser mar e rio, Mário era ar, por onde voam pássaros em som de vento. (...) Mário morava numa casa coberta de hera. (...) E a hera era mar e Mário marinheiro em terra firme". E, finalmente, *Minerações* em 1991 pela Ed. RHJ de B.H. "Há que se afinar o corpo até o último sempre. Exercer-se como instrumento capaz de receber a poesia do mundo. (...) Vagar sem pressa, polindo com prata e alma o percurso. Sem se desviar do acaso, vestido de espiral e com passo, passear desejos em fio e luz, serenamente. Estar assim, sem perdas e heranças. Ser sem volta" (p.12).

Não há, pelo visto, outra forma de ler este autor que não seja o desprendimento total de tempo e lugar para, numa entrega plena, fazer-se leve e ganhar as alturas de seu estilo voejante.

A técnica

Procurando compreender tecnicamente a formação de sua escrita, verificamos um trabalho de filigranas afinado com os novos conceitos de intertextualidade e interdisciplinariedade que se destinam a realizar e redimensionar a ideia da trindade que, santíssima ou não, pode ser descrita como a soma de um primeiro elemento com um segundo, resultando em um terceiro elemento diferente dos outros dois, mas que com eles se conjuga fazendo parte igual de um todo. Da maneira mais simples, um pai e uma mãe fazem um filho que é mais que a soma deles e é diferente e autônomo, participa de igual pra igual desta conjugação familiar. Assim são as ideias na intertextualidade e os assuntos na interdisciplinaridade e, dessa forma, funcionam as palavras na obra de Bartolomeu Campos Queirós: compondo um arranjo semântico requintado, no qual dois significantes divergentes se harmonizam fonicamente e criam um terceiro significado para além daqueles que carregavam anteriormente. E, então, temos: "minérios entretidos" ou "votivas sombras", "respirável azul", "passear desejos" e "o futuro doeu", "medir o eterno" e "E como os minérios ignorar o até quando".

A trilogia

Pois não é que esse autor que escreve desse jeito, arranjando significantes distantes para desfazer e refazer significados, renovando a linguagem, resolve simplesmente escrever sobre si mesmo, se fazer personagem e contar uma história não inventada, já acontecida e, portanto, mais "exata" e "precisa"? Pois bem, Bartolomeu, depois do apuro de *Minerações*, traz a público uma trilogia composta de *Indez* (1984), pela Miguilim, *Por parte de pai* (1995) pela RHJ e *Ler, escrever e fazer conta de cabeça* (1996) pela Miguilim, que podem ser consideradas, no conjunto, como obra memorialista.

Com algumas ressalvas, claro, já que não há datas ou uma sequência cronológica absoluta, é evidente que o material temático dos três livros é a infância de seu autor. Mais que isso, é um inventário de sua descoberta das palavras e do convívio com seus múltiplos significados, enganos e segredos.

Vamos falar aqui de cada um dos títulos em separado, mas, antes, gostaria de estabelecer uma unidade entre eles e tecer comentários acerca do significado desta volta à terra de um autor tão dado a altos voos.

Parece que, depois de voar tão longe, veio a necessidade de arribar de volta àquele lugar, ocasião em que as palavras ainda o mantinham preso ao chão, assustadoras ou enigmáticas.

Há uma imagem à qual o autor recorre nos três livros e que ilustra magistralmente esta ânsia do voo impossível. É a imagem/lembrança que ele não localiza num mesmo lugar a cada vez que volta a ela, mas que é sempre a mesma e que, muito provavelmente, é comum a muitos leitores e ouvintes de agora, aqui: são as andorinhas de louça fixadas em voo na parede. São invariavelmente três, e assim, como o velho pinguim em cima da geladeira, elas ocorrem ou ocorreram em milhares de casas. Eu mesma as tive na casa de minha mãe e ainda existem hoje caídas de seu lugar de honra e guardadas com suas asas já quebradas. Pois, nos três livros, Bartolomeu lembra-se delas: No *Indez* à página 13, em *Por parte de pai* na página 51 e em *Ler e escrever...* na página 70. Quem, na verdade, sendo de geração próxima à do autor, já não teve ou viu estas andorinhas voando em formação pelas paredes de alguma casa? Talvez o voo mais irregular e indescritível seja o das andorinhas com seus rápidos volteios e rasantes e, no nosso caso, este voo está fixado em frágil louça. Mas mesmo frágil e fixo ali na parede ele existe e nos convida.

São esses três livros de Bartolomeu essas andorinhas.

Cada um, uma andorinha em formação com as duas outras, louças fixas na parede da memória, lembrando-nos da possibilidade de voar.

Como essas andorinhas, esses livros são de uma delicadeza que chega a doer, e neles encontramos o itinerário de um menino passarinho que se debruça sobre o caderno para ler, escrever e aprender com as palavras a voar por entre as dores e perdas inevitáveis do processo de crescimento. Como disse outro mágico das palavras, Guimarães Rosa: "Passarim que se debruça, o vôo já está pronto."

Indez

Indez chegou às mãos do público leitor e foi logo se aninhando para ficar como aquele ovo do qual ele tira o nome. Esta é uma andorinha que a família mineira adotou porque se viu retratada por um olhar tão claro e simples em que é bom demorar. Esse livro foi, há alguns anos, indicado como leitura para o vestibular e por esta via o jovem leu, e, vindo do interior ou filho de pais ou, ainda, neto de avós vindos do interior, quis guardar junto do seus entes queridos para que estes pudessem também se lembrar. Fui testemunha de um caso assim: em uma família em que o gosto de ler praticamente não existe, esse livro chegou recomendado por tios, cunhados, irmãos e em cada casa desta família se encontra agora um exemplar à mão.

Nele, o tempo é o principal agente. O autor divide o livro em quatro partes, assim chamadas: "Louvor da manhã", "A força da hora nona", "Plenitude do meio-dia" e "As horas completas", numa clara alusão às horas canônicas das orações dos padres e freiras. Sua história, então, amanhece, entardece, anoitece, completando o ciclo.

A primeira parte trata do ambiente familiar, da paisagem em que Antônio, o personagem central vai chegar, nascido prematuramente, e das dificuldades que ele enfrenta para sobreviver e completar seu primeiro ano de vida.

É bom lembrar que, nesse livro, a história é contada por um narrador onisciente, colocando o personagem na terceira pessoa, como assunto do seu diálogo com o leitor. Dessa forma o autor pôde falar de maneira direta sobre o nascimento do personagem e de seus primeiros meses de vida dos quais ele não poderia se lembrar na primeira pessoa.

A segunda parte começa com o primeiro aniversário e vai até por volta dos cinco anos. É o tempo de aprender a ser. É tempo de tomar conhecimento dos medos e crenças dos pais e dos irmãos e incorporá-los. Era o tempo de viver mistérios.

"Plenitude do Meio-Dia", terceira e maior parte do livro, começa com Antônio ganhando uma irmã inesperada, depois de cinco anos, e inaugurando perdas e ganhos. Perde o berço e a regalia de caçula, mas ganha a categoria de irmão mais velho que vem embrulhada em responsabilidade de ser bom e não dar trabalho para mãe, necessitada de dar atenção à nova cria. Antônio forma sua personalidade se tornando sujeito. Começa, então, a entender mais seu pequeno mundo, seus costumes, seu tempo, seu calendário, suas festas. Ele entra para a escola e trava conhecimento com o seu pensamento, com o aprendizado consciente e sistemático. A escola preenche sua vida. Várias passagens dessa parte do livro vão ser repetidas depois no *Por parte de pai* ou no *Ler, escrever e...* como este trecho: ... Ele foi se acostumando com os deveres de casa e cantava tabuadas em cima das árvores: ...(p.75) que retornaem *Ler, Escrever e...*" assim.... "Em cima das árvores eu recitava os pontos, a tabuada, tal qual a professora ensinava..." (p.52).

A terceira parte termina com Antônio (que faz questão do chapéu no nome para ficar parecido com o pai) completando a alfabetização e começando a escrever sem dificuldades. "Ele já conhecia que entre as letras e seus silêncios pode-se saber muito mais longe. Era possível viajar mundos distantes. Mundo que o olhar não alcançava, mas o livro trazia. E daí, para Antônio escrever, bastou ter apenas um lápis." (p.32)

A pequena e última parte de *Indez* fala de Antônio completando seu processo de conhecimento, travando contato com o que não presencia através do livro e da religião. Desta, aliás, recebe o que considera seu primeiro diploma: A "primeira-comunhão", registrada numa foto, comungando das mãos do próprio Jesus, pintado num painel. Esta foto, pendurada na parede de seu quarto, é o primeiro certificado de que ele era alguém.

Antônio termina, nesse livro, por conhecer a partida, a despedida, a mudança, o recomeço, tendo que viajar para continuar seus estudos, morando na casa do avô.

O autor fecha a obra com um pequeno trecho de pura nostalgia do narrador, saudoso do personagem narrado. Ele vai desfiando um inventário de pequenas coisas que imprimem leveza ao dia a dia. Com isso ele nos deixa terminar a leitura suspensos e leves também, mas em nenhuma frase nesse momento, como em todo o livro, ele usa o recurso de aproximar significantes de significados díspares para criar o efeito de suspensão.

> ...Não sei quantos anos se passaram, sei que continuo a receber recados de Antônio sempre: – nos tijolos de arroz-doce das estações rodoviárias, na água que cai do sino em dias de chuva (...) no cheiro de arroz afogado, no quadrado de sol passando pela janela...

Assim esta primeira andorinha alça voo sumindo na distância, deixando um menino aninhado em nosso coração.

Por parte de pai

A segunda andorinha não voa num espaço livre. Voa num espaço que virou livro.

Ao começar a leitura, logo depois da epígrafe "Nunca recebi dez com louvor, sempre sete com distinção", notamos que mudanças técnicas radicais acontecem. Cadê o Antônio que estava ali, no *Indez*? Pois é, aqui não tem mais Antônio. Aquele garoto que chegou à casa do avô ao final de *Indez* agora é o narrador que elege como seu personagem o avô Joaquim e se inclui na história, acompanhando bem de perto suas quixotescas, preguiçosas e pacientes peripécias.

Esta mudança de narrador e personagem desestabiliza o leitor que se propôs a ler esse livro depois de ter lido *Indez*, e muda seu tranquilo ponto de vista para um discurso na primeira pessoa. Temos que ler e reler as primeiras páginas até nos conformamos com a nova realidade. Assim sentimos muito mais a situação daquele garoto nos identificando com ele definitivamente.

O avô Joaquim, se existiu da forma como é narrado nesse livro, deve ser, hoje, uma das figuras lendárias da cidade onde viveu. Se seu neto é hoje escritor, é, fundamentalmente, por causa dele. O Joaquim escrevia nas paredes. Sim, aquilo que em outras casas era o espaço de voo decorativo daquelas andorinhas, nessa casa do vô Joaquim era livro, escrito de cima a baixo. Os assuntos mais escandalosos ou trágicos eram escritos lá em cima, longe dos olhos das crianças. Os assuntos mais corriqueiros eram escritos em baixo. Tudo estava escrito ali. Visitas, conversas das visitas e até falta de assunto: "... Eu mesmo só parei de urinar na cama quando meu avô ameaçou escrever na parede. Leitura era coisa séria e escrever mais ainda. Escrever era não apagar nunca mais. (...) Um dia Milicão pediu o serrote emprestado. Meu avô disse estar muito cheio de dentes. Milicão foi embora e meu avô escreveu a história na parede. Depois Milicão voltou e disse que serrote tem dentes mesmo" (p.14). Por esse trecho podemos verificar a verve de cronista do avô do autor. E a gente vai percebendo, aos poucos, que aquela história de avós na lembrança do neto é, na verdade, a história de como nasceu a escrita tão especial de Bartolomeu. É uma poética linda e verdadeira no sentido em que prescinde de uma teoria literária. É a poética viva. A história de como foi vivida uma escrita. Um processo impresso no coração e reproduzido na memória. Nós nos perguntamos, depois desta leitura, se pode haver artista da palavra que não tenha, de alguma forma muito significativa, vivido/sofrido qualquer maneira do fazer literário.

O itinerário dessa vivência semântica parece ser o plano da obra de *Por parte de pai*. No seu processo de crescimento e compreensão do mundo, o neto passa por diversos encontros diferenciados com as palavras, suas formas, seus sons:

>...Contavam na cidade que Vasinguiton não era o nome de seu marido. Antes do casamento ele se chamava Washington. O amor de Marieta pelo idioma pátrio exigiu a mudança do nome de acordo com a pronúncia, e Washington virou Vasinguiton: ... (p.52)

O neto, narrador, autor, leitor de paredes e do mundo, sofre, nas palavras, as exigências, expectativas e medos que forjam o amadurecimento:"... Lembro-me quando vi meu pai dar um beijo na Conceição, (...). Contei para o meu avô e ele me pediu segredo. 'quem fala muito dá bom-dia a cavalo', afirmou. Fiquei com a maior vontade de encontrar um cavalo para cumprimentar."(p.32) e, ainda, "Minha tia veio para ajudar na casa, fazer comida para três inválidos, segundo ela. Meu avô, preguiçoso, minha avó, encostada, e o neto, um arado." (p.57)

Doía não entender o mundo e, através do avô, o neto aprendia a desconfiar que nas palavras estava a chave de muitos mistérios:"Viver sem esperança é como ter casa sem janela" escreveu meu avô, com letra miúda, perto da fechadura. (p.23) ou "Meu avô escutava tudo e escrevia sem meias palavras: 'A vida é como fumaça, sufoca e passa'" (p.50).

Esta segunda andorinha, não precisando abrir caminho, ocupa-se em registrá-lo e, neste voo, *Por parte de pai,* nos traz a lição de que somos o papel, a tela, o filme, enfim, o suporte onde a vida imprime suas marcas.

Podemos verificar que o autor narra, descrevendo de maneira simples e direta as suas lembranças. É bem possível que ele as tenha arrumado numa ordem não cronológica com a intenção de descrever sua formação como sujeito da escrita como se apresentava o seu avô para ele.

Ainda aqui, no voo desta andorinha, ele não cria significados novos arrumando significantes distantes, mas, nos mostra, de maneira tocante e poética, ao mesmo tempo, como seus avós paternos (justificando o título e sintetizando a intenção deste *Por parte de pai*) contribuíram para este seu estilo peculiar. E é a caduquice da avó que vai coroar, de maneira lúdica, o achado estilístico.

> ...Depois da doença. Minha avó mudou muito (...) Deu de trocar as palavras me mandando buscar os dromedários de costura ao invés de dizer apetrechos. Às vezes me pedia o alicate em lugar de pedir a tesoura. Chamava minha atenção por **contar silêncio no ouvido** de meu avô. Trocava a palavra segredo por silêncio... (p .60)

Epa! "contar silêncio"; quantas vezes não encontramos arrumações parecidas nos livros de Bartolomeu Campos Queirós? "Meu avô (...) me elogiava por estar aprendendo a falar em outra língua" (p.61).

Daí por diante, a cumplicidade do neto com o avô traz a consciência do jogo das palavras. (É bom lembrar aqui, que em algumas línguas **jogar** e **brincar** é um verbo só: *To play* em inglês e *jouer* em francês, por exemplo).

Mas, mais uma vez, o menino tem de partir. Seu avô se despede falando do tempo e de sua "boca imensa" que "consome as histórias e saboreia os amores".

Assim, também, esta segunda andorinha some na distância, deixando na parede o risco sinuoso de seu voo.

O pai do menino vem pegá-lo e ele, antes de subir na boleia do caminhão, sem despedidas de avô ou avó, confere o seu silêncio. "Passei os olhos pelas paredes conferindo as páginas e minha memória. Eu sabia cada pedaço, cada margem, cada entrelinha desse livro".

Ler, escrever e fazer conta de cabeça

A terceira andorinha sai da formação e, ferida, voa para trás. Em epígrafe a esse livro, Bartolomeu apresenta a seguinte frase: "O tempo amarrota a lembrança e subverte a ordem" avisando que, apesar de trazer ao público esse livro depois de *Indez* e *Por parte de pai* e tratar das mesmas lembranças, o último livro não é uma sequência desses dois. É, pelo contrário, uma volta.

Volta à época da expectativa de entrar para a escola. Assim se inicia *Ler, escrever e fazer conta de cabeça*, trazendo a vontade de desvendar segredos junto com o medo de que este segredo seja terrível.

Voltam os enganos e a dor de não perceber o sentido de uma frase ouvida, mesmo conhecendo todas as palavras dela. "Ele dizia ser o Dr. Jair, meu patrão, como uma cobra: mordia e soprava. (...) Dr. Jair visita minha mãe, uma noite, (...) Não saí de perto dele nem tirei os olhos da sua boca, esperando o homem morder e soprar. Ele falou foi muito de riqueza e (...) de meu pai, seu melhor empregado, capaz de carregar água em peneira" (p.12).

> Eu sentia ser de gente grande esse negócio de carregar água em peneira. Menino deixava vazar tudo. (p.21)

Esta terceira andorinha descreve um voo sem rumo. Um garoto perdido no meio dos significados todos que lhe espetam a cabecinha em forma de pontos de interrogação.

A história de *Ler, escrever...* conta as perdas de um menino na ânsia de aprender. E a perda maior, a morte da mãe rege o livro. O sofrido processo de sua doença é também um aprendizado. "... A primeira palavra soletrada, inteirinha, foi morfina. (...) Olhei e li, lentamente, morfina. Um pavor frio tomou conta da minha barriga inteira. (...) A palavra morfina me levou a muitos lugares e a outros exílios". Morfina leva o menino, andorinha ferida, a pousar em outras palavras. Morfina tem o MOR de altar. Mor de morta e esta tem o TE de noite. E morfina o leva à Mistura Fina que o pai fumava, à Josefina conhecida, a José seu irmão e assim as palavras se partiam em pedaços pontudos picando e doendo em seu entendimento."...O senhor Morais, com presteza, fervia a seringa (...) Eu espiava, com dor, a agulha furar a carne pouca de minha mãe. Ela, então, não mais cantava ou gemia. Silenciosa. A morfina apagava o altar-mor, a Josefina, O Mistura Fina, o José, e os ais do senhor Morais" (p.33).

Esta andorinha nos revela que aprender também dói, que a dor nos ensina e que em toda perda há ganhos. Feitas as contas, entre perdas e ganhos tudo resulta muito custoso. Este me parece ser um dos significados de "... fazer conta de cabeça" do título. Isto serve para nos lembrar o que nunca é demais ser lembrado: que aprender custa e que temos que dar valor a todo e qualquer aprendizado.

Sendo um livro de Bartolomeu Campos Queirós, *Ler, escrever...*" não poderia deixar de ter uma narrativa instigante, sutil e delicada e terminamos sua leitura purificados pelo sofrimento, como seu personagem/narrador. O livro termina com o menino sentindo a casa maior pela falta da mãe e experimentando o vazio que imobiliza. "...tudo ficava no mesmo lugar por exigência do vazio". Mas, por outro lado, se noves fora, nada: "No nada cabe tudo" (p.101).

A leitura deste último livro da trilogia publicada por Bartolomeu Campos Queirós é, como foi dito, reveladora. Ainda mais porque nos traz um dado completamente inesperado, fora da história narrada, ainda que, no meu caso, provocado pela própria narrativa. E a revelação é: a terceira e última andorinha foi a primeira a levantar voo. Sim, *Ler, escrever e fazer conta de cabeça* foi escrito antes de *Indez* e de *Por parte de pai*. A rigor não é preciso ler o livro para verificar isto. Basta olhar o verso da folha de rosto, na página dos créditos editoriais: abaixo do nome do livro lemos: "*Copyright*, 1996 by Bartolomeu Campos de Queirós" e logo abaixo, "*Copyright*, 1991 by Editora Miguilim Ltda", ou seja, em 1991 o livro já estava escrito. Por que não foi publicado antes? Fica aí esta questão. Cabe a mim, aqui, nesta conversa sobre as variadas leituras que um mesmo texto pode ter, contar como foi, na minha leitura, esta descoberta. A verdade é que estes livros me envolveram tanto que, quando acabei de ler o último, me intrigou o fato de o autor ter evoluído de uma narrativa suave nos dois primeiros para um tratamento tão pungente no terceiro. Acho que minha experiência me ensinou que a dor sempre nos eleva e, se a vivemos inteiramente, alcançamos a serenidade. Então, me incomodava não sentir na leitura da narrativa doída do terceiro livro a serenidade encontrada no primeiro e segundo.

Voltei atrás, repassei os olhos pelas páginas dos três livros, tentando identificar cada volteio, cada rasante do voo dessas andorinhas. E tão intrigada fiquei que fui parar nos créditos dos livros, onde descobri as duas datas dos direitos de publicação do terceiro.

A partir disso, uma releitura da trilogia é provocada em outra ordem, e novas são as sensações de como o autor construiu ou sofreu o processo da escrita.

Refaz-se, assim, a formação do voo das três andorinhas. A última será, agora, a primeira a voar.

PALAVRAS E SILÊNCIOS

Maria Zélia Versiani Machado

> Só estaremos tranqüilos quando tudo estiver dito, uma vez por todas, então, enfim, faremos silêncio e não mais teremos medo de nos calar.[1]
>
> *Viagem ao fim da noite, Céline*

> A palavra para mim é uma das coisas mais importantes.
>
> *Bartolomeu Campos Queirós*

Os três livros de Bartolomeu Campos Queirós são um só livro. São eles trabalho da memória do corpo, memória sensível, que guarda e revive, em linguagem, cheiros, gostos, imagens, afetos, sons e brilhos de toda desordem, vindos da infância. O leitor não se dá conta de onde termina o mundo e de onde começam as palavras que nomeiam as coisas, no percurso da busca do que já foi.

Quem já teve a oportunidade de ouvir Bartolomeu Campos Queirós falar pôde notar como o seu texto oral é tão sedutor quanto o seu texto escrito. A atenção à cultura popular unida à sensibilidade – à flor da língua – no trabalho de rememorar, prende mo ouvinte, que, na voz do escritor, reconhece outras vozes vindas de muito longe. Também as narrativas escritas, orientadas pelo agudo sentido da linguagem como mediação entre o homem e o mundo, recuperam e reorganizam a tradição folclórica dos ditos, das rezas, das crenças populares, que se concretizam na experiência individual e coletiva da língua:

> Era preciso, segundo a madrinha, colher água do sino da igreja, em dia de chuva, e dar ao menino para beber. Era um santo remédio. Acreditava-se que água de sino tinha o poder de ajudar na fala e com a vantagem de o menino aprender a falar somente em hora certa. E assim fizeram. (*Indez*, p.27)

Louvor da manhã, A força da hora nona, Plenitude do meio dia, As horas completas: assim se desdobra a vida de Antônio. A vida humana cabendo minimamente em imagens que refletem a duração de um dia, na "narrativa-mito" que quer reviver a vida passada, poeticamente.

A cada página sons ancestrais inventam maneiras de redizer a vida e a simplicidade do tempo passado. Nomes cotidianos, cuja poeticidade fica esquecida nas origens de sua criação, quando arranjados, potencializam-se na narrativa, como se estivessem sendo ditos pela primeira vez, numa disputa da escrita com o mundo:

> Entre canteiros, com sombrinha estampada, a mãe recolhia flores para as jarras da casa: copos-de-leite, crisandálias, beijos, rosas-de-cacho.
>
> Nas mesas as toalhas, engomadas com polvilho e bordadas em ponto de cruz, ponto-cheio ou bicos de crochê, avisavam que teriam convidados. (p.19, *Indez*)

Os signos imprimem-se nos gestos, nos comportamentos, nas insinuações do mundo ao redor. Palavras-arrepios tudo dizem sem se deixarem aprisionar na fixidez do enunciado. Significantes e desejantes, elas produzem um efeito que rompe e ultrapassa o banal do dia a dia, num movimento representativo da aprendizagem, cuja dialética alterna alegria e sofrimento; sofrimento e alegria. Como crescer e partir. O crescimento tão sonhado, quando ainda media a sua sombra com a do pai, querendo ser como ele, torna-se doloroso na medida em que ele significa também perdas e solidão:

> Antônio passou a noite sem dormir. Sentiu o cheiro das lamparinas se apagando, pios de pássaros perdidos, galo acordando a madrugada. Enrolado em sua cama, pensou em desnascer, lentamente, para não causar pesares. (p.93, *Indez*)

O *Dicionário do folclore* de Câmara Cascudo poeticamente registra o verbete 'Indez': "Ovo que se deita no ninho das galinhas, para animar ou provocar a que tem de pôr a demorada postura." O *Indez*, primeiro livro da trilogia, era lá esse ovo sozinho e cuidadosamente colocado no ninho, engendrando memórias. Em aproximadamente oito anos de intervalo entre a publicação do primeiro volume e os dois últimos livros, as mais recentes narrativas preferiram a primeira pessoa. E assim voltaram ao ninho, com esse olhar de dentro para dentro, num pacto franco e declarado do menino personagem com a autobiografia, a inventar a infância.

Na história das três narrativas, *Indez* representa o nascimento da memória a transformar-se em escrita. Texto-luz de onde sairiam mais tarde, acrescentando e escolhendo ângulos, outro facho, outro viés, novos olhares sobre o passado, no tempo desdobrável das narrativas, que imita o tempo cíclico da natureza. Diferentemente das duas histórias mais recentes, em *Indez* a terceira pessoa destaca o narrador das ações narradas. Na última página, porém, a primeira pessoa estabelece a ligação entre narrador e personagem, estreitando distâncias:

> Não sei quantos anos se passaram. Sei que continuo recebendo recados de Antônio sempre: (...) Não há como esquecê-lo. Mesmo se tento prestar atenção ao meu trabalho, se escrevo com caneta vermelha ou azul, se passa uma formiga ou a sombra de um vôo de pássaro, se olho as nuvens ou relâmpagos, se entro em capelas ou se passeio em parques, Antônio não me deixa. (*Indez*, p.95)

A narrativa de *Indez* termina com a chegada do menino personagem na casa do avô, onde começa *Por parte de pai,*, segundo livro da trilogia.

Tendo deixado para trás a convivência com os pais e os irmãos, já crescido, Antônio vai morar com o avô Joaquim e suas histórias. A nova casa era um livro, em cujas paredes podiam-se ler os mais variados episódios, ali inscritos pela letra do avô, que tudo registrava. O menino leitor desse livro-casa imaginava e fazia crescer os episódios, alimentando os casos:

> Enquanto ele escrevia, eu inventava histórias sobre cada pedaço da parede. A casa do meu avô foi o meu primeiro livro. (*Por parte de pai,* p.12)

Tal como Borges, o avô de Antônio conhecia o poder da palavra escrita. Calvino, em ensaio sobre o escritor argentino, diz:

> ...o poder da palavra escrita se liga ao vivido como origem e como fim. Como origem porque se torna o equivalente de um acontecimento que

de outra maneira ficaria como não tendo ocorrido; como fim porque para Borges a palavra escrita que conta é aquela que tem um forte impacto sobre a imaginação, enquanto figura emblemática ou conceitual, feita para ser lembrada e reconhecida em qualquer aparição passada ou futura.[2]

Na relação entre os extremos "sempre-nunca", colocados em tensão dentro da linguagem, tenta-se dominar o tempo que não para. Assim os fatos mais corriqueiros desvencilham-se de sua natureza efêmera quando traduzidos em palavras escritas – inscritas – nas paredes. As palavras, assim fixadas, constroem imagens numa resistência recriadora à implacável força do tempo, como ensina o avô do menino:

> O tempo tem uma boca imensa. Com sua boca do tamanho da eternidade ele vai devorando tudo, sem piedade. O tempo não tem pena. Mastiga rios, árvores, crepúsculos. Tritura os dias, as noites, o sol, a lua, as estrelas. Ele é o dono de tudo. Pacientemente ele engole todas as coisas, degustando nuvens, chuvas, terras, lavouras. Ele consome as histórias e saboreia os amores. Nada fica para depois do tempo. As madrugadas, os sonhos, as decisões, duram pouco na boca do tempo. Sua garganta traga as estações, os milênios, o ocidente, o oriente, tudo sem retorno. E nós, meu neto, marchamos em direção à boca do tempo. (*Por parte de pai*, p.71-72)

O movimento da memória em *Indez* havia inventado a expectativa de sempre uma nova brincadeira da mãe. No primeiro livro, era a imagem da alegria que envolvia a lembrança materna:

> Com anilinas para doces a mãe coloria as águas do tanque, uma cor de cada vez, e mergulhava as alvas galinhas legornes em banho colorido: azul, verde, amarelo, vermelho, roxo. Em pouco tempo o quintal, como que por milagre, era pátio de castelo, povoado de aves – legornes agora raras – desenhadas em livros de fadas. Ficava tudo encantamento. Não havia livro, mesmo aqueles vindos de longe, com história mais bonita do que as que a mãe sabia fazer. (*Indez*, p.51)

A frase usada como epígrafe do terceiro livro evidencia a desordem do movimento da memória: "O tempo amarrota a lembrança e subverte a ordem". Subvertida a ordem, a epígrafe reordena e justifica a volta descontínua que rompe com a sequência cronológica dos três livros. A terceira narrativa, *Ler, escrever e fazer conta de cabeça*, recupera o tempo de convivência com os pais e irmãos, volta à primeira escola, revive a doença da mãe. E, como vimos, o segundo livro já havia passado às experiências na casa do avô.

O terceiro livro da trilogia, usando uma expressão do narrador, *desamarra nós*, porque abre algumas janelas da infância que haviam ficado fechadas no *Indez*. *Ler, escrever e fazer conta de cabeça* configura-se como enunciação que busca preencher o lugar da falta. A volta ao passado mais remoto resgata, além dos diversos aprendizados, a doença e a morte da mãe, a silenciosa e implacável experiência de perda, quando a palavra "morfina" entrou no mundo de Antônio e a palavra "rádio" ganhou um novo sentido:

> Morfina me trouxe o altar-mor, com o Cristo crucificado e deitado, morto de dor e chagas, coberto com um cetim roxo e triste, até a cintura. Mas entre mor e morte faltava um pedacinho que estava escrito na noite. Noite que me engolia para o nada.

O imaginário cristão participa da tessitura da experiência limite da perda real, que é também experiência da linguagem a aproximar imagens e sons. Nesta confluência do escrito e do vivido, até mesmo o desenho das palavras relacionava-se com o real nas correspondências estabelecidas por Antônio: um pouco do pai já fazia parte do menino quando aprendeu a escrever o seu nome sem nunca se esquecer do chapéu na letra 'o'.

Como se pode perceber pela estrutura cheia de idas e vindas, este texto vem comprovar aquilo que afirmo no seu início: as três narrativas são um só livro. Não foi possível falar sobre os livros sem confundir uma narrativa na outra. Ora lunar, ora solar, cada fato, cada descoberta, cada experiência lembrada em um dos livros remete a outro livro como se quisesse entabular um diálogo, lançando luzes sobre aspectos que haviam ficado na sombra ou acrescentando detalhes a emoções que se encontravam perdidas.

Em uma de suas recentes entrevistas, o escritor diz que buscar a infância "é quase que uma vontade de envelhecer jovem". Como o avô, Bartolomeu parece ter conseguido trapacear o tempo na reinvenção do vivido, através do exercício da escrita.

Notas

[1] CÉLINE citado por COMPAGNON, Antoine. *O trabalho da citação*. Trad. Cleonice P.B. Mourão. Belo Horizonte: UFMG, 1996, p.7.

[2] CALVINO, Italo. "Jorge Luis Borges". In: *Por que ler os clássicos*. Trad. Nilson Moulin. São Paulo: Companhia das Letras, 1993, p.251.

Referências

QUEIRÓS, Bartolomeu Campos. *Indez*. Belo Horizonte: Miguilim, 1988.

QUEIRÓS, Bartolomeu Campos. *Por parte de pai*. Belo Horizonte: RHJ, 1995.

QUEIRÓS, Bartolomeu Campos. *Ler, escrever e fazer conta de cabeça*. Belo Horizonte: Miguilim, 1996.

SOBRE ALGUMAS CONDIÇÕES DA LEITURA: DA NATURALIDADE DO SIGNIFICANTE AO CONHECIMENTO DE INTENÇÕES[1]

Hugo Mari[2]

Considerações iniciais

A necessidade que temos de formular uma correlação entre duas categorias requer um exercício complementar de avaliar critérios a partir dos quais iremos estabelecer os padrões dessa correlação. Dispomos para isso de padrões relativamente estáveis de relações lógicas – disjunção, conjunção, implicação, causalidade, pertinência, sucessão temporal, identidade, entre outras – para avaliar a correlação entre dois fatos e quando eles se apresentam de forma atípica, é comum enfraquecer a relação lógica, adicionando-lhe operadores como *uma forma de..., um tipo de...* Além do mais, quando um dos membros da relação se faz representar por *conhecer*, ela assume uma tal amplitude que, para qualquer categoria que venha especificar uma atividade humana, é possível determinar a natureza da correlação. Afinal, qualquer atividade que o homem exerce, ele a faz por *conhecer*, de algum modo, instrumentos, objetos, circunstâncias e meios para a sua execução. Por exemplo, se a avaliação em tela for entre *andar* e *conhecer*, podemos, numa primeira instância, fazer figurar *conhecer* como causa para *andar*, porque só pode executar tal ação aquele que incorpora uma forma de equilibrar o corpo, que atribui uma tensão muscular aos membros locomotores, que domina o fato de que um dos pés permanece fora do chão quando se caminha e que se orienta por tantas outras informações. É claro que a condição pode ser revertida, selecionando *andar* como condição para *conhecer*, se se tratasse de um passeio numa cidade para conhecer-lhe os museus, por exemplo. Retomando a questão central do Seminário – *leitura e conhecimento* —, podemos afirmar, de modo mais determinante, uma inversão constante entre ambas as categorias, uma vez que *conhecer* pode ser condição para *ler*, da mesma forma que *ler* pode ser uma condição para *conhecer*. Em que extensão, portanto, podemos conceber a dependência entre as duas categorias?

Primeira relação: [conhecer] → [ler]

Considerando-se, inicialmente, a primeira relação – [conhecer]→ [ler]—, é possível avaliar consequências em dois planos distintos: um de natureza interna e determinado pelo conhecimento de algumas informações sobre o funcionamento do código, que o falante precisa dominar; outro de natureza externa e representado por informações que não são linguísticas, mas que se estruturam no código. Quanto ao primeiro plano, a condição essencial a ser imposta relaciona-se à *naturalidade dos significantes*: somente aqueles significantes que passam por uma clivagem estrutural do sistema, isto é, tenham uma feição legível de acordo com padrões silábicos, ortográficos do sistema, ou que podem ser reconstruídos pelo leitor num formato legível tornam-se objeto de uma tentativa de decodificação No caso da escrita[3], de modo particular, a *naturalidade* pode ser descrita em graus diferentes: há graus em que sua quebra pode obstar o processo de leitura, há outros em que o leitor é capaz de recuperá-la, dando sequência ao processamento da informação. Analisemos os casos seguintes:

(01) Lsftsotounsbshslinhsdpstsvomrt;
(02) Ladrãoroubavagalinhasparacomer;
(03) Ladrão ruobava aglinhas para comer;
(04) Ladrão roubava galinhas para comer.[4]

Quando a forma apresenta uma feição natural, é sempre possível, não obstante o custo de processamento, o exercício da leitura, ou seja, a seleção de uma circunstância onde o texto, a proposição possam ser aplicáveis. Em (01), no entanto, um leitor do português acabaria por abandonar qualquer tentativa de leitura, porque as violações constantes do código, isto é, uma combinação de letras fora do padrão silábico natural, além da sua extensão física e contínua a que não estamos habituados – por exemplo, a maior palavra desse parágrafo contém 13 letras, enquanto (01) contém 30. Assim, ela tende a ser descartada como hipótese de leitura, tal o custo de processamento que iria exigir o seu conserto formal e isso ainda ficaria na dependência de se conhecer uma convenção viável para formulá-la. Nesse caso, mesmo que viéssemos separar partes, diminuindo sua extensão contínua – (01a) lsftso tounsbs hslinhsd psts vomrt.—, a sequência ainda seria rejeitada, pelo estranhamento de sua estrutura silábica, ocasionado por um agrupamento, aparentemente, arbitrário das unidades. É claro que, dado o teor de codificação de (01) – ela foi digitada deslocando-se a mão esquerda uma tecla à direita—, ela poderia ser reconstruída, como de resto (01a). Entretanto, numa dimensão natural, incluindo aqui a rapidez exigida para processamento do significante, o leitor não investiria em (01) nem em (01a) como uma hipótese plausível de leitura.

Em se tratando de (02), teríamos uma situação diferente: aqui a combinação de letras é familiar à vista do leitor e, embora a extensão ainda cause alguma dificuldade, ele acabaria por recompô-la a partir de relações sintagmáticas (**ladrão/roubar, roubar/galinhas** ...) e sua leitura seria plausível, apesar do custo adicional ocasionado pela necessidade de um recorte das unidades no plano do significante. A leitura de (03) levaria em conta outro tipo de dificuldade: ele poderia, como um leitor atento, estranhar o encontro vocálico – ... **uo** ... – que não é comum no interior de palavras do português, ou então simplesmente desprezar este fato, supondo estar lendo ...**ou**... O fato marcante aqui, todavia, é que, independente do estranhamento, a interpretação do segundo elemento será comandada pela decodificação do primeiro e ele certamente lerá **ladrão roubava**..., por conhecimentos prévios que possui de relações semânticas entre os dois termos. O termo seguinte também revela dificuldades: com certeza, ele lerá **aglinhas**, podendo interpretá-lo, de modo genérico, como [algo que se rouba e que se come], numa das interpretações possíveis para a frase. Entretanto, nada impede que ele refaça essa leitura, convertendo **aglinhas** em **galinhas**, em razão de diversas correlações semânticas que podem ser estabelecidas: a conversão pode ser fruto de correlações semânticas que lembram **ladrão/galinha**, **roubar/galinha** e **comer/galinha**. Além do mais, conhecimentos prévios sobre convenções podem fazê-lo lembrar da expressão cristalizada na língua – **ladrão de galinha**. Por último, (05) dispensa qualquer comentário pela imediatez da sua aceitação formal e pelo baixo custo que requer sua transferência para um estado de coisas vivenciável.

Os comentários acima têm o objetivo apenas de chamar atenção para as primeiras condições que são impostas para o leitor, isto é, o (re)conhecimento de uma naturalidade das formas significantes ou a possibilidade de sua recuperação em função da interferência de outros fatores, tais como o conhecimento de relações sintagmáticas, de relações lexicais e também de informações extralinguísticas. No âmbito destas últimas, situa-se talvez a dimensão mais importante que expressa a relação [conhecer]→ [ler]. Qualquer leitor aciona, na decodificação de frases, por simples que sejam, um volume considerável de informações, que estão, de algum modo, estocadas em sua memória. Isso funciona como um princípio de economia, pois nenhum leitor teria disponibilidade física para reaprender, a cada momento que fosse ler, relações entre os termos básicos de seu vocabulário ou entre os objetos do seu mundo vivido. Dentre essas condições extralinguísticas, gostaríamos de destacar três ordens de fatores fundamentais no processo de leitura, considerando-se a orientação em análise. Uma leitura pode avançar mais em termos de decodificação, pode ser mais efetiva em termos de informação, quando alcançamos um domínio de *fatos*, de *convenções* e de *intenções* que pautam um processo textual qualquer. Por que o conhecimento de tais domínios é relevante para o desenvolvimento da leitura?

A distinção entre as três categorias acima nem sempre se faz de modo decisivo; para algumas circunstâncias, porém, é possível selecionar, com clareza, objetos e fatos que se enquadrem em cada uma delas. Assim, é provável que saibamos distinguir entre *fato* e *intenção* com alguma evidência, mas o mesmo não podemos dizer quando se trata de distinguir entre um *fato* e uma *convenção*, ou entre uma *convenção* e uma *intenção*. No primeiro caso, diríamos que as duas categorias mantêm um distanciamento entre si, logo o seu reconhecimento é menos incerto; quanto às duas outras, existe uma proximidade entre elas e os seus limites tendem a se apagar: nem sempre é possível uma percepção clara do seu reconhecimento em campos distintos. Embora mantendo esse teor difuso, é fundamental buscar algumas condições que sejam adequadas a delineá-las, conforme os comentários que apresentamos abaixo:

a) conhecimento de fatos: ter conhecimento de um *fato* significa ser capaz de identificar uma situação de realidade na qual as relações entre certos objetos tornaram-se independentes das circunstâncias enunciativas que são usadas para expressá-las. Em outras palavras, o estado de coisas que consideramos um *fato* contém uma existência independente de atos linguísticos que podem ser usados para asseverá-lo. Por exemplo, um estado de coisas caracterizado por uma **chuva** independe, quanto à sua existência, da enunciação de um sujeito particular que profere a frase **Está chovendo**, entre outras, para descrevê-lo. Assim, o estado de coisas caracterizado pela presença de chuva pode existir indiferentemente de uma proposição possível, escolhida para descrevê-lo, já que os fatos independem não só dos sujeitos que os enunciam, como também dos procedimentos discursivos usados para fazê-lo, embora enunciações singulares e formas linguísticas sejam expedientes apropriados que nos conduzem ao conhecimento de fatos. A natureza fenomênica de um fato, no entanto, não o torna objetivamente disponível para qualquer sujeito, nem faz dele uma percepção universal: ainda que haja muitos fatos que devam ser traduzidos precisamente pelo teor universal que assumem. Analisemos, nos exemplos abaixo, a importância que *conhecimento de fatos* pode representar para o processo da leitura:

> (05) Se devemos uma fábula, então era uma vez. (Nagao, FSP)
>
> (06) Gripe Pitta: aquela que deixa você em frangalhos. (José Simão, FSP)

Os dois exemplos acima mostram a importância do que pode representar para a sua compreensão o conhecimento que o leitor tem de fatos neles presentes. No primeiro exemplo, se o leitor domina o fato "a dívida externa do Brasil é muito grande", ele poderá fazer diversas incursões para compreender outros aspectos de sua leitura. Por exemplo, **fábula** poderá ser lido com um So_1: [grande quantidade de dinheiro], ou So_2: [forma narrativa]; igualmente, **era uma vez** poderá ser lido como So_1: [operador enunciativo de ficção], ou como So2: [sem chances]. Essa reconstrução nos leva à compreensão de um efeito de sentido *a dívida brasileira é uma peça de ficção, pela sua grandeza, por isso não há chances de ser paga*. No segundo exemplo, existe uma conexão entre o nome da gripe – **Pitta** – e o estado dela decorrente – **em frangalhos**. Aqui o termo **frangalhos** foi escolhido porque lembra o termo **frango** que determina o fato "a compra de frangos para merenda escolar pela Prefeitura de São Paulo está sob suspeita de irregularidades." A frase apresenta, portanto, dois efeitos de sentido distintos: (a) o estado consequente de quem contraiu a gripe, traduzido pela expressão **em frangalhos**; (b) o estado consequente de quem contraiu a gripe – em *frangalhos* – associado à participação do prefeito na compra irregular de *frangos*. Se o leitor conhece o fato em questão, certamente, sua leitura alcançará o segundo efeito de sentido, do contrário, o seu domínio poderá ficar restrito apenas ao primeiro.

b) conhecimento de intenções: no outro extremo da escala, situamos uma *intenção* que representa algo que é, de forma subjetiva, acrescentado aos fatos, aos objetos. Uma *intenção* não é uma propriedade material de um fato, de um objeto e não compõe a sua existência, mas é um modo de ser que acrescentamos a eles, através de algum procedimento que escolhemos para expressá-los, por exemplo, o discurso. Reconhecer uma *intenção* significa determinar uma feição discursiva própria que um fato está assumindo naquela circunstância específica. As intenções dependem dos sujeitos que as enunciam e só podem ser justificadas em razão da determinação de mecanismos específicos de funcionamento do código. É claro, todavia, que uma intenção não está inscrita de forma transparente numa superfície discursiva. Para ser detectada, é necessário um esforço interpretativo muito grande, comparando-se à interpretação de um fato, e nunca saberemos se o teor de uma *intenção* resgatada por um leitor corresponde, necessariamente, àquilo que foi formulado pelo autor. Essa assimetria entre autor e leitor no tocante às *intenções* não chega a representar algo de relevante no processo de leitura, pois o importante é que o leitor seja capaz de apontar os procedimentos discursivos que justificam uma orientação de leitura apontada para um texto. Vejamos os trechos seguintes extraídos de textos de Millôr Fernandes ("o Brasil") e de Luís F. Veríssimo ("o desfile"), constantes do anexo:

> (07) O Brasil é um país maior do que os menores e menor do que os maiores. É um país grande, porque, medida sua extensão, verifica-se que não é pequeno.

> (08) O PDT, como se viu, teve problemas na concentração. Muita gente não sabia para que lado ir. Se avançava muito era contida pelo presidente da escola, o Leonel, que recomendava cautela, mas era o primeiro a incentivar o pessoal de "É agora!", logo modificados para "É depois!" (...) Mas o que prejudicou mesmo a escola foi a indecisão na hora da saída. Eles não sabiam se saíam ou se esperavam chegar mais gente que debandava das outras escolas. E também teve o episódio do pipi. Leonel foi fazer pipi e toda a escola foi atrás, o que causou novo tumulto. O samba era bom, adereços e harmonia, bons e a bateria até que se saiu bem, considerando que Leonel insistiu em tocar todos os 120 instrumentos sozinho.

Consideremos o exemplo (07): nada impede, de início, que aceitemos parte das afirmações do autor como descrição física de um objeto, baseada em certas propriedades, como *(O Brasil) É um país grande...* Outros componentes, entretanto, mostram que tal descrição é apenas o ponto de partida para uma crítica que se mostra construída pelo caráter redundante das expressões – *...país maior do que os menores e menor do que os maiores...,(é grande)...verifica-se que não é pequeno*. As informações contidas nas duas frases nada descrevem em relação ao objeto em questão, mas apenas reiteram, de modo tautológico, aquilo que já foi descrito objetivamente, porque [não ser pequeno] apenas reproduz [ser grande] e só é possível [ser maior/menor] em relação àquilo que é menor/maior. Aqui, portanto, justificamos a intenção do autor de falar desse ufanismo incomensurável (até pelo uso de adjetivos dimensionais), mediante uma retórica do vazio que apenas reproduz, através de outros mecanismos linguísticos, uma propriedade já atribuída ao objeto. Aqui, então, a presença da *intenção*, reveladora da crítica ao ufanismo, pode ser justificada pelo modo particular, através do qual o autor constrói a mensagem, a saber, a opção pela reduplicação das predicações aplicadas aos objetos.

No caso de (08), dentre muitos aspectos da crítica que o autor faz ao PDT, gostaríamos de destacar dois mais específicos, onde a *intenção* intervém de modo categórico. As duas menções seguintes ao líder do partido – *...E também teve o episódio do pipi. Leonel foi fazer pipi e toda a escola foi atrás...* e *... considerando que Leonel insistiu em tocar todos os 120 instrumentos sozinho* – mostram que apenas o conhecimento do fato, que se faz aí presente, não é suficiente para caracterizar o que há de mais relevante no texto. Logo, saber que Leonel é o líder do partido em questão é um fato importante, mas o comportamento dos liderados e o da liderança só pode ser alcançável pela *intenção* que podemos detectar em *"...foi fazer xixi e toda escola foi atrás..."* e *" ...tocar os 120 instrumentos sozinho"*. Os fatos acima narrados teriam uma relevância pequena para a compreensão da crítica textual do autor, se o leitor não fosse aqui capaz de fazê-los equivaler, respectivamente, ao caráter subalterno dos liderados, e ao caráter caudilhesco da liderança. Assim, a *intenção* contém uma discursividade que permite traduzir a realidade não por fatos e convenções que indicam uma certa imediaticidade com sua existência, mas por uma maneira particular de enxergá-la (através de outros fatos e de outras convenções, por exemplo).

c) **conhecimento de convenções:** a intermediação entre os dois polos anteriores faz-se pela convenção. Ela não apresenta nem o estatuto existencial de um fato – mas pode condicionar a sua existência—, nem contém o caráter de eventualidade da intenção – ainda que em sua origem possa ter esta marca. A *convenção* reporta objetos numa extensão de lei que pode ser válida apenas no interior de uma comunidade, mas pode assumir também feições universais. Ela requer, necessariamente, um outro meio – a *representação* – para fazer valer o seu papel de intervenção na realidade: inúmeros aspectos da realidade que lembram a categoria [perigo] são, convencionalmente, representados pela cor *vermelha*. Uma *convenção* assegura a existência de objetos através de leis que os integrantes de uma determinada comunidade estão mais ou menos de acordo em aceitar. Os limites entre um *fato* e uma *convenção* costumam não ser muito nítidos, pois muitos *fatos* assim se fizeram, por força de *convenções* e dos quais já não mais retemos as normas que possibilitam sua existência. Da mesma forma, sua proximidade com uma *intenção* decorre por ser esta uma forma possível de se construírem *convenções*: usos intencionados que alcançaram amplitude e reconhecimento social acabam por se transformar em convenções. Analisemos, no exemplo abaixo, a relevância do conhecimento de convenções para a leitura:

(09) Prato do dia: bacalhau com pó-de-arroz. (JB)

A leitura do exemplo acima exige que o leitor tenha domínio de algumas convenções até mesmo para determinar o estado de coisas que está sendo relatado. Vamos supor, inicialmente, que o leitor, como de costume, procure analisar (09) apenas pelas relações linguísticas nele contidas. Assim, um efeito de sentido geral sobre *refeição* parece estar sugerido pela correlação entre **prato do dia**, como um destaque dado num cardápio de um restaurante, **bacalhau**, como um tipo de peixe, e **arroz**, como um cereal. Esta correlação, porém, apresenta dificuldades em um ponto específico das correlações lexicais, porque é natural, no campo da alimentação, associar **bacalhau** e **arroz**, mas os nossos hábitos normais não apontam para uma naturalidade na associação entre **bacalhau** e **pó-de-arroz**. Na verdade, não reconhecemos este como um ingrediente básico do processo alimentar e a leitura fica obstruída. Aqui, portanto, as correlações lexicais não dão conta dos efeitos de sentido da frase, pois é preciso que venhamos a compatibilizar esta última correlação com as outras partes, o que só é possível pelo conhecimento de convenções circunstanciais que traduzem **bacalhau** por *Vasco da Gama* e **pó-de-arroz** por *Fluminense*. O conhecimento destas convenções nos permite agora recompor todo o sentido do enunciado, convertendo, em razão de uma intenção de uso, **prato do dia** [destaque de um cardápio] em **prato do dia** [destaque de uma rodada]. Logo, o domínio das convenções mencionadas – que podem estar associadas a extensões fatuais e/ou a orientações intencionais – permite compreender que (09) reporta um estado de coisas, onde Vasco da Gama e Fluminense faziam o jogo mais importante da rodada.

Em razão dos comentários que acima desenvolvemos, podemos concluir que existem inúmeras exigências que são impostas às atividades de leitura. Tudo aquilo que comumente é denominado de conhecimento prévio para a leitura – nenhum usuário poderia empreender a leitura de um texto, se tivesse que, na circunstância de sua decodificação, aprender todas as exigências necessárias – faz-se representar nos parâmetros que acima mostramos. Sejam as condições de naturalidade da forma dos significantes, incluindo aqui os aspectos sistêmicos de conhecimento de propriedades e relações lexicais e sintagmáticas, seja o conhecimento de fatos e de convenções, tudo concorre para o ato efetivo da leitura. Quanto às intenções, podemos dizer que o leitor dispõe de estratégias prévias – a mais marcante delas talvez seja a desconfiança que lançamos sobre os sentidos em maior ou menor grau – as quais permitem apenas construir hipóteses de leitura que podem ou não ser justificáveis com arranjos possíveis do código. Nos comentários acima, orientamos a relevância dos parâmetros acima, como um suporte básico de leitura, mas é claro que, com exceção da naturalidade do significante, todos os outros fatores podem também ser considerados como resultados do processo de leitura. Toda atividade de leitura, no processo escolar (ou não), resulta no conhecimento ampliado de fatos e de convenções, da mesma forma que agiliza o processo de remontagem do código na percepção de intenções. A possibilidade de se assumir *conhecer* como consequência de *ler* nos leva a análise da segunda relação.

Segunda relação: [ler] → [conhecer]

A segunda orientação que acima mencionamos recobre, ainda quando restrita a uma atividade linguística, uma multiplicidade de situações, o que torna difícil destacar, dentre muitas atividades humanas, alguma em que a leitura não intervenha de modo decisivo. Gostaríamos, portanto, de orientar o alcance desse leque de possibilidades, conduzindo nossa reflexão para contrastar *conhecer*, na extensão de um *mundo possível* e na extensão de um *mundo vivido*. Comumente, expressamos esse contraste através da comparação entre *interpretar* e *referir*, fazendo este equivaler ao *mundo vivido* e aquele a um *mundo possível*. São termos muito próximos um do outro e o seu uso indiscriminado (como também o especializado) não constitui uma garantia diferencial das atividades que pretendem demarcar. O termo *referir* costuma ser preservado a designar uma realidade historicamente vivenciada, documental, onde os objetos, os fatos, as convenções apresentam um certo consenso na comunidade. *Interpretar* pode recobrir o território do *referir*, mas vale também para quaisquer outras circunstâncias imagináveis, onde intervêm outras realidades, tornando os fatos e as convenções meros análogos do *mundo vivido*. Quando decodificamos uma proposição, por exemplo, podemos ter a impressão de estarmos *referindo*, se reportamos algo histórico e culturalmente experimentado, ou de estarmos *interpretando* algo, ou seja, tornando compatíveis aspectos funcionais de um mundo não vivido. Estados mentais provenientes de uma ou outra atividade nem sempre são suficientes para distingui-las, pois estamos sempre aptos a dar um "efeito realista" a coisas que imaginamos existir: uma experiência vivenciada (suposta) com objetos, com fatos, com convenções pode ser o reflexo direto do *referir*, mas pode ser também do *interpretar*. Aqui parece situar a dificuldade maior com a questão, pois a atividade linguística possibilitou criar um "efeito de realidade" que pode não mais assegurar uma diferença entre *referir* e *interpretar*. O que difere uma atividade da outra? A que condições devemos submeter o *interpretar* e a que outras devemos submeter o *referir*?

A princípio, podemos admitir que o único limite possível para a interpretação é o não reconhecimento de uma naturalidade das formas significantes (escrita ou falada), na extensão do comentário acima desenvolvido. Quando superamos essa barreira inicial do significante, é difícil determinar proposições para as quais seja inviável determinar um *mundo possível*, onde venham a se tornar interpretáveis. Devemos, todavia, considerar algumas dificuldades adicionais, numa escala de problemas que pretendemos analisar a partir dos exemplos abaixo. Assim, o reconhecimento da forma significante pode nos levar a não descartar o exemplo seguinte:

    (10) O ligrovo renurou as samepas.

O esforço interpretativo aqui pode, com certeza, ter uma sobrevida maior, em comparação ao exemplo já mencionado com uma deformação clara sobre o significante: as formas são naturais para os falantes do português (não há, por exemplo, a violação de nenhum padrão silábico da língua) e isso permite que se invista um pouco mais. Logo, **ligrovo** deve lembrar algo do gênero masculino (o ....-o), **samepas**, feminino e plural (as ....-as), **renurou**, forma verbal pela posição e pela terminação/concordância (........-ou); além disso **ligrovo** pode ser o agente e **samepas**, o objeto afetado e, por fim, "sabemos" ainda que **as samepas foram renuradas pelo ligrovo**. A ilustração é extravagante, mas tem a intenção de mostrar os "estragos" que a interpretação pode produzir. Com base em exercícios de interpretação sistêmicos como esse, nada impede que venhamos aplicar a proposição a um mundo possível, conferindo algum tipo de conteúdo conceitual às unidades léxicas e, com isso, alcançar uma fração de realidade. Nesse plano da discussão, o nosso esforço interpretativo avança até um certo patamar: suas pretensões referenciais, no entanto, são interrompidas pela impossibilidade de um recorte correspondente numa realidade vivenciável e relativamente consensual. Vejamos uma outra escala:

(11) Aynarku é o único país estrangeiro existente no interior do Brasil.

A proposição acima não apresenta qualquer transtorno preliminar para a interpretação: os itens lexicais são padrões correntes na língua, excetuando **Aynarku** (espelhamento de Ukrânya, grafado, propositadamente, com 'k' e 'y'), que pode causar algum constrangimento formal, mas que se compatibiliza, conceitualmente, com **país estrangeiro**. Superadas exigências iniciais, sua interpretação se torna natural de tal modo a podermos afirmar que este país não é determinável, nas condições geográficas em que conhecemos o Brasil. Se (11) não fosse interpretável, normalmente, nem isso dela poderíamos afirmar. As dificuldades com (11), portanto, decorrem da ausência de correspondência entre o seu conteúdo proposicional e um estado de coisas que atestamos pela nossa vivência histórica. É claro que a nossa realidade histórica não atesta nenhum ponto no interior do país a que nos devêssemos submeter a um certo cerimonial de país estrangeiro. Entretanto, riscos de uma confluência entre o *interpretar* e o *referir* continuam existindo, em razão do "efeito de realidade" que podemos derivar de (11), descrevendo, por exemplo, o seu sistema político, suas características geográficas, suas atividades culturais, sua intenção de realizar a próxima olimpíada, a implantação de sua nova moeda, o virtual etc. Passemos a um outro patamar da discussão:

(12) Eu vou à lua a nado.

Condições anteriores que foram descritas para a interpretação são plenamente satisfeitas para o exemplo em questão; o conflito, todavia, entre *interpretar* e *referir* continua existindo, conforme já comentamos anteriormente, mas agora respaldado por outros parâmetros. Trata-se da indisponibilidade de um estado físico aquoso que ligue um espaço terrestre qualquer **à lua** e que, por essa razão, compatibilize o modo de ser **a nado** com uma realidade experimentada. É possível admitir, porém, que (12) tenha algum tipo de aplicação em um determinado mundo possível, e até mesmo a circunstâncias especiais de uma realidade experimentada. Na verdade, podemos supor, ao menos, três mundos possíveis onde ela se aplica, condicionando cada aplicação à necessidade de abrandamento nas condições interpretativas para cada um dos itens **vou**, **à lua**, **a nado**, fato absolutamente corriqueiro em qualquer prática de linguagem. Assim, podemos ter:

(i) **vou**: (a) necessidade de suspensão das exigências físicas e orgânicas por ser uma ação produzida por membros locomotores; (b) necessidade de suspensão das restrições físicas não orgânicas por se tratar de uma tarefa a ser desempenhada por meios de transporte; (c) suspensão das condições que impõem que a consecução da ação se faça entre dois espaços (origem e destino). Abrandando, portanto, as exigências (a) e (b) acima, que condicionam o uso do verbo **ir**, podemos desempenhar a tarefa descrita em (12) nos sonhos, em pensamento, onde não haveria qualquer incompatibilidade de interpretação com a forma verbal;

(ii) **lua**: suspensão das condições que concebem **lua** como um objeto físico, natural, a uma tal distância da terra, com características geológicas, climáticas específicas etc. Por essa alteração, podemos ajustar a aplicação do nome **lua** a outros objetos espaciais, por exemplo, a uma **ilha**, tornando a interpretação adequada;

(iii) **à lua**: suspensão das exigências que caracterizam a expressão como indicativa de um lugar-destino da ação, isto é, o objetivo final do esforço físico de um sujeito, literalmente caracterizado por **nadar**. Por esse critério, podemos **nadar** em uma lagoa em direção à lua que está nascendo, sem que isso represente alcançar o destino, conforme a restrição (c) em (i) acima.

Os três mundos possíveis que imaginamos, a partir do abrandamento de condições semânticas, podem apresentar uma estreita relação com o mundo que experimentamos: de fato, eles nada mais são do que extensões analógicas – e em parte vivenciadas – de algo que testemunhamos. Quando construímos um mundo com um abrandamento das condições semânticas de **à lua**, nada alteramos em relação a outros itens e arrastamos para este mundo imaginado o que conhecemos da experiência com **vou** e **a nado**, da mesma forma que costumamos não abandonar, de todo, parte da experiência que temos de **lua**. Não seria possível, com certeza, construir um mundo em que tudo fosse absolutamente alheio às experiências vividas: este mundo seria lógica e conceitualmente impossível porque iria exigir que o seu construtor tivesse sua memória apagada por completo e que os seus possíveis intérpretes tivessem que aprender tudo sobre ele. Um romance, um conto, uma crônica, por mais revolucionários que fossem na sua temática, na sua estrutura narrativa, não poderiam esperar dos seus leitores que eles viessem a aprender todas as relações conceituais, culturais que compõem sua tecitura. Nenhum leitor dispõe de tempo físico suficiente para esse reaprendizado.

São dificuldades desta natureza que costumam ofuscar uma pretensa fronteira entre uma realidade historicamente vivenciada e outras que compomos através de fragmentos do vivenciado, associados a recursos da nossa imaginação. Aqui chegamos ao limite superior do *interpretar*, um limite que deve ser traduzido pela própria impossibilidade racional de ser delimitado. O limite aqui é do leitor que recua diante dos desafios do código – os textos requerem custos de processamento diferenciado – e que cede à resistência do sentido – nem todo efeito de sentido está estampado na superfície do texto. Embora em muitas situações o desejo de impor uma "disciplina" à linguagem tenha sido a imposição de um limite ao *interpretar* – as linguagens técnicas e científicas procedem dessa forma, pois elas precisam *referir* —, os efeitos da "indisciplina" têm sido, comumente, usados como um estímulo para novos padrões do *referir*, ou, ao menos, para novos desafios do *interpretar*.

Por mais que reafirmemos as dificuldades para separar *interpretar* e *referir*, em razão do teor transitório dos resultados que definem uma e outra forma de intervenção na realidade, é importante resguardar alguma diferença entre eles. Renunciar ao desafio de apontar-lhes diferenças não parece ser o caminho mais apropriado; apontá-las, sabemos, nem sempre é uma tarefa muito cômoda. Aqui podemos recorrer a uma formulação possível do paradoxo de Zenão. Vamos supor que estivéssemos numa sala qualquer e quiséssemos atravessá-la de um lado a outro, utilizando um método de saltar, de cada vez, a metade da distância a ser percorrida, na direção do lado oposto. Por este critério poderíamos saltar, eternamente, sem alcançar a parede oposta, porque depois de cada salto, sempre restaria um outro segmento a ser redividido e assim por diante. A experiência vivida nos atesta algo diferente: ao cabo de meia dúzia de saltos corremos o risco de chocar-se com a parede. Assim, a impossibilidade de alcançar a parede oposta é o modo através do qual *interpretamos* a dificuldade lógica de Zenão; a possibilidade de chocar-se com a parede é o modo pelo qual *referimos* um fato de realidade. Aqui se situa um limite claro entre linguagem e realidade, um limite que, muitas vezes, somos conduzidos a operar nas práticas de leitura.

Da expressabilidade à compreensibilidade

As condições que descrevemos, em cada um dos planos acima, representam condições básicas para a atividade de leitura. Algumas – as condições do primeiro plano – são pressupostas na maioria dos casos; supomos o seu domínio por parte daqueles que se inserem em tal atividade. Outras – as do segundo plano —, entretanto, ainda que analisadas aqui de modo localizado, apresentam uma generalização para qualquer extensão de discurso, além de implicarem um cuidado conceitual maior. Dentre as últimas, destacamos a *intenção* como aquela que requer, com certeza, um cuidado operacional de interpretação maior, porque se constrói como um acontecimento discursivo ímpar e a essa singularidade é que devemos responder através de estratégias de leitura precisas. Como podemos contornar, com alguma objetividade, a questão das *intenções* no corpo de um texto?

Todo texto, como sabemos, é construído a partir de um conjunto de preceitos determinantes que o seu autor aciona. Para qualquer texto, o primeiro preceito a que se submete se faz representar pelas regras da língua em que foi escrito. Não seria logicamente possível construir um texto, desconsiderando determinações do sistema linguístico (nem determinações históricas); um produto que assim fosse produzido não seria, com certeza, um texto. Em situações específicas, podemos ser levados, por alguma razão expressiva, à confrontação com o teor determinante do sistema e da história. Quanto mais tentamos fugir aos padrões determinantes da expressão das ideias, tanto mais elaborados costumam ser os recursos linguísticos necessários para sua execução e, por mais elaborado que seja um texto, nunca tivemos a informação que ele tenha esgotado a capacidade de dizer de um sistema. A concepção aqui lembrada de que a capacidade expressiva de um sistema é sempre maior de que todo o conjunto dos textos que a partir dele já foi produzido associa-se, diretamente, ao *princípio da expressabilidade*, formulado por Searle[5], segundo o qual "...tudo o que se quer dizer pode ser dito...".

A compreensão desse princípio nos leva, de imediato, a contemplar a correlação entre *falar, dizer* e *querer dizer*. Tudo o que *dizemos*, de fato, nem sempre está contido na forma que acionamos para *falar*: este, por razões de economia, é sempre um esboço daquele. Da mesma forma, tudo o que *queremos dizer* pode não estar contido naquilo que *dizemos*. Se *falamos* a proposição "A porta está aberta!", descrevemos um certo estado de coisas (está aberta) sobre um objeto (porta), que independe da linguagem (ela foi usada apenas para registro de um fato). Entretanto, podemos com a proposição estar *dizendo* mais do que realmente proferimos, sugerindo a alguém *fechar a porta,* ou o convidando para *se retirar do recinto* etc. Essa dimensão do *dizer* contém uma dependência da linguagem, pois os conteúdos que foram deduzidos mantêm alguma relação de causalidade com o que foi proferido. Não existe nenhum padrão preciso para mostrar os limites que o *falar* impõe ao *dizer,* a não ser o de assumir o primeiro como uma orientação para o segundo. É claro, então, que o enunciado em análise está muito mais distante em termos de nexo causal com um conteúdo que sugerisse alguém, por exemplo, *pentear o cabelo,* ou *cortar as unhas,* embora não se possa bloquear, a princípio, a possibilidade de se criar condições para a sua existência. Por outro lado, o uso da proposição ainda pode trazer, em complemento aos efeitos de sentido já descritos, uma outra dimensão que lembra o *querer dizer:* ela pode refletir o estado de irritação de quem a enuncia com o barulho exterior, ou ela pode ser usada para provocar alguém que sempre deixa a porta aberta etc.

Ao discutir algumas condições para o funcionamento do princípio da expressabilidade, Searle aponta-lhe duas restrições, isto é, o conhecimento insuficiente do funcionamento da língua por parte do falante e supostas deficiências da língua em recobrir certos aspectos da significação. O próprio autor, todavia, refuta ambas, mostrando razões para torná-las superáveis. O resultado que podemos inferir da sua exposição é que não conhecemos um limite superior da expressão linguística e consequentemente da compreensão de um texto. O autor destaca esse fato mostrando a correlação que faz desse princípio com aquilo a que poderíamos chamar *princípio da compreensibilidade.* Searle comenta: "Em segundo lugar, o princípio de que qualquer coisa que se queira dizer pode ser dito não implica que tudo que pode ser dito pode ser compreendido pelos outros, pois isto excluiria a possibilidade de uma língua particular."[16] Em que extensão, portanto, o comentário do autor mostra alguma correlação com o processo da leitura e, em especial, com a intenção?

Embora o autor não tenha avançado na discussão da compreensibilidade e excluído de sua formulação o argumento fortuito de uso de uma língua particular, podemos afirmar que é possível, para qualquer texto, construir hipóteses sobre sua compreensão, pois, com certeza, nenhum texto é escrito com o objetivo de ser ilegível. Uma ilegibilidade absoluta só seria alcançável através de uma deformação também absoluta da forma natural de todos os significantes da superfície textual, como mostramos em (01), ou de todas as combinações lexicais e sintagmáticas possíveis. Não nos consta, todavia, que esta seja uma prática corrente, e nem ao menos esporádica, na produção de textos. Assim, uma ilegibilidade absoluta é tão improvável, quanto o é uma legibilidade absoluta: a primeira pelo desinteresse prático que representa, a segunda pela impossibilidade lógica de que se reveste, pois ainda não sabemos o que seja experimentar a totalidade dos sentidos de um texto. Nenhum dos extremos importa, no momento, para nossa reflexão; interessa-nos antes uma (i)legibilidade parcial, sobre a qual podemos formular hipóteses de compreensão, ou seja, possibilidades específicas de formulação de um princípio da compreensibilidade.

No plano dessa (i)legibilidade parcial, a nossa experiência de leitura é sempre submetida a uma gradiência que vai, excluídos os polos absolutos, de graus do ilegível a graus do legível, isto é, não há um texto em relação ao qual podemos dizer que *nada* compreendemos, como não há um texto sobre o qual podemos dizer que *tudo* entendemos e *nada* mais dele podemos entender. Uma gradiência construída em termos de padrões de (i)legibilidade não pode conter demarcações rígidas: a apreensão ou não de qualquer detalhe do processo de construção linguística de um texto (relações lexicais, relações sintáticas, por exemplo) pode fazê-lo deslocar nessa escala. O conhecimento ou não de um fato, de uma convenção nele inseridos também o redefine em termos de legibilidade. Para cada uma destas situações o que o leitor faz é construir um *princípio de compreensibilidade* que seja capaz de responder por aspectos do processo de significação. A construção de qualquer princípio, entretanto, pode ter um custo de processamento diferente, dependendo da quantidade e da qualidade dos vestígios de conexão conceitual que a expressabilidade deixou marcada no texto e que serve de base para o trabalho do leitor. Há textos que se orientam por uma saturação das duas funções acima – um texto do noticiário jornalístico almeja esse padrão e, por isso, raramente o relemos—; outros há em que as exigências de construção da compreensibilidade requerem que voltemos ao texto, por diversas vezes, na busca de vestígios – raramente julgamos suficiente uma única leitura de um poema, por exemplo. As dificuldades de montagem de um princípio de compreensibilidade tornam-se ainda maiores, quando deparamos com a necessidade de justificar *intenções*. Que parâmetros podemos assumir na sua justificação?

Para comentar a questão, faremos referência ao texto anexo *Botânica*, de Luís F. Veríssimo, procurando apontar diversos planos de construção do seu sentido. Assim, quanto à compreensibilidade (e de resto também a expressabilidade), podemos localizar três momentos específicos do texto. O primeiro mostra a expansão conotativa, no sentido de Barthes,[7] de todos os termos que são, convencionalmente, usados para designar [formas jocosas de dizer][8], em signos que representam [formas de vida vegetal][9] Assim, numa primeira leitura, assumimos essa compreensão em razão de fatos linguísticos como:

(i) relações sintagmáticas:
(13) os *chistes brotam...* não são *cultivados...*,
(14) Aqui temos um belo *ramo de chufas*,
(15) Uma *anedota* em formação. Vejam as *folhas* recém estão se abrindo e...

Aqui entendemos que **chistes** (*brotam, são cultivados*), **chufas** (*ramos de*), e **anedota** (*folhas se abrindo*) podem ser interpretados como [formas de vida vegetal] pelas relações sintagmáticas que mantêm com os elementos entre parênteses. É claro que, nem sempre, a decisão interpretativa é assumida em razão de uma correlação isolada entre os termos indicados, senão considerando o texto na sua totalidade. No caso, acima, individualmente, quaisquer das correlações poderiam ser interpretadas de modo diferente. O conjunto, entretanto, acaba por orientar na direção em que estamos apontando a sua interpretação.

>(ii) relações hiponímicas:
>
>(16) – Estas *plantas* de folhas pontudas.../ – *Zombarias*.
>
>(17) – E estas pequeninhas (*plantas*), de várias cores? São *graciosas*.
>
>(18) – ... Ah, e aquela *trepadeira* que se enrosca no tronco, subindo com ele e quase o escondendo: é uma *sátira*.

A interpretação de **zombarias, graciosas** e **sátira**, como espécies de plantas, torna-se possível em razão da relação hiponímica que é mantida com *plantas* (plantas ì zombarias, graciosas) e com *trepadeira* (trepadeira ì sátira). Em outras palavras, enquanto as duas primeiras são classificadas como membros da classe das *plantas,* a última é definida como um membro da classe das *trepadeiras*. Há ainda um outro critério que justifica a interpretação que estamos apontando para as unidades em questão, conforme abaixo descrevemos:

>(iii) definições sintéticas:
>
>(19) Aquele *arbusto desajeitado* é a *ironia pesada*.
>
>(20) Estas são *facécias* – aponta, mostrando uma *espécie de orquídea contorcida*.
>
>(21) ... *de folhas pontudas...* / – *Zombarias*.

Por razões semelhantes, **ironia pesada, facécias** e **zombarias** devem ser interpretadas como tipos de plantas, devido às descrições que servem de atributo a cada uma delas, isto é, *arbusto desajeitado, espécie de orquídeas contorcidas, de folhas pontudas,* respectivamente. Aqui, parece tratar-se de uma forma híbrida de compreensão, seja pela relação membro/classe (*arbusto/ironia, espécie de orquídea/facécia*), seja por relações metonímicas (sintagmáticas) (*folhas/zombarias*); apenas o último caso mostra-se mais flexível em termos de interpretação, já que outros objetos podem ter **folhas** como parte. Critérios como os que foram citados possibilitam resgatar, na própria superfície do texto, alguns vestígios que servem para instrumentalizar a atividade de leitura.

Um segundo aspecto de sua leitura remete à construção de um campo semântico sobre plantas, a partir de um extenso vocabulário que lembra possibilidades diversas de expressar, como **piadas, motejo, gracejos, graçola, lorota, pilhéria, remoques, troças, motes** e muitas outras. Este conjunto de palavras que no sistema representa [formas jocosas de dizer] migrou para o texto e ali, num primeiro momento, foi contaminado pelo sentido geral que é dado pela estrutura do diálogo, onde, aparentemente, dois personagens conversam sobre plantas. O campo semântico estruturado só tem valor, portanto, nas circunstâncias textuais que foram criadas para que ele funcionasse. Apagado o sentido do texto, desfaz-se o campo semântico e os termos voltam à normalidade no sistema que os rege.

Ao recuperarmos parte dos vestígios que se mostram registrados na superfície textual, ajustamos a nossa leitura à necessidade de compatibilizar certas informações linguísticas que o texto faz emergir. Nesse estágio, por exemplo, já percebemos que parte do vocabulário ali utilizado foi recodificado[8], de modo a cobrir outras relações de sentido. Agindo dessa forma, já teremos avançado sobre um padrão de interpretação do texto que, embora não seja suficiente na recuperação de uma dimensão aplicativa que a ele podemos atribuir, isto é, uma caracterização da forma de ser do poder, ou de formas possíveis para avaliar o poder, já mostra um vasto terreno de efeitos de sentido. Como podemos reconstruir esse outro padrão interpretativo para alcançar a caracterização que acima apontamos?

Uma vez mais, devemos recorrer a vestígios que se fazem representar no texto; podemos mostrar que a designação dos nomes de plantas inclui outros termos que não compõem o campo lexical das [formas jocosas de dizer]. O autor estende essa designação a *bobagens-de-ministro, ordens-do-dia, outras-do-newton e moratórias-do-campo*. No texto, tais expressões passam a fazer parte do mesmo campo semântico dominado pela ideia genérica de [formas de vida vegetal]. Analisando relações lexicais nas expressões *bobagens*-**do-ministro**, *outras*-**do-newton**, ***ordens-do-dia***, ***moratórias*** -*do-campo*, verificamos que os termos em negrito apontam para uma outra rede de significações que ultrapassa o próprio campo semântico já mencionado ou que a ele já não se ajustam de forma natural, por lembrar esferas do poder público/político. Se antes fizéramos uma expansão conotativa do signo, na proposta de Barthes, agora, depois de uma primeira leitura de reconhecimento de tais termos no campo semântico de plantas, devemos recuar àquilo que seria uma denotação primária, assumindo cada um dos componentes especificados como integrantes da esfera política. Nessa extensão, podemos entender o comentário do próprio autor, ao contrastar a alternância entre os dois processos de significação:

> ...dos dois sistemas, denotativo e conotativo, um deles evidencia-se: o da denotação; a denotação não é o primeiro dos sentidos, mas finge ser; sob tal ilusão, ela não é, finalmente, senão a última das conotações (aquela que, simultaneamente, parece inaugurar e fechar a leitura),...[10]

Circunstancialmente, o texto ainda nos apresenta outros momentos que fundamentam uma orientação de leitura para análise do poder público:

> (22) O escárnio é uma variedade do sarcasmo ...mas hoje é considerado uma categoria à parte, e altamente perniciosa a toda vida vegetal, animal, **social** e **nacional**.

> (23) ...e o resultado é que o escárnio se espalhou pelo **Brasil** e se generalizou...

Os elementos acima destacados (**social**, **nacional** e **Brasil**) continuam justificando críticas feitas à atividade política. Há ainda outros aspectos do texto, onde, certamente, poderíamos justificar a presença da intenção: trata-se de todo um conjunto de efeitos de sentido gerado a partir do uso de alguns dos termos que lembram [formas jocosas de dizer] e de sua associação possível a fatos da vida política. No exemplo acima, o fato de ser o *escárnio* que grassa por todo o país fornece-nos uma caracterização da disseminação do desprezo com que a cidadania é tratada em toda a nação. O espaço aqui disponível não permite, entretanto, que isolemos cada um dos termos e avaliemos a intenção de seu uso em situações determinadas do texto.

Considerações finais

Ao longo dessa reflexão, procuramos apontar alguns aspectos que julgamos importantes para a fundamentação do processo de leitura. Fizemos um percurso, contemplando desde condições primárias, em termos do domínio do significante, até questões mais complexas, isto é, o domínio das convenções e das intenções. Por último, destacamos alguns procedimentos que nos levam a formular um princípio de compreensibilidade para um texto. Nenhum desses momentos tem relevância no processo de leitura de modo autônomo. Ler um texto, determinando padrões de conhecimento para sua compreensão, ou assumindo-o como instrumento para conhecer, continua sendo um ato de extrema complexidade, onde a dependência de condições parece avolumar-se na medida em que apuramos a nossa metalinguagem. A constatação inicial é que caminhamos muito na compreensão do objeto da leitura, tal a diversidade de percursos teóricos e o número de categorias conceituais que a ela temos associado, mas a sensação final, depois de trilhado um desses percursos, é que ainda estamos muito longe de sua compreensão efetiva, ao menos como um instrumento analítico que pudesse ser incorporado de modo decisivo às práticas pedagógicas. Aqui o sucesso tem decorrido muito mais do improviso, do arrojo e da intuição de educadores do que propriamente da disponibilidade de um "tecnologia de leitura", ainda que muitos "componentes" dessa tecnologia possam estar disseminados pelas abordagens em curso. O importante, no momento, não é forjar essa "tecnologia" a qualquer custo, mas estruturar alguns parâmetros que contribuam para justificar e compreender o trabalho do falante na atividade de leitura. Foi com esse objetivo que trouxemos aqui esta reflexão.

NOTAS

[1] Texto apresentado na Mesa-redonda: *Leitura e conhecimento na infância e na adolescência*, do Seminário: "O jogo do livro infantil II – a leitura", promovido pelo CEALE-FAE/UFMG e pela UFOP, no período de 28 a 30 de setembro de 1997, em Mariana.

[2] Hugo Mari é professor do Departamento de Letras Vernáculas da Faculdade de Letras – FALE/UFMG.

[3] Em se tratando da manifestação oral da língua, exemplos como (02) são absolutamente naturais, pois é no formato de um contínuo que, como falantes nativos, percebemos a cadeia de significantes.

[4] Trata-se de uma manchete de matéria policial do *Diário da Tarde*. Aqui não está em questão para nós as possibilidades polissêmicas, como frase isolada, de itens como **galinhas**, **comer**, nem a ambiguidade marcada pela não especificação do sujeito de **comer**.

[5] Numa apresentação mais formal do princípio da expressabilidade, SEARLE (1981, p.31) escreve: (L) (X) (L quer dizer ⊗ P ($ E) (E é uma expressão exacta de X). No uso que faremos desse princípio, gostaríamos de reescrevê-lo, acrescentando-lhe o seguinte fato: *tudo que se quer dizer pode ser dito E COM QUALQUER PALAVRA*.

[6] SEARLE, J. *Actos de fala*. Coimbra: Almedina, 1981, p.31.

[7] BARTHES, R. *Elementos de semiologia*. São Paulo: Cultrix, 1975, p.95,6.

[8] Estamos usando [formas jocosas de dizer], para fazer uma referência conceitual genérica a termos que aparecem na crônica, como *facécias, anedota, chistes, ditérios, piadas, chufas, zombarias, escárnio* entre outras. Assim, se por um lado eles, com o seu valor relativo no conjunto, coincidem no modo particular de enxergar as "fraturas" dos fenômenos (o lado grotesco, humorístico, contraditório, negativo), por outro, eles apresentam uma forma particular de operar com o código, seja pelo rompimento com relações lexicais, seja pela manipulação da relação Se/So, seja pela produção intencional de ambiguidades, seja por deslocamentos metonímicos. Determinar estes aspectos do seu funcionamento está fora do alcance desse texto.

[9] No formato proposto por Barthes, a expansão de tais signos poderia ser representada de seguinte maneira: *(Se: facécias, chistes, piadas.../So: formas jocosas de dizer)/ So: formas de vida vegetal)*.

[9] A ideia generalizada de que o conhecimento do significado de signos isolados possa representar uma condição melhor para leitura de um texto precisa, diante de casos como esse, ser relativizada. De fato, conhecer, e não só o léxico, mas quaisquer outros fatos, deve ser relevante para o processo da leitura. Em se tratando do léxico, por exemplo, uma remissão ao dicionário pode ser onerosa e pouco produtiva; no geral, muitos textos estão estruturados em termos de significação de modo a representar, eles próprios, um dicionário para os seus termos mais relevantes. E esse

fato possibilita ao leitor reconstruir algum tipo de significação, ainda que aproximada, necessária a uma compreensão inicial do texto. Aqui, não há dúvida de que a compreensão local de alguns termos nos leva à determinação de efeitos de sentido mais precisos.

[10] BARTHES, S/Z. Lisboa: Ed. 70, 1980, p.15.

REFERÊNCIAS

FERNANDES, M. *O Brasil*. [s.l.],[s.d.].

VERÍSSIMO, L. F. Desfile. *Revista Veja*. São Paulo: Abril, 12/02/86.

VERÍSSIMO, L. F. Botânica. *Revista Veja*. São Paulo: Abril, 09/09/87.

ANEXOS

O Brasil

(*Descrição física e política*)
(Uma sugestão de J. Brito Camargo)

O Brasil é um país maior do que os menores e menor do que os maiores. É um pais grande, porque, medida sua extensão, verifica-se que não é pequeno. Divide-se em três zonas climatéricas absolutamente distintas: a primeira, a segunda e a terceira. Sendo que a segunda fica entre a primeira e a terceira. As montanhas são consideravelmente mais altas que as planícies, estando sempre acima do nível do mar. Há muitas diferenças entre as várias regiões geográficas do país, mas a mais importante é a principal. Na agricultura faz-se exclusivamente o cultivo de produtos vegetais, enquanto a pecuária especializa-se na criação do gado. A população é toda baseada no elemento humano, sendo que as pessoas não nascidas no país são, sem exceção, estrangeiras. Na indústria fabricam-se produtos industriais, sobretudo iguais e semelhantes, sem deixar-se de lado os diferentes. No campo da exploração dos minérios o país tem uma posição só inferior aos que lhe estão acima, sendo, portanto, muito maior produtor do que todos os países que não atingiram o seu nível. Pode-se mesmo dizer que, excetuando-se seus concorrentes, é o único produtor de minérios no mundo inteiro. Tão privilegiada é hoje, enfim, a situação do país, que os cientistas procuram apenas descobrir o que não está descoberto, deixando para a indústria tudo que já foi aprovado como industrializável e para o comércio tudo que é vendável. Na arte também não ha ciência, reservando-se essa atividade exclusivamente para os artistas. Quanto aos escritores, são recrutados, geralmente, entre os intelectuais. É enfim o País do Futuro, sendo que este se aproxima a cada dia que passa.

Millôr Fernandes

O DESFILE

Luís Fernando Veríssimo

O PDT, como se viu, teve problemas na concentração. Muita gente não sabia para que lado ir. Se avançava muito era contida pelo presidente da escola, o Leonel, que recomendava cautela, mas ele era o primeiro a incentivar o pessoal com gritos de "É agora!", logo modificados para "É depois!" Todos estavam fantasiados de socialista mas as fantasias não combinavam, iam do vermelho vivo ao rosa desmaiado, com uns tons de oportunismo furta-cor, e muita gente não entendeu como a alegoria Getúlio Vargas e o Estado Novo encaixava no enredo. Mas o que prejudicou mesmo a escola foi a indecisão na hora da saída. Eles não sabiam se saíam ou se esperavam chegar mais gente que debandava das outras escolas. E também teve o episódio do pipi. Leonel foi fazer pipi e toda a escola foi atrás, o que causou novo tumulto. O samba era bom, adereços e harmonia, bons e a bateria até que se saiu bem, considerando que Leonel insistiu em tocar todos os 120 instrumentos sozinho.

O PT foi a surpresa do desfile e a escola que despertou maior simpatia popular, apesar de algumas alegorias, como a que fazia alusão à nuca da mãe do presidente de uma coirmã, de evidente mau gosto. A porta-bandeira cearense Maria Luíza foi sucesso com dois mestres-salas, seus ex-maridos, uma quebra de tradição bem recebida pelo público feminino. A escola, apesar de pequena, desfilou com garra e só foi prejudicada pela insistência da sua comissão de frente, formada por intelectuais, em substituir a saudação ao público por explicações teóricas e pela ameaça do carnavalesco Lula de pular no camarote do júri e conquistar o primeiro lugar a tapa, o que pegou mal. A bateria saiu reduzida porque nos últimos anos tiraram o couro da classe trabalhadora. Muito bom o samba, e a arquibancada inteira cantou o estribilho:

> A gente chega lá, oi
> chega por bem ou por mal.
>
> Tem que mudar toda a estrutura arcaica do relacionamento capital-trabalho no país, partindo de uma reorganização das bases, o
> – mas primeiro o Carnaval!

Até os turistas americanos aprenderam e cantaram. O PMDB foi prejudicado pelo gigantismo. Atravessou o samba, o que não foi melhorado em nada pelo fato de que boa parte da escola pensava que era baião. Metade das alas foi para a direita, metade foi para a esquerda e uma ala inteira de baianas foi para trás, se incorporando ao PFL, que desfilava em seguida. O tema escolhido, "Ser ou não ser, eis o sambão", não funcionou, e a alegoria viva com Ulysses Guimarães contemplando a própria caveira pareceu esotérica demais para a ocasião.

O PFL, que desfilou a seguir, se esforçou para entrar no espírito da festa e conquistar o público, mas, mesmo com a adesão das baianas do PMDB, não conseguiu. Os gritos de "Evoé" e "Alô, batuta!" dos seus componentes também não ajudaram e ficou patente a sua falta de jeito para desfilar na avenida, ainda mais de terno e gravata. Pouco comunicativo o andamento marcial do samba-enredo:

Somos do centro tão centro
que não há o que o exprima.
Não fedemos, não cheiramos
não resolvemos, não mudamos
e não saímos de cima.

O PTB também trouxe uma alegoria de Getúlio Vargas com as mãos na cabeça. A escola desfilou atrás de Jânio Quadros para a frente, para trás e para cima de uma das arquibancadas e pelas escadas do outro lado, deu a volta na rua e entrou na Praça da Apoteose pela saída, de costas, com o Olavo Setúbal se esforçando para parecer que não sabia como tinha acabado ali, de pierrô e pulando num pé só. Finalmente, com o sol a pino, depois dos garis, desfilou o PDS – ou então era alguém correndo para pegar o ônibus, não ficou bem claro.

VEJA, 12/02/86

BOTÂNICA

Luís Fernando Veríssimo

O humorista lidera um grupo num giro da sua estufa, enquanto lá fora a tempestade rufa.

– Estas são facécias – aponta, mostrando uma espécie de orquídea contorcida.

– E ali?

– Chistes.

– Há chistes por toda a parte.

– Sim, os chistes brotam espontaneamente, não são cultivados nem requerem cuidados especiais. São como bobagens-de-ministro, ordens-do-dia, outras-do-newton e moratórias-do-campo, espécies endêmicas que proliferam no Brasil.

– Como as piadas.

– Sim, se bem que a piada não nasce em qualquer lugar, só em determinadas condições.

– Estas plantas de folhas pontudas...

– Zombarias...

– E estas pequenininhas, de várias cores? São graciosas.

– Não, são gracejos. Graciosas são aquelas ali. E este fruto amarelo que estão vendo?

– O que é?

– Graçola.

– Dá suco?

– Não. Não dá nada. É como lorota, só tem aparência.

– O que é isto nesse vaso?

– Isto é uma pilhéria. E estes são remoques. E ali estão as piadas.

– Aquelas não são troças?

– Não, são motes. E, atrás, motes miniaturizados, motetes. E ali, claro, um motejo.

– E essa espécie de penugem que parece cobrir tudo...

– É ironia. Aqui, a ironia fina. Aquele arbusto desajeitado é ironia pesada.

– *Estas* são troças.

– Acertou.

– Também parecem estar cobertas por uma leve...

– É a mofa. Ah, e aquela trepadeira que se enrosca no tronco, subindo com ele e quase o escondendo: é uma sátira.

– Sátira mordaz?

– Bem, tem a mordaz e a leve, também chamada sutil. Esta é a leve.

– E esta a... Epa!

– Quase pegou seu dedo, não é? Esta é perigosa. É o escárnio.

– Mas é horrível!

– Feio, não é? Cuidado, não cheguem perto.

– Pensei que o escárnio fosse proibido.

– Na verdade, só nós, humoristas, devíamos ter licença para cultivá-lo, em condições controladas. O escárnio é uma variedade de sarcasmo que por sua vez é uma degenerescência da ironia pesada, mas hoje é considerado categoria à parte, e altamente perniciosa a toda vida vegetal, animal, social e nacional. Nós o cultivamos separado das outras plantas, mas humoristas inconscientes não tomam este cuidado e o resultado é que o escárnio se espalhou pelo Brasil, se generalizou e hoje está fora de controle. É o que dá não regulamentarem a profissão.

– Esse som...

– Ele está rindo de nós. Mas vamos adiante. Aqui temos o belo ramo de chufas.

– E ali? São dichotes?

– Quase acertou. São ditérios. Ah, e aqui está ela.

– O que é?

– Uma anedota em formação. Vejam, as folhas recém estão se abrindo e...

(VEJA, 09/09/87)

PERGUNTAS DE "COMPREENSÃO" E "INTERPRETAÇÃO" E O APRENDIZADO DA LEITURA

Yara Goulart Liberato[1]

Em um trabalho anterior (Fulgêncio & Liberato, 1992 e 1996) defendi a ideia de que, melhorando a legibilidade dos textos didáticos, favorecemos a compreensão e facilitamos o aprendizado da leitura. A legibilidade foi definida de um ponto de vista interativo, isto é, que considera a leitura como uma interação entre texto e leitor ou, mais especificamente, entre a informação que o leitor capta do texto e o conhecimento prévio que ele tem armazenado em sua memória. Esse conhecimento armazenado na memória inclui conhecimentos sobre a estrutura da língua, sobre as relações sociais, conhecimentos científicos, crenças, enfim, todo o conhecimento de que uma pessoa dispõe. O texto legível foi definido como aquele que permite ao leitor usar maximamente o seu conhecimento prévio; seja dispensando-o de processar parte da informação fornecida pelo texto – o que torna a leitura mais rápida e, assim mais eficiente; seja tornando possível a construção de pontes de sentido – inferências – necessárias à compreensão do texto.

Em outras palavras, o trabalho procurava mostrar que é possível construir, ou selecionar textos mais acessíveis, mais fáceis de compreender, ou seja, textos mais adequados ao conhecimento prévio do leitor, no que se refere tanto ao conhecimento da língua quanto ao conhecimento do assunto de que trata o texto. Apresentando tal tipo de texto ao leitor iniciante, pode-se facilitar o seu aprendizado da leitura. Não se trata de negar ao aprendiz o acesso a textos mais complexos ou mais difíceis, mas de graduar a complexidade ou a dificuldade à medida que ele vá adquirindo as habilidades de leitura. Desse modo, a criança é capaz de aprender a ler com mais sucesso, pois será capaz de compreender o que lê.

Essa proposta se baseia no pressuposto, aceito pela grande maioria dos pesquisadores, de que *só se aprende a ler, lendo*. Em outras palavras, o processo de leitura envolve o uso de estratégias que o leitor só adquire e automatiza com a experiência da leitura. Daí decorre que é preciso ler muito para se tornar um leitor eficiente. Naturalmente estamos considerando aqui a leitura funcional, ou seja, aquela em que o leitor não apenas reconhece e decodifica sinais escritos, mas, além disso, procura construir um sentido coerente para o texto. A leitura funcional é aquela em que há compreensão.

Partindo do pressuposto acima, ou seja, considerando que a prática da leitura é o melhor meio de se aprender a ler, se o leitor iniciante é exposto a textos que são inadequados, difíceis de ler, é de se esperar que ele falhe na tentativa de desenvolver a sua leitura, perca o interesse e imagine que não é capaz de realizar a tarefa. É preciso, portanto, selecionar e apresentar ao aluno textos adequados a seu nível de conhecimento. Desse ponto de vista, a tarefa de "ensinar" a ler não é exclusiva do professor de português. Todos os textos didáticos (geografia, história, ciências, etc.) podem e devem ser considerados instrumentos de aprendizado da leitura e, como tal, devem ser adequados ao conhecimento prévio do aluno.

Infelizmente, não é essa a postura mais comum adotada pelos professores. Por um lado, apenas o professor de português é considerado responsável pelo aprendizado da leitura. Além disso, pouca preocupação parece existir no sentido de avaliar e adequar o nível de dificuldade dos textos – ou seja, sua legibilidade – ao nível de desenvolvimento em que se encontra o aluno. O recurso de que se costuma lançar mão na tentativa de ensinar a ler são os "exercícios de leitura" encontrados nos manuais de português. Nesta exposição, pretendo discutir esses "exercícios", argumentando que eles são em geral improdutivos, porque não levam em conta a importância do conhecimento prévio do leitor ou porque não são adequados a eles. Vou desenvolver esses dois pontos.

Como disse, um pressuposto fundamental em que se baseia a proposta anterior é o de que só se aprende a ler, lendo.

Embora esse pressuposto seja amplamente aceito pelos linguistas, alguns autores – de livros didáticos e também linguistas – parecem acreditar que é possível "treinar", "trabalhar" a compreensão do texto através de exercícios. Aqui precisamos parar e tentar explicitar o que vem a ser a compreensão de um texto.

Em linhas gerais, compreender um texto é encontrar o seu sentido. Mas, em primeiro lugar, é preciso dizer que o sentido não está no texto, pronto para ser identificado. O sentido está na cabeça do escritor e deve ser construído pelo leitor. O texto funciona apenas como uma pista para a construção do sentido, mas não garante por si só a compreensão. Nesse processo de construção de sentido contribuem não só as informações fornecidas pelo texto, mas também todo o conhecimento armazenado na mente do leitor; assim como o contexto extralinguístico e também o objetivo da leitura. Isso significa que um mesmo texto pode ser compreendido de maneiras diferentes por leitores que têm conhecimento prévio diferente; ou pelo mesmo leitor, quando lido com objetivos diferentes. Em resumo, não existe o sentido do texto, mas vários sentidos que podem ser construídos para um mesmo texto – é claro, dentro de certos limites impostos pelo próprio texto e pelos demais fatores que interferem no processo.

Em segundo lugar, é preciso lembrar que a compreensão é um processo complexo que envolve vários estágios. O estágio em que se procura dar um sentido ao texto é indispensável mas, é claro, a leitura não pode se limitar a esse estágio. O estágio de leitura a que a escola deve levar o aluno é aquele em que ele atua como sujeito que reflete e avalia, ou seja, o estágio da chamada *leitura crítica*.

Essa separação entre o estágio em que se busca um sentido para o texto e o estágio em que se faz uma crítica de seu sentido não significa aspectos isolados e independentes. Na verdade, são indissociáveis; o objetivo com que se lê um texto (para repetir, para resumir, para criticar, etc.) interfere diretamente na construção de seu sentido, na medida em que orienta a escolha das informações que são buscadas no texto e no conhecimento prévio do leitor. Por outro lado, parece impossível, ou pelos menos improdutivo, criticar algo que não se compreende. Apesar de estarem intimamente relacionados, são dois aspectos diferentes do processo; e é possível que alguns textos possam, ou mesmo devam, ser lidos sem a chamada "postura crítica". Acredito que textos de física ou de matemática são exemplos disso. É claro que sempre é possível aproveitar um texto para desenvolver o espírito crítico do aluno, mas talvez alguns sejam mais propícios ao exercício do que outros. De qualquer forma, é preciso considerar separadamente os dois aspectos, mesmo porque os próprios manuais de português costumam fazer essa separação.

É comum encontrarem-se nesses manuais seções distintas de exercícios de "compreensão" e de "interpretação". Os nomes variam de um livro para outro, mas de uma maneira geral os dois tipos de exercícios estão presentes nos manuais e aparentemente propõem focalizar, respectivamente, a construção do sentido para o texto e a reflexão e crítica sobre as ideias propostas no texto. Vamos considerar, primeiramente, as chamadas "perguntas de compreensão".

Disse antes que o processo de compreensão é na verdade um processo de *construção* de sentido, ou seja, o sentido de um texto não vem pronto para ser identificado pelo leitor; ele deve ser construído a partir de informação fornecida pelo texto e de informação armazenada na mente do leitor. Um aspecto interessante desse processo de construção de sentido é a criação de uma ligação, uma ponte, entre os elementos presentes no texto, de modo a integrar as informações e dar coerência ao texto como um todo. É como se o leitor estivesse lendo nas entrelinhas. Para se compreender um texto é preciso inferir diversas informações que não estão mencionadas explicitamente, mas que são absolutamente imprescindíveis. Tomemos como exemplo o pequeno trecho abaixo:

> Um avião da TAM explodiu logo após decolar do aeroporto da Pampulha. O corpo de um engenheiro foi encontrado hoje pela manhã.

Para que um leitor compreenda o texto acima, ou seja, para que ele integre as duas sentenças do trecho acima num todo coerente, é preciso que ele estabeleça uma ligação entre os fatos descritos em cada uma delas. E isso não parece ser uma tarefa difícil de realizar nesse caso. O leitor provavelmente infere que o engenheiro cujo corpo foi encontrado era passageiro do avião que explodiu. Essa *inferência*, ou seja, essa ligação entre as duas informações, embora óbvia para quem consegue dar um sentido ao texto, não está representada explicitamente. Ela é inserida pelo leitor na composição do sentido global do texto, com base no seu conhecimento prévio. Compare-se agora a dificuldade de construir um sentido para o trecho abaixo:

> Um avião da TAM foi fotografado logo após decolar do aeroporto da Pampulha. O corpo de um engenheiro foi encontrado hoje pela manhã.

A reação mais provável, ao se ler um trecho como esse é perguntar "e o que tem uma coisa a ver com a outra?". Ou seja, não se consegue ligar as duas informações e construir um sentido coerente para o conjunto de sentenças. Em outras palavras, não é possível compreender o trecho acima.

Comparemos mais um exemplo semelhante a (1) para verificar a importância das *inferências* construídas pelo leitor na compreensão de um texto:

> Um avião da TAM explodiu logo após decolar do aeroporto da Pampulha. O corpo de um mendigo foi encontrado hoje pela manhã.

Aqui já não é mais provável que se imagine que o mendigo estivesse a bordo do avião. Segundo o nosso conhecimento de mundo, mendigos não costumam viajar de avião. Assim, se conseguimos construir um sentido coerente para o trecho acima, é porque criamos uma outra ligação entre as sentenças. Inferimos provavelmente uma outra relação entre a explosão do avião e a morte do mendigo. Imaginamos, por exemplo, que o mendigo foi atingido por um pedaço da fuselagem do avião, que se desintegrou com a explosão.

As chamadas "perguntas de compreensão" em geral não levam em conta a importância das inferências para a construção de sentido para o texto. Parecem pressupor que toda a informação necessária à compreensão do texto é fornecida por ele próprio. As perguntas em geral levam o aluno a identificar no texto a sentença ou a palavra que expressa uma determinada informação e dificilmente levam o aluno a inferir informações não representadas no texto. Alguns exemplos desse tipo de pergunta são os seguintes:

Qual é o nome da personagem do texto?

Em que a menina tem pensado nos últimos tempos?

O que ela desejaria que existisse no Brasil?

Pode-se dizer que responder a essas perguntas não ajuda o aluno a adquirir a habilidade da leitura funcional – aquela que permite ao leitor construir um sentido coerente para o texto. Se o aluno já não compreendeu o texto a partir de sua leitura, o máximo que consegue respondendo a essas perguntas é repetir informações específicas, ficando com uma compreensão fragmentada do texto, sem, no entanto, construir um sentido global, coerente, para o mesmo. Isso na melhor das hipóteses; muitas vezes, a tarefa se resume a copiar o trecho que contém a resposta, identificada por algumas palavras isoladas, sem uma compreensão adequada nem mesmo do trecho copiado. Em resumo, perguntas desse tipo não "**treinam**" a compreensão, não ajudam na construção de sentido, não desenvolvem habilidades de leitura. O máximo que fazem é **testar** a compreensão de fragmentos do texto.

Isso não significa, no entanto, que essas perguntas não tenham um papel no ensino. Testar a compreensão de um texto deve ser um meio de se avaliar a habilidade de leitura do aluno. Só não se pode pressupor que com esse tipo de exercício se está ensinando o aluno a ler. Principalmente, porque outro tipo de providência nesse sentido pode ser considerado desnecessário pelo professor. Em outras palavras, confiando nesses exercícios, o professor pode deixar de contribuir de outra maneira para o aprendizado da leitura, por exemplo, selecionando textos mais adequados ao nível de conhecimento do aluno (nesse sentido, ver o trabalho citado anteriormente).

O segundo tipo de pergunta que encontramos nos exercícios de leitura são as chamadas "perguntas de interpretação". São perguntas que procuram levar o aluno a fazer inferências, a criticar e a refletir sobre o conteúdo do texto. Se, por um lado, essas perguntas têm a vantagem de considerar a importância do conhecimento prévio do aluno para a leitura; por outro lado, elas muitas vezes não são adequadas a ele.

Vamos considerar o texto **Lixo**, de Luís Fernando Veríssimo, e uma das perguntas propostas para sua interpretação, no manual de Faraco e Moura (1995):

Lixo

Encontram-se na área de serviço, cada um com seu pacote de lixo. É a primeira vez que se falam.

– Bom dia

– Bom dia.

– A senhora é do 610.

– E o senhor é do 612.

– É.

– Eu ainda não o conhecia pessoalmente.

– Pois é.

– Desculpe a minha indiscrição, mas tenho visto o seu lixo.

– O meu o quê?

– O seu lixo.

– Ah.

– Reparei que nunca é muito. Sua família deve ser pequena.

– Na verdade sou só eu.

– Mmmm. Notei também que o senhor usa muita comida em lata.

– É que eu tenho que fazer minha própria comida. E como não sei cozinhar...

– Entendo.

– A senhora também...

— Me chame de você.

— Você também perdoe a minha indiscrição, mas tenho visto alguns restos de comida no seu lixo. Champignons, coisas assim...

— É que eu gosto muito de cozinhar. Fazer pratos diferentes, mas como moro sozinha, às vezes sobra...

— A senhora... Você não tem família?

— Tenho, mas não aqui.

— No Espírito Santo.

— Como é que você sabe?

— Vejo uns envelopes no seu lixo. Do Espírito Santo.

— É, mamãe escreve todas as semanas.

— Ela é professora?

— Isso é incrível! Como foi que você adivinhou?

— Pela letra no envelope. Achei que era letra de professora.

— O senhor não recebe muitas cartas. A julgar pelo seu lixo.

— Pois é...

— No outro dia tinha um envelope de telegrama amassado.

— É.

— Más notícias?

— Meu pai. Morreu.

— Sinto muito.

— Ele já estava bem velhinho. Lá no sul. Há tempos não nos víamos.

— Foi por isso que você recomeçou a fumar?

— Como é que você sabe?

— De um dia para o outro começaram a aparecer carteiras de cigarro amassadas no seu lixo.

— É verdade. Mas consegui parar outra vez.

— Eu, graças a Deus, nunca fumei.

— Eu sei. Mas tenho visto uns vidrinhos de comprimido no seu lixo...

— Tranqüilizantes. Foi uma fase. Já passou.

— Você brigou com o namorado, certo?

— Isso você também descobriu no lixo?

— Primeiro o buquê de flores, com o cartãozinho jogado fora. Depois muito lenço de papel.

— É, chorei bastante, mas já passou.

— Mas hoje ainda tem uns lencinhos...

— É que eu estou com um pouco de coriza.

— Ah.

— Vejo muitas revistas de palavras cruzadas no seu lixo.

— É. Sim. Bem. Eu fico muito em casa. Não saio muito. Sabe como é.
— Namorada?
— Não.
— Mas há uns dias tinha uma fotografia de mulher no seu lixo. Até bonitinha.
— Eu estava limpando umas gavetas. Coisa antiga.
— Você não rasgou a fotografia. Isso significa que no fundo você quer que ela volte.
— Você já está analisando o meu lixo!
— Não posso negar que o seu lixo me interessou.
— Engraçado. Quando examinei o seu lixo, decidi que gostaria de conhecê-la, acho que foi a poesia.
— Não! Você viu meus poemas?
— Vi e gostei muito.
— Mas são muito ruins!
— Se você achasse eles ruins mesmo, teria rasgado. Eles só estavam dobrados.
— Se eu soubesse que você ia ler...
— Só não fiquei com eles porque, afinal, estaria roubando. Se bem que, não sei: o lixo da pessoa ainda é propriedade dela?
— Acho que não. Lixo é domínio público.
— Você tem razão. Através do lixo, o particular se torna público. O que sobra da nossa vida privada se integra com a sobra dos outros. O lixo é comunitário. É a nossa parte mais social. Será isso?
— Bom, aí você já está indo fundo demais no lixo. Acho que...
— Ontem, no seu lixo...
— O quê?
— Me enganei ou eram cascas de camarão?
— Acertou. Comprei uns camarões graúdos e descasquei.
— Eu adoro camarão.
— Descasquei, mas ainda não comi. Quem sabe a gente pode...
— Jantar juntos?
— É.
— Não quero dar trabalho.
— Trabalho nenhum.
— Vai sujar a sua cozinha.
— Nada. Num instante se limpa tudo e põe os restos fora.
— No seu lixo ou no meu?

Uma das perguntas apresentadas após o texto é a seguinte:

> A leitura de todo o texto e principalmente o desfecho revelam um drama muito comum entre os habitantes das grandes cidades. Que drama é esse?

Verificando a dificuldade dos alunos de responder a essa pergunta, cabe perguntar se ela é adequada, ou se pressupõe conhecimento prévio de que o aluno não dispõe. Se é que a resposta esperada para essa pergunta é "a solidão", cabe perguntar se alunos de sexta série (a quem a pergunta se dirige) já experimentaram o que é solidão, se sabem que ela pode ser um drama ou que é um drama comum entre os habitantes das grandes cidades. Receio que a resposta seja não; e nesse caso, pode-se dizer que a pergunta sobre o texto é inadequada, pois não pode atingir seu objetivo. Perguntas como essa, que pressupõem conhecimento prévio que o aluno não possui, certamente não ajudam o aluno e podem mesmo desestimulá-lo.

Disse acima que só se aprende a ler lendo e que não é possível "treinar" a leitura através dos exercícios propostos. Mas as perguntas de "interpretação" parecem importantes no aprendizado da leitura. Ao contrário das outras, que podem apenas avaliar a compreensão mínima do texto, as perguntas de "interpretação" podem, quando adequadas ao conhecimento prévio do aluno:

primeiro, levar o aluno a uma reflexão sobre sua realidade, o que é não só desejável como imprescindível. Nesse sentido, problemas novos podem e devem ser introduzidos e não apenas os já conhecidos. O problema a se considerar é o como o professor lida com essas questões. Como ponto de partida para uma discussão em sala de aula, são perfeitamente válidas, mas como questões de provas, propostas apenas com o objetivo de atribuir nota ao aluno, são totalmente inadequadas. E o professor precisa ainda levar em conta que um mesmo texto admite "leituras" diferentes e que, portanto, mais de uma resposta deve ser possível para essas perguntas.

Segundo, e talvez mais importante, despertar o interesse do aluno pela leitura, fazendo a ponte entre a leitura – simples obrigação escolar e a leitura – fonte de informação e crescimento e até de prazer.

NOTAS

[1] Yara Goulart Liberato é professora da Faculdade de Letras - FALE/UFMG.

REFERÊNCIAS

FARACO e MOURA. *Linguagem Nova.* São Paulo: Ed. Ática, 1995.

FULGÊNCIO, L. e LIBERATO, Y. G. *Como Facilitar a Leitura.* São Paulo: Ed. Contexto, 1992.

FULGÊNCIO, L. e LIBERATO, Y. G. *A Leitura na Escola.* São Paulo: Ed Contexto, 1996.

LEITURA LITERÁRIA E ESCOLA

Vera Teixeira de Aguiar[1]

Nossa proposta de trabalho é a de enfocar o tema em pauta a partir de cinco questões, cujas respostas trazem em seu bojo concepções de leitura e escola:
* Como delimitar o papel do livro e da escrita numa sociedade plural como a nossa?
* Quais as relações que podemos estabelecer entre a escola que aí temos e a leitura da literatura infantil?
* Como deve ser o livro infantil para atingir o leitor?
* Como se dá a formação desse leitor?
* Que indicativos podemos adotar para formar o leitor, no âmbito da escola?

Desmitificando o livro e a escrita

Ao nos propormos uma reflexão sobre leitura e escola, queremos delimitar o objeto de nossa intervenção à literatura infantil como uma prática cultural inserida na diversidade da dinâmica social que a criança vive. O conceito de leitura literária que propomos, portanto, não é excludente e aurático (para lembrar a terminologia de Walter Benjamim), isto é, não concebe as relações do leitor com o texto artístico como um momento único, desvinculado da realidade circundante, mas, ao contrário, salienta a multiplicidade de fatores aí presentes. O livro não se coloca num templo, acima e além do leitor, como objeto intocável, sagrado e detentor de uma verdade acabada e inquestionável, que se constrói por si mesma.

Em oposição, é entendido como produto cultural ativo, integrado ao sistema de trocas da comunidade, desde sua criação até seu consumo, passando pelas ingerências de edição e circulação. Nesse sentido, levamos em conta a interferência dos diferentes mediadores de leitura, que atuam no circuito literário e agem sobre a quantidade, o gosto, o interesse, o comportamento do leitor. Assim dessacralizado, o livro tem as funções alargadas, uma vez que sua leitura é considerada como fato presente no cotidiano, prática social vivenciada entre as demais e relativizada segundo as regras dos jogos sociais de que participa.

A concepção de livro e de literatura que temos em mente fica reforçada quando levamos em conta o papel da escrita nas sociedades modernas (a partir do século XV, com o surgimento da classe comercial que vai dar espaço à burguesia, o crescimento das cidades, a organização dos estados nacionais e a invenção da imprensa) e percebemos que sua importância não é universal, mas deve ser historicizada. Com isso, queremos dizer que a escrita também precisa ser desmitificada e, nesse sentido, ter seu valor relativizado segundo seu uso ou não pelas diferentes culturas.

Para isso, apoiamo-nos em David R. Olson, que, discutindo as funções da leitura e da escrita nas sociedades letradas, conclui sobre as condições necessárias à aprendizagem, considerando a diversidade de fatores que nela interferem, como o tipo de escritos, as formas de ler e a aplicação dos princípios da leitura dos textos à "leitura" do mundo natural.

Partindo da constatação do lugar de destaque que a escrita ocupa na atualidade, o autor enumera seis crenças a respeito de seu domínio, para destruí-las uma a uma:

- Escrever é transcrever a fala. Tal afirmação leva em conta apenas a transcrição do que é dito, deixando de lado o como foi dito e com que intenção. Variando a entonação e a ênfase, podemos dar inúmeras interpretações a um texto, chegando a escrita a ser vista como um modelo para a fala, o que limita a espontaneidade e a criatividade. Quando aprendemos a ler, passamos, então, a pensar de modo diferente sobre a fala.

• A escrita é superior à fala, esta última entendida como pouco convencional, desleixada. Na verdade, o que ocorre é a subordinação da escrita à linguagem oral, muito mais rica e criativa. A espontaneidade da fala dá margem a criações linguísticas que vêm atender a novas situações de comunicação. Resta à escrita codificar esses dados, em sinais normatizados que não reproduzem todas as dimensões dos atos ilocucionários.

• O alfabeto é um sistema de escrita privilegiado em relação aos demais, o que facilita a formação dos leitores. A simplicidade do alfabeto, no entanto, muito útil para línguas silábicas como a nossa, não se adapta, por exemplo, ao idioma chinês. Além disso, muitas vezes, em países de cultura não alfabética, como o Japão, o número de crianças competentes em leitura é muito superior às taxas obtidas no mundo ocidental.

• A escrita é responsável pelo progresso social, sendo evidente a relação entre o grau de alfabetização e o crescimento econômico e democrático das nações modernas. Entretanto, contraditoriamente, o aprendizado da escrita, em muitas situações, pode ser o caminho para a escravidão. É o caso dos momentos em que ela serve de controle social para formar trabalhadores produtivos e soldados obedientes. Nesse sentido, os programas de alfabetização estão a serviço do preparo de mão de obra qualificada e disciplinada para atender aos interesses de lucro e às vantagens das classes dirigentes. Não há, nessa perspectiva, nenhum vislumbre de bem-estar social generalizado.

• A escrita é a responsável pelo avanço cultural, uma vez que contribui, em grande parte, para o surgimento do pensamento filosófico e científico. Inversamente, sua ausência nas sociedades ágrafas dá margem ao aparecimento da superstição, do mito e da magia. O que os antropólogos têm observado, contudo, é a enorme sofisticação da cultura oral, que permite o desenvolvimento da capacidade racional, de modo que povos que não dominam a escrita são capazes de resolver intrincados problemas sem o uso de bússolas, mapas, gráficos e outros indicadores escritos. Mas talvez o melhor exemplo seja o dos gregos da era clássica, para os quais a escrita era muito limitada. Ali, dentro de uma cultura essencialmente oral, e por isso mesmo, exercitou-se a dialética, fundada no debate e na argumentação para a construção do conhecimento. Portanto, de pouco valeu a escrita para as realizações intelectuais daquele povo.

• A escrita constitui-se um instrumento do desenvolvimento cognitivo, uma vez que o conhecimento se identifica com o que aprendemos na escola e nos livros. Logo, a alfabetização abre as portas para esse conhecimento abstrato, através da aquisição das "habilidades básicas" para a leitura e a escrita. Tais assertivas estão equivocadas por identificar os meios de comunicação (no caso, os escritos) com o conhecimento por eles comunicado, que pode se valer de outros meios, como as falas, as gravuras, os vídeos, as gravações, etc. A escola deve, então, somar a escrita aos outros recursos expressivos com os quais a criança já convive, em vez de renegá-los em favor dos livros. Valorizando mais os conteúdos dados, em vez das letras, é possível formar um sujeito crítico e não apenas um leitor funcional, que segue ordens sem posicionar-se diante delas.

Para o autor, todavia, relativizar o valor da escrita não significa deixar de admitir sua influência na construção das atividades culturais e cognitivas do homem ocidental. É certo que, para decifrar a escrita, desenvolvemos estruturas mentais específicas, que passam a nos dar as chaves para compreendermos tudo o que nos rodeia, isto é, todo o mundo para nós passa a ser uma escrita. Isso acontece porque os sistemas gráficos não só preservam as informações, como proporcionam modelos de funcionamento que nos levam a ver a linguagem, o mundo e nossa mente sob nova luz.

Trata-se de estabelecer as relações complementares entre a leitura e a escrita, percebendo que podemos ler todos os sinais, dos livros e do mundo, buscando recuperar a intenção dos textos em direção a seus receptores, com base nas marcas gráficas disponíveis. Por essas vias, não seremos alfabetizados funcionais, que apenas soletram ordens a serem obedecidas e informações a serem digeridas, mas leitores críticos, capazes de interagir com textos das mais diversas naturezas sociais e institucionais (jornalísticos, políticos, religiosos, literários, científicos, jurídicos, etc.) e estender essa capacidade leitora a todas as situações orais da vida cotidiana.

Dessa perspectiva, o livro de Olson converte-se em documento valioso para a reflexão sobre o estatuto da escrita e o da leitura nas sociedades modernas e o papel da escola neste contexto. Em um país como o nosso, em que diferentes culturas convivem simultaneamente, precisamos revisar parâmetros, evitando classificar os alunos segundo seu lugar social, mais ou menos privilegiado. Essa atitude determina a discriminação de valores, em favor de um sociedade letrada e em detrimento de todas as contribuições dos grupos divergentes.

Não podemos, da mesma forma, deixar de estender a capacidade de escrita e leitura a todos os segmentos, de modo que as trocas sociais sejam cada vez mais participativas. O que vale, neste caso, é aproveitar a lição de Olson e, no processo de alfabetização, levar em conta as peculiaridades culturais que as crianças trazem para, a partir delas, criar possibilidades de intercâmbio. Importa considerarmos que muitos estudantes trazem para a escola o mundo da vida e, se lhes oferecemos o mundo da escrita, estamos querendo fazê-los exercitar novas articulações mentais. Alfabetizar, portanto, não é ensinar a decodificar sinais, mas ensinar a viver neste mundo de papel.

Situando a literatura infantil na escola

Sabemos que, historicamente, a leitura está vinculada à escola, instituição responsável pela educação dos indivíduos nas sociedades modernas e, especificamente, pela alfabetização. Contudo, talvez pelas condições de seu aparecimento como agência cultural destinada a formar e informar os filhos da nova classe, a burguesia emergente, a escola traçou para si objetivos bem definidos quanto ao modelo de homem que tinha em vista, capaz de competir e ser um adulto de sucesso. Para chegar a esse fim, homogeneizou sua clientela, expurgando todos aqueles que, por suas divergências, não correspondessem ao formato de aluno apto a atingir as metas propostas.

Na verdade, os currículos, desde então, se organizaram de modo a atender somente aos alunos que correspondessem aos estreitos limites de uma normalidade interessante aos parâmetros sociais vigentes. Por essa razão, as experiências escolares, em maior ou menor tempo, acabam por afastar os alunos das camadas populares que, por não trazerem de casa as condições materiais e comportamentais da classe média, não conseguem cumprir as tarefas propostas nem dar a elas o significado que lhes é atribuído. Há, como salienta Michael Apple, um currículo oculto, mais forte e diretivo do que o discurso explícito, que embasa os objetivos traçados para o ensino. Isso também acontece com a clientela oriunda das culturas divergentes, que não corresponde ao padrão dominante e, por esses meios, vê sua voz silenciada. No mesmo quadro de exclusão encontram-se os alunos que fogem ao coeficiente intelectual médio, de respostas previsíveis para o planejamento didático. Em suma, a escola que aí temos não está aparelhada para lidar com a diferença, com o novo, com o inusitado. Como é repetitiva, não sabe transformar e criar segundo as necessidades que surgem, não se projeta para o futuro.

À escola tradicional, assim descrita, opõe-se a escola sensível à diversidade, pronta para trabalhar com realidades variadas, tal qual o mundo lá fora. Soma de individualidades que interagem em grupo, mas afirmam suas particularidades sem, necessariamente, chegar a um consenso, os novos alunos leitores vão entrar em contato com objetos culturais múltiplos e, entre eles, o livro de literatura. Por esses caminhos, aumenta a complexidade da escola, uma vez que a sala de aula passa a ser o espaço da variedade de sujeitos, de objetos de leitura e de práticas culturais.

Uma proposta pedagógica nessa direção apoia-se na sociologia da leitura, enquanto recorte teórico que se debruça sobre as questões do livro e seus mediadores sociais, e na estética da recepção, atenta às relações entre o leitor e o texto como cruzamentos de horizontes de expectativas. Partindo de princípios epistemológicos opostos, as duas teorias são complementares.

A primeira preocupa-se com a descrição e a análise das questões exteriores da leitura, com os condicionamentos que determinam a permanência ou não de um livro no seio da sociedade, com os fatores intervenientes na valoração dos textos, com os modos de aproximação dos leitores aos livros, com os juízos que fazem, com as histórias individuais e coletivas de leitura. Nesse enfoque, a atenção dirige-se não ao conteúdo mesmo dos textos, mas às agências sociais que propiciam seu aparecimento e trânsito entre os leitores: gráficas, casas editoras, firmas de representações comerciais, livrarias, bibliotecas públicas, particulares e escolares, salas de leitura, cujos mecanismos de atuação facilitam ou prejudicam o encontro dos sujeitos com os livros. Por seu turno, o exame das trajetórias dos leitores diagnostica interesses, motivações para a leitura, reações diante dos textos, lugares sociais e culturais que ocupam, influências que exercem, enfim, todos os meandros seguidos em seu processo de formação.

À segunda compete examinar a obra à luz do horizonte de questões (estéticas, sociais, religiosas, morais, econômicas, etc.) para as quais ela é a resposta, ao mesmo tempo que propõe novas perguntas. A leitura é, por essas vias, um encontro de horizonte de expectativas, o da obra e o do leitor, que se dá sempre de modo novo a cada leitura. A história dos textos, por sua vez, concretiza-se na história das leituras, sempre diferentes, porque cruzamentos de novos horizontes. O ato de ler, nessa medida, ocorre como movimento ativo do leitor sobre o texto, que se apresenta como estrutura esquemática, com indicações, pontos de indeterminação e vazios a serem preenchidos. De posse das pistas fornecidas pela obra e apoiado em sua experiência, o sujeito arranja os dados, completa espaços em branco e constrói totalidades de sentido. Não há, portanto, literaturas em leitor e o texto nunca é o mesmo, porque provoca de modo diferente cada leitor.

Falamos especificamente em literatura e explicamos por quê. O processo de leitura que descrevemos como preenchimento de sentidos vale para todas as obras. Como produções verbais, elas compõem-se de ditos, não ditos e subentendidos. No entanto, os textos informativos, apelativos, argumentativos e tantos outros estão muito mais comprometidos com o referente externo do que o literário. Neles, os espaços em branco são mínimos, porque não pretendem sugerir e dar vazão à imaginação, mas garantir certezas, dar ordens, influenciar comportamentos.

Umberto Eco diz, muito apropriadamente, que o texto literário é um organismo preguiçoso, isto é, trabalha pouco para se constituir, é econômico na ação, delega ao leitor a tarefa de completá-lo. Se levamos em conta que ele é imprevisível, porque traz para o universo do leitor possibilidades novas de sentido, que colocam em questão suas verdades, desestabilizando-o e levando-o a reestruturar-se, concluímos que a função da arte é amplamente educativa.

Nesse processo, ler é ampliar horizontes e a literatura será tanto melhor quanto mais provocar o seu leitor. Estendendo o conceito de provocação aos ingredientes externos da leitura, a que antes nos referimos, podemos dizer que ela é eficiente quando se faz através de práticas desafiantes e tem por foco textos que negam, em instância cada vez maior, o horizonte de expectativas do sujeito.

Aproximamos sociologia da leitura e estética da recepção porque ambas as teorias deslocam a questão literária para o leitor, polo aqui privilegiado no exame do estatuto da literatura. Detendo-nos nas contingências exteriores, que relativizam o valor intrínseco e de permanência dos textos no conjunto da sociedade, e analisando o interior dos discursos artísticos segundo as representações que trazem dos leitores implícitos e as possibilidades de leitura que promovem, procuramos dar conta, de modo um pouco mais abrangente, do complexo fenômeno que é a leitura literária.

Em se tratando da leitura da literatura infantil, respeitando os pressupostos que traçamos até agora, precisamos conceituar o gênero, segundo sua especificidade, ao mesmo tempo que inseri-lo no contexto maior da literatura em geral. Talvez a nenhuma outra produção as teorias em pauta tão bem se ajustem, uma vez que a literatura infantil se define a partir de seu destinatário. Modalidade literária tardia, aparece só no momento em que a infância passa a ser tratada de modo especial, como idade de formação do homem. Tem, então, desde o começo, um receptor específico, que é a criança, colocada no centro das atenções da família e da comunidade.

Até a Idade Média, os pequenos exercitavam-se para a vida adulta participando de todas as atividades do grupo; aprendiam a viver vivendo, dentro de uma cultura predominantemente oral. Com o advento dos tempos modernos, surgiu a necessidade de investimento na educação infantil, de modo a preparar as novas gerações para a sociedade letrada e competitiva que se instalava. Dentre os materiais pedagógicos necessários para a empreitada estava o literário, que se converteu em livro de leitura de uso escolar.

Assim concebida, a obra teve desviada sua função estética e passou a servir a propósitos educacionais restritos. E aqui se localiza o pecado original da literatura infantil: ter nascido comprometida com a educação, em detrimento da arte. Nesse sentido, todo o percurso dos estudos da área defronta-se com tal impasse e procura respostas que redimensione o estatuto literário do livro infantil.

O feitio dos textos está condicionado, nessa medida, à concepção de criança que os mesmos têm em vista e que determina a natureza dos valores a serem repassados. Conservadora ou emancipadora, isto é, conjunto de lições a serem obedecidas ou proposta instigante a questionar o leitor, a literatura infantil é, contudo, sempre escrita por um adulto para uma criança. Tal fato acarreta um prejuízo, do ponto de vista literário, porque o texto se torna diretivo e unilateral, mimetizando a postura autoritária, dominadora ou protetora dos mais velhos em relação aos jovens.

Descrevendo o livro infantil

Para atenuar a assimetria entre o emissor e o receptor, o livro infantil precisa abrir mão de seu caráter pedagógico, em favor da representação de novas possibilidades de vida, através de jogos criativos de linguagem. A adequação do texto ao leitor não significa a minorização do gênero, mas dá-se por um processo de inclusão: a literatura infantil é aquela que a criança **também** lê.

Para que esse movimento se efetue, é necessário o exercício de adequação do texto às condições cognitivas, sociais e afetivas dos leitores, tanto em relação a seu conteúdo quanto aos aspectos compositivos e à apresentação material. A rigor, não estamos propondo censura ou limites preconceituosos, mas aproximação ao universo daqueles a que se destina. Só assim texto e leitor poderão manter um diálogo. Se, como dissemos anteriormente, afastar-se do leitor e provocá-lo é saudável, a distância que se estabelece não pode ser tanta a ponto de interromper a comunicação.

A rigor, todos os temas e formas podem ser objeto de um livro para iniciantes, desde que enfocados a partir das capacidades compreensivas dos leitores. Em se tratando de sujeitos oriundos de uma cultura fortemente oral, importa não fazer diferenças *a priori,* mas respeitar seu ritmo de desenvolvimento próprio, como, de resto, o de todas as crianças. Igualmente, aquelas que vivem em outras condições socioculturais divergentes não devem ser excluídas, mas integradas ao processo, na medida em que encontram no texto referenciais com os quais possam dialogar.

Desse modo, as histórias e os poemas poderão versar sobre os mais variados conflitos, personagens, estados de espírito, sentimentos. Como o leitor desta faixa tem dificuldade de perceber a globalidade das situações, atendo-se à parte em detrimento do todo, a história contribui para o desenvolvimento da capacidade de percepção gestáltica e de estabelecimento de relações entre as partes. Ela organiza-se como um conto primitivo, de estrutura simples (situação inicial – conflito – processo de solução – sucesso final), em que interage um grupo humano (ou antropomorfizado), no qual cada elemento tem um papel bem definido. Sua leitura propicia a vivência de sentimentos e reações em que o leitor mergulha ao aceitar o pacto de faz de conta com o narrador. No poema, essa situação é mais densa porque, de modo extremamente sintético, condensam-se as emoções e as ideias, projetadas em imagens associativas.

Os conteúdos dos textos, entretanto, só adquirem sentido, como expusemos teoricamente, quando expostos à investigação de quem lê, isto é, eles vivem através da regência do leitor. O que importa, então, não é o texto em si, mas o uso que a ele se dá. Por tais vias, queremos salientar o caráter socializador da literatura, já que ela só se faz no diálogo com seu receptor. Por isso, ela pode atenuar o egocentrismo acentuado, próprio desta fase de desenvolvimento, dando margem a novas formas de interação com o mundo. Por essas vias, descobrindo o outro, o sujeito se encontra enquanto ser humano; a consciência do outro leva-o à de si mesmo e das possibilidades de comunicação com seus pares.

Como o comportamento infantil é bastante imitativo, o mundo delineado na literatura é exemplar para a criança. Se a realidade ali esquematizada quer apontar para um mundo aberto ao desafio e à compreensão do afeto, importa apresentar situações repetitivas. Elas são tanto melhor elaboradas pelo leitor quanto mais vezes a ele se apresentarem. Acrescentamos, ainda, a importância desses modelos narrativos para o desenvolvimento da memória e da atenção. Quanto a esse aspecto, é bom lembrar que os textos assim estruturados (em lengalenga, por exemplo, como *A galinha ruiva,* que todos nós conhecemos), fazem uma ponte com os contos orais, trazendo para o papel as formas de narrar primitivas, que garantiam sua continuidade pelos recursos enfáticos e pela repetição. Como, antes de se tornar leitora, a criança é ouvinte das histórias e das cantigas, ela tem nesses textos reiterativos o primeiro degrau para o mundo letrado.

Além dos modelos compositivos calcados na oralidade, o gênero vale-se de formas alternativas, que acompanham, mesmo que às vezes de longe, as conquistas da literatura em geral. As histórias policiais, as intimistas, as voltadas para o cotidiano, os poemas em prosa, os poemas concretos, os poemas bem humorados são várias das modalidades de criação oferecidas ao público. Em todos os casos, importa assegurar a coloquialidade da linguagem, a captação da energia viva da fala, com sua espontaneidade e versatilidade.

Escrever para a infância, portanto, não é escrever pobre, mas escrever fluente, as expressões novas explicando-se no contexto da frase e do texto, na situação de comunicação. Acentuamos que não se fazem concessões empobrecedoras, da mesma maneira que se risca a linguagem pernóstica. A criança está exposta ao mundo e convive com os falantes ao seu redor. Com eles aprende a se expressar, com eles dialoga sem necessitar de um dialeto especial. A literatura, assim, também não precisa valer-se de um jargão rebaixado.

O que é procedente, por outro lado, é a "limpeza estrutural" dos textos. Referimo-nos a digressões morais, religiosas ou informativas, que são dispensáveis, e longas descrições que podem ser descartadas. Importa a história enxuta, com predomínio da ação, apresentação direta das personagens e diálogos ágeis, o poema com dosagem equilibrada de imagens encadeadas, ritmos e sonoridades em que os sentidos se desdobram. Encaixes desnecessários quebram a lógica interna da composição, ao mesmo tempo que não propiciam a comunicação com o leitor, que não quer se perder por caminhos desviantes. O estímulo à inteligência e à imaginação nasce, justamente, dessa economia estrutural. Queremos dizer que os indicadores linguísticos da obra literária não podem ser tão poucos a ponto de que os sentidos não se produzam, e nem tantos que congestionem a comunicação.

Como estamos considerando a obra literária enquanto fenômeno com leis internas de funcionamento e objeto à mercê das regras sociais de uso, devemos nos ater a seu invólucro e trânsito entre os leitores. Aqui, avulta a questão da ilustração e, mais genericamente, da edição. O livro é o texto e também sua formação material, com uma face física que se apresenta ao leitor e lhe aponta sentidos. Por isso, cada vez mais, numa sociedade sedutora como a nossa, a confecção do livro infantil tem merecido cuidados visuais: capa, diagramação, ilustração.

No entanto, esses elementos, mais do que um caráter apelativo de conquista do consumidor, são signos construtores de significações. Importa, então, que eles não sejam apenas redundâncias do texto escrito, repetindo as informações ali contidas (quando não contrariadas), mas também índices novos, que se somam à constituição do sentido global do livro: ilustrações criativas, em que jogos de cores, de luz e sombra, de detalhes e superposições permitam novas interpretações; diagramação cuidadosa e original, que oriente o leitor em direção de novos sentidos; capas sugestivas que provoquem curiosidade, etc.). Nossa proposta é a de que a multiplicidade de linguagens de que se faz o objeto livro permita a emergência de ditos, não ditos e subentendidos, verbais e visuais, como possibilidades de sentidos que se colocam ao leitor. Dentre elas, ele vai exercer sua liberdade de escolha, combinando dados segundo sua percepção e dando um nexo para sua leitura.

Nesse processo, como de resto em todas as questões da vida, a experiência vai ter um peso importante. Daí a necessidade do exercício continuado da leitura para alcançar resultados cada vez mais eficientes. Em outras palavras, quanto mais o indivíduo estiver exposto aos estímulos da cultura livresca, melhor leitor ele será e, consequentemente, um ser humano mais rico, por somar os conhecimentos que traz da experiência oral empírica àqueles que a escrita pode lhe oferecer.

Acompanhando a formação do leitor

Levando em conta os dados históricos, que nos permitem localizar a leitura nas sociedades modernas letradas e as contingências sociais, que a subordinam diretamente à ação da escola, buscamos compreender o processo de formação do leitor a partir de experiências realizadas junto a crianças e adolescentes.

À medida que a pesquisa em leitura avança, alargam-se os campos interdisciplinares, pela necessidade de dar conta da complexidade cultural do mundo contemporâneo. O estudo da literatura, por exemplo, já não pode se ater tão somente a autores e obras, mas deve voltar-se para o papel do leitor, pois é através dele que os textos adquirem sentidos. Por seu turno, analisar o processo de leitura significa investigar as condições intrínsecas e extrínsecas de seu desenvolvimento, tendo como foco o sujeito enquanto *persona* individual e social, imbricando-se formulações teóricas da psicologia e da sociologia. A esse "construto" denominamos psicossociologia.

Os resultados alcançados até aqui pela investigação levada a efeito no Centro de Lazer e Cultura da Vila Nossa Senhora de Fátima, junto ao Campus Aproximado da PUCRS, durante o ano de 1996, permitem detectarmos as condições necessárias à formação do leitor. Assim, a abordagem psicossociológica da leitura que aqui propomos é consequência de nossos debates na tentativa de compreendermos a experiência vivida enquanto pesquisadoras. Durante dois semestres, Marília Papaléo Fichtner realizou, sob minha orientação, oficinas de leitura com crianças da comunidade, atendidas pelo grupo de trabalho do referido Centro, até então nas áreas de saúde, serviço social e psicologia.

Enquanto estudiosas de literatura, adotamos os pressupostos teóricos da Escola de Constança, liderada por Hans-Robert Jauss, que formula a estética recepcional, isto é, a concepção da arte literária centrada na atuação do leitor, a que já nos referimos anteriormente. Divergindo dos enfoques tradicionais, voltados para a obra e seu produtor, esta teoria atenta para a leitura enquanto atividade que dá existência e legitima a literatura. Entram em jogo, então, as relações entre o texto e seu leitor, através da dinâmica de pergunta e resposta de lado a lado. Tal processo só é percebido à luz da noção de horizontes de expectativas como os conjuntos de códigos éticos, estéticos, religiosos, sociais, morais, filosóficos, etc., que regem as épocas de produção e recepção das obras e são introjetados,de modo particular,pelo autor e pelo leitor. Como o diálogo desse último é com a obra em si (e não com seu produtor),o cruzamento de horizontes que se produz está no âmbito do leitor e do texto, cada um colocando questões e dando as respostas possíveis, segundo seu momento histórico. Como a obra literária é simbólica, ela permite leituras plurais, dando-se à interpretação sempre de um modo novo, pelas possibilidades de combinações dos signos. Por essas vias, o leitor pode ter suas expectativas atendidas ou contrariadas, em maior ou menor grau. Mas o certo é que ele não continuará igual depois da leitura, uma vez que seu horizonte estará modificado pela interação com o texto. Daí decorre, por conseguinte, que uma segunda leitura do mesmo material será necessariamente diferente.

Por ser o texto uma estrutura esquemática, concebida a partir de indicações, pontos de indeterminação e vazios, o receptor precisa ser um elemento ativo no processo de leitura, para decodificar sinais, fazer escolhas, preencher lacunas. Por essa razão, podemos dizer que a literatura vive no imaginário social: pela ação daqueles que leem, isto é, se solidarizam com o autor e completam seu trabalho de criação.

Uma teoria assim formulada aposta na atividade do leitor, atribuindo-lhe um papel criativo no trânsito literário, ao mesmo tempo que garante a função emancipadora da arte, por sua capacidade de expandir horizontes à medida que provoca seus consumidores, desestabilizando-os. Nesse sentido, as oficinas de leitura desenvolvidas funcionaram como práticas que tinham em vista a formação inicial e continuada dos sujeitos, tanto do ponto de vista de seu desenvolvimento individual quanto social.

Paralelamente, este trabalho de laboratório permite-nos a reflexão sobre a qualidade do processo de leitura e as condições necessárias a sua aquisição e permanência. Partindo sempre de uma situação grupal, lúdica e interativa, em que o livro era apresentado às crianças, manuseado, lido e dramatizado com os recursos de sucata disponíveis (potes, garrafas, caixas, papéis, jornais velhos, tampinhas, etc.), as atividades evoluíam, gradativamente, para o ato individual de leitura. Talvez tenha sido para nós o momento mais significativo, nesse sentido, aquele em que duas meninas tomaram o livro e se afastaram do grupo para, em um canto da sala, fazerem sua leitura particular.

A experiência deu-nos a chave para entendermos a leitura como uma atividade condicionada ao domínio da capacidade de singularização. Em outras palavras, para que o indivíduo se torne um leitor, é necessário que esteja apto a fazer a discriminação eu X mundo, pela estruturação de sua personalidade e conscientização do processo de internalização por que passa. A essa particularização individual corresponde, no âmbito social, uma outra particularização, pela possibilidade de distinção entre o público e o privado. Por outros caminhos, tem-se aqui também um movimento que leva o sujeito ao singular, quando ele deixa de ser um elemento do grupo primitivo para se tornar um membro atuante da sociedade.

No âmbito individual, o movimento de particularização só se realiza gradativamente, à medida que a criança passa do pensamento mágico, colado ao mítico, para a descoberta de sua interioridade. Sem estabelecer uma separação nítida entre o eu e o mundo que a cerca, ela tem as vivências leitoras externalizadas pelo jogo simbólico. Nessa situação, predominam os elementos lúdicos e concretos e talvez daí o prazer da leitura: o livro é o brinquedo que ela manuseia, que os adultos leem, que tem cheiro, forma e cor. Mas é através do contato repetido (como o jogo simbólico que imita a vida adulta) que se dá a internalização do processo, ou seja, as ações experimentadas fornecem os elementos necessários à construção da personalidade. Fecha-se, assim, o círculo: a leitura propicia a formação do indivíduo que, por sua vez, para ler necessita de condições que possibilitem a internalização. Suas primeiras tentativas precisam ser, portanto, muito lúdicas e coletivas, mas sempre apoiadas no livro, para que possa fazer a travessia.

Do ponto de vista social (e aqui nos apoiamos na sociologia da leitura, que dá conta, como já salientamos, do lugar do livro nas diferentes agências sociais, mediadoras do ato de ler), o processo de particularização é similar, exigindo possibilidades de discriminação do sujeito de seu papel no grupo. Para isso, condições externas de leitura, como ter o livro para si, estar sozinho, dispor de um espaço em que possa interagir só com o livro, são necessárias. No entanto, o ambiente propício não é imposto, mas buscado, como pudemos presenciar num lance de oficina. À internalização psicológica, corresponde a privatização social.

Como vimos, historicamente, a expansão da leitura está associada à sociedade moderna, uma vez que os grupos primitivos se organizavam em uma vida tribal e transmitiam suas experiências através da fala. Estruturadas em torno dos mitos, como respostas aos questionamentos humanos para a *persona* social, as culturas orais identificavam-se com os relatos em formas fixas e simples, transmitidos pelos contadores, contendo as vivências comuns ao grupo, em produções reiterativas. Todas as grandes questões da existência, enraizadas no inconsciente coletivo, eram tematizadas e resolvidas por conta de sua elaboração oral em forma de mito. Essas narrativas passavam de geração em geração por força da memória, o que garantia exercícios perceptivos baseados numa economia cognitiva temporal e auditiva.

Com o advento da burguesia, surgiu um novo modelo social, centrado na cidade, e um novo formato familiar, restrito à célula pai-mãe-filhos. À difusão da leitura pela imprensa, correspondeu a popularização crescente do livro. Por sua vez, o movimento de particularização social decorrente da ordem capitalista estabelecida facilitou a distinção entre o público e o privado, e as novas posturas do homem burguês incentivaram sentimentos de propriedade e livre iniciativa de escolha do livro. Diante do texto escrito, o leitor vê-se só e desenvolve agora uma consciência muito mais espacial do que temporal.

Levando-se em conta os dois polos da questão – o individual e o social – podemos afirmar que o leitor precisa sair do pensamento mítico/público para o individual/privado, o que corresponde à passagem da cultura oral para a escrita. Nesse caminho, contudo, os componentes primitivos não se perdem, porque a arte se apropria dos arquétipos, dando uma dimensão espacial, no texto escrito, ao que era temporal na fala do contador. Ler, assim, quer dizer recuperar, simbolicamente vivências arcaicas, sem perder o sentido da realidade, ressignificando-as em nível individual para melhor se integrar no social. Compreender esse processo é a tarefa que atribuímos à psicossociologia da leitura.

O diagnóstico das condições necessárias à formação do leitor, na perspectiva apontada, pretende contribuir para a melhoria desse processo, na certeza de que a prática da leitura, alargando horizontes, permite ao indivíduo a descoberta de novas formas de ser e de viver, interna e externamente.

Propondo ações

Por essa linha de pensamento, consideramos a necessidade de que a escola abrigue múltiplas formas de aproximação entre sujeitos e livros, com oferta livre de tipos de textos de diferentes linguagens, de atividades de leitura individual e coletiva. Aos alunos, sem discriminação, serão oferecidas ocasiões de frequentar agências sociais mais amplas (como bibliotecas públicas, livrarias, feiras, encontros com escritores) e interagir com modalidades várias, como jornais, revistas, catálogos, almanaques, que funcionem como mediadores de leitura. Nesse contexto, a biblioteca escolar desempenha o papel de irradiadora e catalisadora dos bens culturais à disposição do aluno.

É claro que, entre as instituições mais importantes na intermediação da criança com o livro, está a família. E importa, e muito, enfatizar que as dificuldades socioeconômicas da população brasileira e os privilégios culturais (que elegem uma cultura como dominante, desrespeitando as demais), interferem no ato de ler no âmbito da vida doméstica. Por esse motivo, e ainda porque nosso foco é a escola, abstemo-nos de discutir as práticas de leitura no interior da casa, não sem antes salientar que elas também se incluem no espaço maior da comunidade.

Pela via da escola, o aluno pode contactar com outros segmentos sociais que o aproximam dos livros e, para isso, professores, supervisores, orientadores, enfim, todo o pessoal que se ocupa da educação deve estar aberto ao convívio para além das paredes da sala de aula. Nessas ocasiões, a cada um é dado o direito de escolha daquilo que quer ler, segundo seus interesses, curiosidades e possibilidades. A partir daí, podem-se propor atividades em que o estudante tenha que justificar suas decisões, falar dos assuntos preferidos, contar como se deu seu encontro com o livro a ser lido. Também é esse o momento de todas as ações que permitam a compreensão das noções de autor, ilustrador, título, editora, partes da obra, capas, assunto, a serem exploradas pelo animador de leitura.

Uma vez dissecado o objeto livro a partir de dados externos, chega-se à hora da leitura, ela mesma que é sempre individual, silenciosa. Mesmo quando introduzida por algum estímulo externo do professor (como narrar parte da história, apresentar personagens, fazer um fundo musical, levar ao teatro), a ação de ler supõe isolamento, contato direto com o texto, capacidade de gerir a solidão para chegar à internalização dos significados descobertos e a um posicionamento diante deles. Para que isso aconteça, as atividades grupais podem colaborar, pois vão chamar a atenção para narrativas e poemas, no início transmitidos oralmente e depois identificados nos textos, facilitando a relação entre sentidos e sinais gráficos.

As atividades seguintes organizam-se segundo as metas educacionais que as embasam. Elas devem, como já enfatizamos, respeitar a diversidade de ritmos, de capacidades de compreensão, de abstração, de concentração dos alunos. Não importa até onde a criança vai, mas a qualidade do percurso de leitura que consegue realizar: levamos em conta, aqui, a caminhada que o novo leitor está fazendo, no sentido de interiorizar e refazer, para si, os conteúdos da obra, no processo de singularização que descrevemos. Lidar com a variedade, numa mesma turma, não é fácil, mas também não é impossível. Talvez o segredo para o sucesso da missão esteja na qualidade das tarefas planejadas, em termos de ludismo e versatilidade.

A leitura é um jogo em que o autor escolhe as peças, dá as regras, monta o texto e deixa ao leitor a possibilidade de fazer combinações. Quando ela faz sentido, está ganha a aposta. Mas isso só acontece porque o leitor aceita as regras e se transporta para o mundo imaginário criado. Se ele resiste, fica fora da partida. Ao mergulhar na leitura, entra em outra esfera, mas não perde o sentido do real e aí está, a nosso ver, a função mágica da literatura: através dela vivemos uma outra realidade, com suas emoções e perigos, sem sofrer as consequências daquilo que fazemos e sentimos enquanto lemos. Essa consciência do brinquedo que a arte é leva-nos a experimentar o prazer de entrar em seu jogo.

Assim, através do caráter lúdico da literatura, o entendimento do leitor alastra-se para além dos sentidos do texto; ele passa a dar-se conta do próprio processo de leitura e, nessa caminhada, descobre-se enquanto sujeito capaz de tal empresa. Em suma, o leitor se lê. Por isso, quando propomos atividades lúdicas com as obras lidas, temos em vista brincadeiras que recuperem a espontaneidade e o comprometimento dos jogos, que provoquem desafios a partir dos sentidos dos textos e, sobretudo, que estimulem a participação do leitor. Cada um vai ter em vista o conteúdo do objeto textual e, ao mesmo tempo, vai atentar para sua própria ação, descobrir seu papel no jogo da leitura.

Para que esse procedimento tenha continuidade, é necessário, contudo, que as atividades sejam múltiplas e variadas. O leitor iniciante, com pouco fôlego, tem capacidades de concentração e de atenção reduzidas, o que exige constante oferta de novos textos e experiências de leitura. Das ações quase relâmpago passamos, aos poucos, a outras mais duradouras, em exercício crescente de amadurecimento. E, justamente por depender das condições internas do novo leitor, não podemos impor prazos, mas devemos respeitar seu ritmo, ao mesmo tempo que encorajá-lo a ações mais refletidas.

Notas

[1] Vera Teixeira Aguiar é professora da Faculdade de Letras da PUC/RS.

[2] A respeito, ver os relatórios de pesquisa que registram os dados coletados e analisados:

FICHTNER, Marília Papaléo. *Oficina de leitura e produção textual em diferentes linguagens* – PROLER/PUCRS. Relatório de Pesquisa. Porto Alegre: PUCRS, 1996.

FICHTNER, Marília Papaléo. *Oficina de leitura e criação textual em diferentes linguagens como produção de sentido e construção de conhecimento* - PROLER/PUCRS. Relatório de Pesquisa. Porto Alegre: PUCRS, 1997.

Referências

APPLE, Micheal. *Ideologia e currículo*. São Paulo: Brasiliense, 1982.

BOURDIEU, Pierre. *Les règles de l'art.* Génèse et structure du champ littéraire. Paris: Seuil, 1992.

ECO, Umberto. *Leitura do texto literário. Lector in fabula*. Lisboa: Presença, 1979.

ESCARPIT, Robert. *Le littéraire et le social*. Paris: Flammarion, 1970.

HAUSER, Arnold. *Sociología del arte. Sociología del público*. Barcelona: Labor, 1977.

ISER, Wolfgang. *The implied reader*. Baltimore, London: The Johns Hopkins University, 1978.

JAUSS, Hans-Robert. *Pour une esthétique de la réception*. Paris: Gallimard, 1978.

OLSON, David R. *O mundo no papel:* as implicações conceituais e cognitivas da leitura da escrita. São Paulo: Ática, 1997.

ONG, Walter J. *Oralità e scrittura*. Le tecnologie della parola. Bologna: Mulino, 1986.

RICOEUR, Paul. *O conflito das interpretações*. Ensaios de hermenêutica. Rio de Janeiro: Imago, 1969.

WALTER, Benjamin. "A obra de arte na época de suas técnicas de reprodução". In.: *Os pensadores*. São Paulo: Abril, 1980.

ZILBERMAN, Regina. *A literatura infantil na escola*. São Paulo: Global, 1981.

ESTATUTO LITERÁRIO E ESCOLA

Aparecida Paiva

O texto de Vera Aguiar tratou de um dilema enfrentado por todos nós estudiosos da literatura, em especial a que denominamos (não sem questionamentos) de Literatura Infantil. De que forma combinar experiência estética com o ambiente escolar? Em outras palavras, de que forma superar o limite de uma escolarização da arte, neste caso, a literária, e realizar o ideal de uma sociedade igualitariamente leitora no sentido mais amplo que esta palavra comporta e com o qual estamos todos comprometidos? O conflito que travamos quotidianamente, no interior do sistema educacional brasileiro, tem sua dimensão metodológica concreta, no interior de nossas salas de aula, seja de que grau for e, principalmente, em nossas investigações enquanto pesquisadores. Distinções entre perspectivas de leitura estabelecem, para nós, uma arena onde degladiam valores relacionados a mundos que, muitas vezes, nos parecem inconciliáveis. A vantagem de uma análise que incorpore as dimensões em disputa é, de um lado, reconhecer matizes no movimento dos estudos sobre a leitura e, de outro, montar um quadro de referência teórica capaz de informar decisões coletivas.

Começo por uma questão e uma proposição. A questão diz respeito ao diálogo possível entre a concepção de leitor construída por nós em seus dois polos privilegiados quando está em jogo a instituição escolar: o leitor-professor o leitor-aluno. Este, me parece, o contraponto mais explícito da tensão entre leitura literária e escola. A proposição, de natureza metodológica, consiste em problematizar, às últimas consequências, o que estamos chamando de escola, escolarização, literatura, estatuto literário.

E, nessa perspectiva, já no primeiro dos quatro tópicos que compõem o texto de Vera, intitulado "Desmitificando o livro e a escrita", encontramos explicitadas suas concepções teóricas, seus recortes: a reflexão está delimitada pelo campo da literatura infantil, o livro, assumido como produto cultural ativo, uma vez que se levou em conta a interferência dos diferentes mediadores de leitura que atuam no circuito literário e, completa a autora, que agem sobre a quantidade, o gosto, o interesse, o comportamento do leitor. Em seguida, a "dessacralização" anunciada alarga as funções do livro quando, como defende a autora, e, certamente, grande parte de nós, a leitura é considerada como fato presente no quotidiano, prática social vivenciada entre as demais e relativizada segundo as regras dos jogos sociais de que participa. Assim, a concepção de livro e literatura, articulada ao papel da escrita nas sociedades modernas, é enfatizada pela autora, que destaca sua importância, ao mesmo tempo em que pontua sua historicização, em detrimento de uma universalização descontextualizada. Para isto Vera apoia-se em David Olson, em seu livro *O mundo no papel*, pavimentando o caminho para a exposição da tese: "de estabelecer as relações complementares entre a leitura e a escrita, percebendo que podemos ler todos os sinais, dos livros e do mundo, buscando recuperar a intenção dos textos em direção aos seus receptores, com base nas marcas gráficas disponíveis." Nesse ponto a autora reafirma, baseada em Olson, a necessidade de se refletir sobre o estatuto da escrita e o da leitura nas sociedades modernas e sobre o papel da escola neste contexto.

Ora, são inúmeros os textos clássicos que explicitaram, ao longo dos anos, que ao ensino e à escola cabe o papel determinante e fundamental de construção da ordem social que é o de familiarizar o indivíduo para a vida comum, socializá-lo segundo normas e procedimentos da vida em sociedade. O movimento da Escola Nova, por exemplo, indicou os princípios que fortaleceram o projeto de transformar a escola numa instituição educativa. Mas, ainda hoje, independente de conteúdos e de que suporte de leitura for, lidamos com as mesmas questões: de que maneira garantir que o aluno seja o centro do processo, que o indivíduo seja a prioridade.

Na verdade, o que, em meu ponto de vista, se coloca, é que, para além da nossa luta contra os determinantes sociais que limitam a cultura literária às elites, deve estar a constatação de que os trabalhos em torno da leitura escolar se tornaram tão numerosos que ninguém pode ter um conhecimento exaustivo deles, e os problemas sobre os quais cada um trabalha são tão específicos que o objeto "leitura" não basta para definir nem o conteúdo, nem a metodologia.

O desafio, portanto, que se coloca, hoje, quando "nosso mundo de papel" abasteceu-se consideravelmente de estudos sobre a leitura, é pensarmos em leitores-professores de carne e osso, que esperam dos saberes construídos um auxílio, tanto para resolver as dificuldades encontradas na ação pedagógica, quanto para validar um modo de fazer que seja mais adequado do que outros. Se as polêmicas em torno das definições contraditórias da leitura escolar podem ser tão apaixonadas é porque, por detrás dessas questões científicas, são as ações pedagógicas as políticas educativas e culturais que são postas em causa a cada vez, através das prescrições oficiais, dos balanços, dos prognósticos, das propostas de prevenção, ou de reforma.

A articulação entre sociologia da leitura e estética da recepção anunciada no segundo tópico do texto, "Situando a literatura infantil na escola", sugerindo convergências pelo polo do leitor, deixa escapar, pelo menos em meu ponto de vista, a presença de um problema que interage fortemente no interior desta articulação: aí, ao se fazer a separação do texto literário que, por suposto, deixa entrever um maior número de espaços em branco por oposição aos textos informativos, apelativos, argumentativos, etc. que, também por suposto, estão mais comprometidos com o referente, é preciso, também, levarmos em conta uma situação discursiva peculiar, se considerarmos que o leitor-aluno está imerso no mundo da escrita, submetido ao desenho dado pela escola, aprisionado a suas categorias de interpretação e, portanto, sem possibilidades de espaços vazios, independente dos tipos de textos que lhe são apresentados. Argumento que estamos diante de um falso problema e alerto para a complexidade de se impor à dinâmica das interações que se processam no mundo social a simplificação analítica, útil apenas como instrumento mediador entre a teoria e a prática, técnica redutora, pela abstração, da infinitude do universo das relações sociais.

O primeiro problema enunciado – a relação entre a escola e o texto literário – tem seu referencial na equação que estabeleceu entre ciência e verdade. O segundo problema – a literatura infantil nasce comprometida com a educação – guarda estreita relação com a tradição que se estabeleceu de que a educação não deixa fluir a arte ou a escolariza, provocando pregnâncias pedagógicas inconciliáveis. Ora, o nosso propósito, então, deve ser a tentativa de integrar estas duas instâncias, escola e leitura, a fim de superarmos dicotomias geradoras de assertivas do tipo: "o pecado original da literatura infantil: ter nascido comprometida com a educação, em detrimento da arte." Se as condições de possibilidade de aparecimento deste discurso (literatura infantil) estão e foram dadas pela instância escolar, como assumir esta condição, sem aprisionarmos historicamente o crescimento de uma área? E se o estatuto literário da produção para criança está indelevelmente marcado por esta contingência, não seria interessante repensarmos qual parâmetro de estatuto literário estamos buscando para este contraponto?

Explico-me tomando o meu caso como exemplo: mesmo oriunda da educação e, posteriormente aproximando da Literatura (academicamente falando, é claro, pois aqui está em suspenso minha história de leitora de texto literário desde então), é problemático, em princípio, estabelecer uma relação formal entre literatura e escola porque minha adesão primeira é subjetiva, pessoal, como deseja a literatura. Meu desejo, portanto, meu convite é de que ouvintes/leitores tentem pensar em cada palavra do tema desta mesa e de que construam para si próprios uma linha que articule essas duas partes. É fundamental que isto se faça. A professora Vera Teixeira Aguiar, com certeza, fez a dela e nos deu a conhecer, no âmbito do texto que nos trouxe.

A literatura, por ser construída por um sujeito, é guiada pela intuição, pela afetividade e pela sensibilidade. No instante mesmo em que assim penso, minha linha de articulação entre as duas partes vacila: a escola que temos deixa de fluir o imaginário? Não será por esta interdição que em seu espaço só caiba aquela dita literatura infantil de caráter paradidático, conceitos ideológicos rígidos e repasse de valores um tanto convenientes com os interesses da própria educação vigente?

Quem fala do lugar da escola o faz de um lugar conquistado não pelo direito, mas pela força. Há, neste espaço, textos de literaturas infantil de autores que escrevem a partir da criança que existe neles, não como espaço perdido, mas como lugar de reencontro?

LEITURA E FORMAÇÃO
DE PROFESSORES

Leiva de Figueiredo Viana Leal[1]

Sempre que se busca estabelecer relação entre leitura e escola, e considerando a escola como espaço de mediações possíveis, surge, consequentemente, a questão que move a prática pedagógica: é possível a escola ensinar a ler? É possível, mais recortadamente se indagando, ensinar a ler literatura?

Essa preocupação tem-se manifestado, nos últimos anos, em ações que, de alguma forma, procuram dar sustentação ao ensino: temos assistido à explosão de ofertas variadas de leitura, à mobilização para a existência e uso efetivo de bibliotecas escolares, a empreendimentos arrojados em diferentes instâncias. Hoje, mais do que nunca, se proclama a necessidade da formação de um novo tipo de leitor, para atender às novas exigências do mundo contemporâneo.

Pensar a relação leitura e escola requer recolocar a questão inicialmente posta: se, de um lado, as políticas de leitura são necessárias, por outro, é preciso reconsiderar nesse processo o papel do professor enquanto aquele que ensina a ler. Não é desconhecido por ninguém que o formador de leitor, dadas as diferentes circunstâncias, dentre elas as históricas, sociais, econômicas e culturais, se encontra fragilizado em seu conhecimento sobre o próprio objeto de ensino. E mais: muitas vezes domina muito pouco, ele próprio, as competências de leitura que pretende ensinar. Sabemos, esperançosamente, que hoje, mais do que nunca, é possível lançar mão de contribuições de diferentes teorias e de resultados de estudos e investigações em diferentes áreas para se repensar o ensino da leitura. Então, a pergunta se desloca: é possível ensinar a ler sem se dar conta do que é a leitura, sem se dar conta do que é ensinar a ler? Entre aprender a ler e ensinar a ler há distâncias e necessidades a serem preenchidas.

Recentemente, trabalhando com um grupo de professores, a partir do filme *Farenheit* 457, foi-lhes solicitado que indicassem um único livro de literatura para trabalhar em sala de aula, explicando o motivo pelo qual a obra tinha sido escolhida. As justificativas foram muitas: o livro é bom para os alunos fazerem desenho, é bom para os alunos fazerem teatro, representações, é bom para realizar, com os alunos, diferentes atividades. Embora reconhecendo o implícito das respostas, perguntamos: não há um livro bom para ler?

A perplexidade dos professores ficou estampada nos rostos indagativos: É mesmo... como assim? O que é que você quer dizer?

Dados como esses sinalizam para concepções de leitura existentes no interior de uma prática pedagógica. A saber, muitas atividades são desenvolvidas tomando um texto como ponto de partida, como meio para atingir algum objetivo não muito claro. O ato de leitura, enquanto produção de sentido, enquanto ação individual (e social) sobre o texto, enquanto espaço de interlocução, nem sempre aparece como meta.

Em nível macro, portanto, torna-se tarefa mais do que necessária a ampliação das parcerias para aumentar as ofertas dos objetos de leitura na escola, junto a uma política sólida de formação do professor na área específica da leitura, condição indispensável para se consolidar as relações entre leitura e escola.

Em nível micro, pensando nas relações leitura e escola que acontecem no interior da sala de aula, gostaríamos de considerar, de forma resumida, três aspectos imprescindíveis ao processo de ensinar a ler. O primeiro deles é de natureza cognitiva. Estudos e investigações a esse respeito têm-nos permitido perguntar: como lemos? Como entendemos o que lemos? Essa perspectiva põe em destaque um sujeito cognitivo, um ser que pensa e que pode pensar sobre o próprio pensamento, que é capaz de pensar as próprias operações e que delas pode ser abstraído. O aluno-sujeito cognitivo, sede de conflitos oriundos de diferentes lugares, é o sujeito leitor que, de alguma forma, necessita ser orientado: primeiro, porque tem uma experiência, uma memória, um conhecimento que precisa ser respeitado; segundo, porque tem valores construídos no contexto sociocultural; e, terceiro, porque pode refletir, abstrair a partir dessa memória e desses valores. A memória, os valores e a capacidade de abstração permitem mobilizar sujeitos que, múltiplos, se reconhecem e se constituem a partir do que leem. E é exatamente o texto literário o terreno privilegiado desse acontecimento. É ele que, permitindo o cruzamento do lido com o vivido, abre um espaço imensurável de mobilização. Então, vale o que já nos preconizou?

> Seja como for, todas as "realidades" e as "fantasias" só podem tomar forma através da escrita, na qual exterioridade e interioridade, mundo e ego, experiência e fantasia aparecem compostos pela mesma matéria verbal; as visões polimorfas obtidas através dos olhos e da alma encontram-se contidas nas linhas uniformes de caracteres minúsculos ou maiúsculos, de pontos, vírgulas, e parênteses; páginas inteiras de sinais alinhados, encostados uns aos outros como grãos de areia, representando o espetáculo variegado do mundo numa superfície sempre igual e sempre diversa, como as dunas impelidas pelo vento do deserto.

O segundo aspecto que gostaríamos de destacar se refere à postura metodológica a ser assumida no processo de se ensinar a ler. Recorrentemente o aluno se vê diante de um texto, que deverá ler, sem saber "para que" lê. Trata-se da ausência do que estamos denominando **princípio de visibilidade na leitura.**

Aquele que ensina a ler deve compreender que tem um esforço a fazer diante daquele que aprende também. Quando o aluno, de posse de um texto, perguntar: "professor, ler para quê?", é preciso que o professor saiba dizer o que espera dele. Para isso é que é preciso que o professor tenha clareza do que pretende com determinada atividade.

A ausência de visibilidade tem criado muitos equívocos, como, por exemplo, a ideia de que basta colocar o texto na mão do aluno, ordenar a leitura e, consequentemente, a leitura acontecerá. Não concordamos com o princípio de liberdade do leitor que não precisará fazer nada com o texto. Este princípio tem sido confundido com a negação do esforço que o professor precisa fazer.

Existe uma mediação a ser feita a partir do que se pretende atingir. No caso da leitura, considerar o conjunto de habilidades, que precisa ser sistematizado e organizado, respeitando o processo de constituição do leitor. Ao professor cabe se perguntar o tempo todo: o que espero do meu aluno com esta tarefa: que ele faça inferências? que faça predições? que argumente e justifique sua leitura? que aborde intertextualmente um dado texto? que perceba a ambiguidade de uma palavra? que categorize textos? que elabore uma opinião a partir do que leu? que perceba a estrutura de um texto e o papel dessa estrutura no significado a ser buscado? que descubra as possíveis intenções presentes nos textos? que interprete metáforas? que faça julgamentos? que perceba o papel de um personagem na leitura? que faça analogias? que identifique implícitos relativos à ironia, ao humor? que identifique diálogos subjacentes ao texto? que consiga rastrear o texto em busca de pistas, e, encontrando-as, lhes atribua significado? que faça um balizamento nos textos? que seja capaz de se movimentar a partir da cultura do livro, das revistas?

É nesse movimento, nessa busca que não se esgota – porque inesgotável por si mesmo é o próprio texto – que é possível encontrar a chave das respostas para elaborar as aulas, e, com isto, tornar visível, para o aluno, o que se espera dele. É possível, com esta postura, evitar os vazios pedagógicos e, consequentemente possibilitar ao aluno atribuir um pouco mais de sentido às atividades que, de uma forma ou de outra, a escola o leva a realizar. Então, o aluno, também realiza um esforço, mas um esforço calcado no processo metacognitivo, capaz de produzir sentido e permitir aprendizagens.

Essa visibilidade é que poderá facilitar a formação do leitor, ajudando-o a traçar suas próprias trilhas ou, no dizer de Eco, ajudando-o a atravessar o tempo de trepidação para alcançar o tempo de reflexão. Nessa perspectiva, respondemos afirmativamente a nossa questão inicial: é possível ensinar a ler na escola, quando ambos, professor e aluno, se movimentam no debruçar-se sobre os textos, a partir de um processo de interação.

É preciso buscar estratégias que possibilitem ler, no processo de compreender a vida, para poder atribuir sentido à existência, uma vez que estamos envolvidos, como coautores, na multiplicidade de textos que circulam. Compreendê-los é poder resgatar a nós mesmos e a nossa história, reconhecendo-nos e recriando-nos novamente. Trata-se, pois, de uma contínua criação de significados, como possibilidade de rever e assumir a própria vida.

Ainda nos reportando aos vínculos cognitivos e relacionado-os ao metodológico, gostaria de destacar o papel da diversidade textual nesse processo. Ao tomar, como planejamento, para as suas aulas, diferentes textos como, por exemplo, quando assume a concepção do literário numa perspectiva mais ampla, é possível ao professor trabalhar desde cartuns, charges, desenhos, textos publicitários a textos de gêneros literários mais convencionalmente conhecidos. Essa diversidade deverá ser encarada a partir de um trabalho que permita ao aluno, além da compreensão, a transformação. De um conto para um poema, de um anúncio para um conto, de uma charge para uma narrativa, etc. Nesse sentido, é importante para o aluno poder perceber a flexibilidade da linguagem, e que o texto não é uma estrutura fechada.

A perspectiva que adotamos nos permite concluir que só assim o aluno poderá compreender algo fundamental: não repetimos, na leitura, os mesmos gestos. O que vale para um texto pode não valer para outro – a depender do objetivo com o qual leio. Ler é, na verdade, a cada momento, realizar gestos diferentes. (Isto muda, com certeza, nossa perspectiva).

O terceiro aspecto que destacamos é de ordem ética. Valho-me aqui das palavras do prof. Antônio Candido: é preciso perder a vergonha das grandes palavras. É provável que algumas tarefas empreendidas pela escola procurem evitar o enfrentamento com a nova ética. Na verdade, em tempo de conflitos, de desordem ou da instituição de uma nova ordem em todos os campos, torna-se tarefa de risco discutir valores que, para nós mesmos, nos parecem confusos. De qualquer forma, aquele que se dispõe a ensinar a ler sabe que não pode se excluir do debate, que não pode se negar a enfrentar os conflitos e procurar identificá-lo com seus valores dentro de uma sociedade que prima pela autonomia. É exatamente dessa nova ética que surgirão os novos sujeitos e é também exatamente aí que reside a grande tarefa do professor que ensina a ler: a de que trata a linguagem – aquela que tem o poder de velar, desvelar, de construir, de mostrar o que não sabemos sobre nós mesmos e de mostrar, por isso, o que temos e somos de mais terrível e de mais belo.

Possam essas breves considerações colaborar no processo de pensar a relação leitura e escola. Um pensar que precisa ser compartilhado, para que também nós, os formadores, possamos ser um pouco melhores a cada dia.

Afinal, a grande justificativa para tudo o que até aqui dissemos é que ensinar a ler vale a pena como possibilidade de realizar, cada dia mais, a dialogia.

NOTA

[1] Leiva de Figueiredo Viana Leal é membro assessor do Projeto Pró-leitura/MEC e pesquisadora do CEALE-FaE/UFMG.

[2] CALVINO, Italo. *Seis propostas para o próximo milênio*. SP: Companhia das Letras, 1990, p.114.

REFERÊNCIAS

CANDIDO, Antônio. *O papel do ensino da literatura*. SP: FDE, 1993.

ECO, Umberto. *Seis passeios pelo bosque da ficção*. SP: Companhia das Letras, 1994.

Qualquer livro do nosso catálogo não encontrado nas livrarias pode ser pedido por carta, fax, telefone ou pela Internet.

Rua Aimorés, 981, 8º andar – Funcionários
Belo Horizonte-MG – CEP 30140-071

Tel: (31) 3222 6819
Fax: (31) 3224 6087
Televendas (gratuito): 0800 2831322

vendas@autenticaeditora.com.br
www.autenticaeditora.com.br

Este livro foi composto com tipografia Gatineau e impresso em papel Off Set 75 g na Formato Artes Gráficas.
